미술치료사가 되어 가는 길

－미술치료에 입문한 이들이 이루어 가는
성장과 변화 그리고 활동－

미술치료에 입문한 이들이 이루어 가는
성장과 변화 그리고 활동

미술치료사가 되어 가는 길

Maxine Borowsky Junge · Kim Newall 공저
임하연 역

BECOMING AN ART THERAPIST

Enabling Growth, Change, and Action for Emerging Students in the Field

학지사

역자 서문

　미술치료사들이 말하는 것, 그들의 생생한 목소리. 이 책을 읽을 독자라면 아마도 미술치료사가 직접 체험한 것에서 우러나오는 내밀한 이야기를 기대하고 있을 것이다. 이론서나 방법론을 다루는 책에서는 볼 수 없는 내용, 즉 '미술치료사는 무엇을 하고, 무엇을 경험하고, 무엇을 배우는가? 어떻게 전문적인 미술치료사가 되어가는가?'와 같은 질문에 해당되는 내용들 말이다.

　미술치료는 내담자와 미술, 미술치료사가 만들어 가는 아름다운 여정이다. 그리고 미술치료사는 이 과정에서 내담자가 미술을 매개로 이루어 가는 창조적인 과정을 바로 곁에서 직접 목격하고 함께하는 사람이다. 우리나라에서도 이제는 미술치료, 예술치료 분야가 낯설지 않고, 일반 대중 사이에서도 자신의 내면과 인간의 심리를 들여다보고자 하는 욕구가 계속해서 증가하고 있으며, 또 자연스레 많은 수의 미술치료 관련 전공자와 전공을 희망하는 예비 미술치료사가 생겨나고 있다.

　미술치료를 공부함에 있어, 이제는 힘들여 외국어로 된 원서를 보지 않더라도 번역된 미술치료 이론서와 방법론적인 실용서를 손쉽게 접할 수 있다. 그러나 책 속에 쓰여 있는 훌륭한 지침을 따르더라도 계획처럼 진행되지 않고, 처음에 세웠던 미술치료 목표는 온데간데없이 좌절하는 상황이 오기 마련이다. 나의 동료와 제자들 그리고 나 역시도 이런 답답함과 안타까움 속에 고민하는 나날을 수없이 겪어 왔다. 이러한 경험들이 미술치료사를 성장하게 하는 것은 분명한 사실이다. 그러나 미술치료 전문가로서 현장에서 내담자와 '제대로' 함께하기 위해서는 상당한 기간의 수련과 배움이 필요하다. 다시 말해, 지난한 고민과 어려움의 과정을 버텨 내야 한다는 말이기도 하다.

내가 미술치료사로서 항상 궁금했던 부분은 바로 이 지점에 있었다. 왜 우리 미술치료사들은 이토록 힘든 길을 계속 걸어가는가? 무엇이 이들을 버텨 내게 하고, 수많은 노력과 수고를 쏟아부으며 살아가게 하는가? 이 과정에서 미술치료사들은 무엇을 느끼고 배우며 성장하는가? 나는 계속해서 미술치료사들의 체험에 대해 탐구했다. 그리고 박사과정 당시 질적 연구 방법론에 정통하신 은사님을 만나 미술치료사의 경험들에 대해 깊이 탐구할 수 있는 해석학적·현상학적 연구를 진행할 수 있었다. 나의 최종 박사학위 논문은 「주의력 결핍 과잉행동 장애 초등학생을 대상으로 집단미술치료를 수행한 미술치료사의 체험연구」이다. 긴 시간 미술치료사의 체험에서 본질에 관한 연구를 진행하며 미술치료사 개인의 목소리를 들을 수 있는 자료들을 찾아 헤맸지만, 당시에 이러한 자료는 전무했다고 해도 과언이 아니다. 그리고 질적 연구를 위해 동료, 선후배들과 인터뷰를 진행하면서 미술치료사들의 개인적인 이야기와 그들의 목소리의 울림을 담은 질적 자료의 필요성을 절감했다.

미술치료 임상현장에서의 질적 자료의 필요성이라는 측면에서도 그 무게는 가볍지 않다. 지금까지 여러 대학과 미술치료 현장에서 많은 학생을 만나고, 슈퍼바이저로 일해 오면서, 나는 학생들과 수련 과정을 거치는 미술치료사들이 끊임없이 미술치료사의 정체성과 관련된 주제에 관심을 갖고 있는 모습을 보아 왔다. 대학원 재학생뿐만 아니라 학위과정을 마치고 전문가로서 성장해 가는 과정에 있는 미술치료사들 역시 미술치료사가 되어 가는 여정에서 많은 고민을 하고 있었다. 그리고 그 과정에서 동료와 선후배들의 진정한 목소리를 듣고자 했다.

이와 같은 상황에서 이 책 『미술치료사가 되어 가는 길(Becoming an Art Therapist)』은 40년 이상의 경력을 가진 미술심리치료 전문가와 이제 막 현장으로 첫발을 내딛는 새내기 미술치료사의 현장 경험을 독자에게 들려줄 것이다. 저자들은 공통된 목소리를 내기도 하지만 때로는 상반된 의견을 내놓기도 하는데, 이를 통해 독자는 서로 다른 시각을 존중하는 자유로움 속에서 많은 배움을 얻을 수 있을 것이라 생각한다. 또한 이 책이 담고 있는 진실하고 성실한 목소리가 담긴 이야기 안에서 미술치료와 표현예술치료 관련 전공자뿐만 아니라 인접한 정신건강 관련 전공자 그리고 그들을 가르치는 교육자에게도 의미 있는 발견이 있길 기대한다. 나라마다, 또 각 기관과 대학마다 교육과정과 현장의 상황은 다를 수 있지만, 이 책이 담고 있는 이야기들은 분명히 보편성이 있으며, 솔직하고 친밀하다.

이 책은 전문 분야를 다루는 내용이기에 구태여 원서 안의 복문이나 중복문, 영어식의 에두르는 표현을 그대로 직역하여 우리말로 옮

길 필요성이 적다고 판단해 되도록 단문으로 번역하고자 했다. 아울러 독자들의 이해 증진을 위해 어떤 부분의 문장은 의도적으로 좀 더 간결하게 의역을 한 부분도 있다는 점을 미리 말씀드리고 양해를 구하고자 한다. 또한 되도록 용어를 통일하고자 하였으나, 미술치료는 표현예술치료에 속하며 실제 현장에서 미술 외에 표현예술적 도구들이 사용되기도 하므로, 반드시 '미술'로 표기할 필요가 없는 내용에서는 '예술'로 표기했다.

이 책의 저자들이 미술치료사로서 첫 단계를 성공적으로 마치고 계속해서 일하기까지 많은 이의 도움과 신뢰가 있었음을 이야기하듯, 나 역시도 이 자리를 빌려 감사의 마음을 표현하지 않고는 이 글을 마무리 짓지 못할 듯하다. 먼저, 고난의 한가운데에서도 감사함을 느끼며 그것이 오히려 충만한 삶의 기회로 바뀌는 신의 섭리를 경험하게 하시는 주님께 찬미를 드린다. 또한 오랜 세월 대학에서 교육자로서의 본분을 다하시며 인생의 어려움을 헤쳐 나가는 본보기를 보여 주시고, 든든한 버팀목이 되어 주시는 나의 부모님께 깊이 감사드린다. 특히 내가 미술치료와 인지학이라는 길을 걷게 된 것은 이 특별한 길로 이끌어 주신 어머니가 계셨던 덕분이다. 그리고 같은 길을 걸어가며 때로는 조언자이자 인생의 협력자와도 같은 친구가 되어 주는 하나뿐인 동생에게도 고마움을 전한다.

미술치료사를 길러 낸다는 것은 한 사람의 노력으로는 절대 이루어질 수 없는 일이다. 갈림길이 많은 오솔길 같은 미술치료 현장에서 길을 잃지 않도록 가르쳐 주신 많은 은사님, 지식과 경험을 아낌없이 나누어 주었던 나의 슈퍼바이저들, 무엇보다 어려움 속에서도 자신의 삶을 꿋꿋이 살아 내며 오히려 내게 배움을 안겨 준 가장 큰 스승인 나의 내담자들께 깊은 감사를 전한다. 마지막으로 예상치 못한 나의 개인적 사정으로 인해 출간이 많이 지체되었음에도 마음을 가다듬고 번역을 마칠 수 있도록 질책 없이 기다려 주신 학지사의 김진환 대표님과 책이 출간될 때까지 애써 주신 편집부 관계자분들께도 감사를 드린다.

　자신의 개인적인 삶을 살아 내면서도 버거운 스케줄을 소화해 내고, 또 평생토록 이어져야 할 심리치료 관련 분야를 공부하며, 때때로 덮쳐 오는 외로움을 이겨 내면서 '미술치료사가 되어 가는 길'을 걸어가고 있을 동료들에게 이 책이 친구 같은 존재가 되길 소망한다. 내가 이 책을 발견하던 당시 느꼈던 반가움과 고마움이 독자 여러분에게도 고스란히 전해지기를 바라며…….

2021년 7월
옮긴이 임하연

추천의 글

바로 이 책! 마침내! 이것은 내가 대학원 미술치료 학위과정을 이수하던 당시 갖고 싶었던 바로 그 책이다. 여기에는 당시 내가 충분히 얻을 수 없었던 명료함, 검증, 균형감이 있다. 이 책을 읽으면서 나는 자격을 얻기 위해 고군분투했고, 경력을 구축했으며, 경험을 쌓아 온 '원숙한' 미술치료사이지만, 많은 것을 배웠다. 이 길은 좁고 평탄하지 않다. 맥신 보로우스키 융에가 첫 번째 장에 서술한 바와 같이, "학생들이 진정으로 '성숙한' 그리고 유능한 전문가로 느끼게 될 때까지는 졸업 후에도 대체로 긴 시간이 걸린다".

미술치료 전문 분야는 아직도 그 초기 단계에 있으며, 이 분야에서 일하고 있는 미술치료사들은 우리 자신과 우리의 전문성을 위해 미술치료의 정체성을 뿌리내리고자 고군분투하고 있다. 이와 같은 우리의 정체성 추구는 심지어 대학원 미술치료 과정을 이수하기 이전부터 시작된다. 이 책 『미술치료사가 되어 가는 길』은 이와 같은 정체성과 관련한 문제뿐 아니라 이 분야와 관련된 새롭고 복합적인 치료 분야에 종사하고자 하는 학생들에게도 분명하게 도움을 준다. 이 책은 슈퍼비전과 멘토링 등의 주제를 다루고 있으며, 미술치료 전공자들이 무엇을 생각하고 느끼는지에 관해 그들이 전하는 이야기들 그리고 이 분야에서 고도의 전문성을 가진 12명의 전문가가 젊은 미술치료사들에게 보내는 편지들을 포함하고 있다.

특히 이 책에는 미술심리치료의 선구자이자 이 분야에서 45년 경력의 베테랑인 융에와 명석하고 섬세한 멘티이자 학생인 뉴월 간의 '대화'가 있다. 독자 여러분은 미술치료 분야의 역사 전체를 이미 보아 온 미술치료 전문가와 이제 첫발을 내디디며 이 분야를 바라보고 있는 한 학생으로부터 큰 도움이 되는 이야기를 듣게 된다. 이들은 한 사람의 미술치료사가 되는 과정과 관련된 모든 것에 대해 대화한다. 나는 내가 겪었던 수많은 감성적 부침을 선명하게 기억하고 있다. 그 과정은 졸업으로 끝나는 것이 아니고 나를 따라다니면서 지속되며, 그 그림자는 결코 단순해지지 않고 더 자주, 크게 번져 간다.

내가 융에에게 미술치료를 배우기로 결정하고 고다드 대학(Goddard College)에 갔을 때 그분을 만났다. 나는 당시 이미 마흔을 넘겼고, 두 살짜리 딸 그리고 남편과 함께 가정을 이루고 있었으며, 전일제 직업도 가지고 있었다. 그것은 내가 지금까지 했던 결정 중 가장 큰 도약의 하나였다. 나는 오랫동안 미술치료사가 되기를 원했었지만, 당시 뉴욕 북부의 시골에 살고 있었고, 반경 두 시간 거리 이내에는 내가 지원할 수 있는 학교가 없었다. 고다드 대학의 문턱을 낮춘 혁신적인 교육 프로그램은 내가 가족과 집 모두를 온전하게 유지하는 것을 가능하게 했지만, 일 년에 두 번씩, 한 차례의 일정마다 8일을 버몬트로 통학해야 했다. 그리고 그 8일 동안 나는 매우 집중적인 시간을 보냈다.

목가적이고 오래된 영주의 농장과도 같은 고다드의 전원에 발을 디뎠을 때 나는 엄청난 실수를 저질렀다고 생각했었다. 나는 심리학과 소속이었고, 그곳에서 미술치료를 전공하려는 유일한 학생이었다. 뭐가 잘못된 것인가, 나는 밤에 기숙사 방 안에 홀로 앉아서 자문해 보았다. 나는 아직 융에를 만나지도 못했었다.

다음날 융에를 만나면서 나는 무서워 거의 죽을 것만 같았는데, 그녀의 평판과 업적이 내 마음속에 너무 크게 자리를 잡고 있었기 때문이었다. 그러나 그녀는 순식간에 따뜻함과 열정으로 나를 편안하게 하고 독려했다. 나는 그녀가 온전히 나의 전체 학위과정 그리고 그 이상으로 내 곁에 함께하려 한다는 것을 바로 알아차리고 안도감을 느꼈다. 그녀가 단순히 균형 잡힌 교육을 받게끔 전념하고자 했다는 것으로는 충분치가 않다. 그녀는 미술치료를 이해하고 배우고자 하는 내 열망을 보았다. 그리고 그녀는 그 지식과 역량을 얻고자 도전할 수 있도록 이를 돕는 도구들을 나에게 알려 주었다. 그녀는 나를 미술치료사로 길러 내는 일과 독립적으로 설 수 있도록 격려하는 것 사이에서의 미묘한 선을 지키고, 그녀의 의견을 말해 주는 것과 나 스스로의 의견을 만들어 가도록 북돋우는 것 사이의 미묘한 경계를 걸어갈 수 있는 분이었다.

버몬트 캠퍼스 내에 거주하는 학기들 사이사이에 나는 뉴욕 북부의 내 집에 있으면서 밤늦게, 주말에, 휴일에 그리고 보고서를 작성할 수 있는 시간을 얻어 낼 때에는 언제나 컴퓨터 앞에 앉아 있었다. 나는 강한 실존적 고독을 느꼈다. 내 주변에는 나의 생각을 논의할 사람이 없었고, 내 동기들 중에는 나처럼 미술치료로 확장해 공부하는 사람은 아무도 없었다. 융에와 나는 미술치료 분야의 주제들에 관해 이메일로 멋진 대화를 많이 주고받았었다. 그러나 개인적인 삶을 가지고 있는 대학원 학생으로서 숨 가쁜 스케줄에 압도될 때 우리 모두가 느끼는 그 외로움은 명백하며 독특한 것이다. 이 책 『미술치료사가 되어 가는 길』은 수많은 미술치료 학생 역시 이 같은 외로움을 겪고 있다는 것을 깨닫게끔 도와주며, 모든 것을 다시 제자리로 돌려놓는다. 이 기발한 책은 "당신은 이것을 할 수 있고, 그럴 만한 가치가 있다."라는 메시지를 전해 주는 글과 이야기의 모음집이다. 그리고 우리는 당신을 돕기 위해 함께 여기에 있다.

『미술치료사가 되어 가는 길』은 미술치료 분야의 발전에 필요한 큰 기여를 하고 있다. 앞으로 많은 과정을 맞이할 학생들은 점차 안정되고, 인정받으며, 정보를 얻을 것이다. 미술치료사들의 체험은 슈퍼비전, 미술치료 교육, 멘토링에서 귀중한 관점을 발견하게 할 것이다. 『미술치료사가 되어 가는 길』의 내용 안에서 저자들은 얄롬(Yalom)의 책 『치료의 선물(The Gift of Therapy)』에 대해 언급한다. 이 저자들의 미술치료를 위한 선물은 잘 저술된 바로 이 책이다.

엘렌 스튜어트(Ellen Greene Stewart), MA, LCAT, ATR-BC

미술치료사

뉴욕시 록스버리(Roxbury) 거주

『가면을 벗긴 영웅과 만화경, 색과 형태가 어둠을 밝히다:

치매환자를 위한 미술치료와 실제』의 저자

저자 서문

'실용적 방법'을 찾기 위해 이 책을 찾는 사람은 없을 것이다. 이 책은 그런 서적이 아니라 미술치료사가 되는 경험에 관한 것이기 때문이다. 여기에는 학생들이 생각하는 것과 느끼는 것이 담겨 있다. 미술치료사가 되는 교육은 삶의 변형이자 변화이다. 만약 학생이 미술치료 교육을 받기 시작했는데 단지 천편일률적이고 해묵은 교육만 받고 졸업한다면, 지식을 잘 갖추고 질적으로 훌륭한 미술치료사를 배출해 내는 데 필요한 삶의 변형은 있을 수 없을 것이다.

내가 미술치료 교수로 일하던 몇 년간, 학생들은 미술치료사가 되는 경험을 배울 수 있는 서적을 추천받으러 오고는 했다. 나는 그들이 인쇄물 속에서 그들처럼 '학생이라는 상태'에 대해 얘기해 주는 메아리를 찾고 있다는 것을 알았다. 글 속에서 학생으로서 자신의 이야기를 풀어 나가며 자신에게 맞았던 것을 개인적으로 설명하는 작가를 찾게 되면, 독자로서는 저자의 이야기에 나 자신의 경험을 비추어 보고, 또 내 경험이 거기에 반영되어 다시 되돌아오게 할 수 있다. 내가 이런 좋은 글을 찾았을 때, 매우 감동적이었으며 가장 좋은 배움이 되었다. 다른 사람이 쓴 '되어 가는 여정'에 대한 깊이 있는 이야기는 학생으로서의 내 고뇌에 대한 외로움을 덜 느끼게 했었다. 나는 좋은 책이란 학생들이 종종 특별한 것을 겪는다고 생각하는 어려움의 경험적 요소를 정상화할 수 있다고 믿는다. 또한 좋은 책은 미술치료사가 되어 감에 있어 지속적으로 겪는 내재된 모호함을 견딜 수 있게 한다.

임상가로서의 미술치료사를 길러 내는 대학원은 학생들이 이전에 접했던 교육들과는 상당히 다르다. 이 교육은 많은 사람에게 익숙해진 방법, 즉 많은 학생이 정보를 얻기 위해 교실에 앉아 그 내용을 곱씹으면서 보고서를 제출하고 발표 형식으로 되돌려 주는 것이 아니며, 또한 그래서도 안 된다. 어느 해엔가 첫 번째 수업을 마쳤을 때, 내 연구실에서 과거에 자신은 아이비리그 대학을 졸업했다고 말하며 울고 있는 한 여학생을 만난 적이 있다. 그녀는 대체로 요약하는 방식으로 정리하는 필기에 익숙해져 있었다. 그 학생은 내가 이런 방법으로 가르치지 않았으며(그녀의 말이 맞다. 나는 가르친 것이 아니었다), 그로 인해 자신은 여기를 떠나야만 한다고 말했다. 나는 그녀의 우려를 가라앉혔고, 결국 그녀는 수업의 차이에 익숙해졌으며, 정해진 기간 안에 미술치료사로서 졸업했다.

좋은 미술치료 대학원 과정은 지지받고 격려받는 환경 내에서 학생들에게 보호받고 성장할 수 있는 기회를 제공한다. 또한 학생들은 한 인간으로서 성장할 수 있는 흔치 않은 기회를 얻게 된다. 핵심적인 것은 자기인식을 키워 가야 하는 학생들의 의무이다. 물론 이와 함께, 교육 프로그램에 참여하는 학생들은 '실제'의 인간과 함께 일하는 데 필요한 기초적인 기술을 얻어야 한다. 대부분의 학생은 만약 그들이 '정확한' 미술치료의 지시사항이나 기법을 배우기만 하면 성공적인 미술치료사가 될 것이며, 내담자와 더불어 훌륭한 돌파구와 궁극적인 치유로 이끄는 모든 것이 순조롭게 이루어질 것으로 생각한다. 대학원 과정에 융 심리학, 인본주의, 행동주의 등이 중첩되는 현재의 이론들은 학생들이 미술치료와 관련지음에 있어 불안정과 혼동을 증가하고 압도당할 수도 있다.

어떠한 이론에 중심을 두든 간에 훌륭한 대학원 프로그램이라면 인간의 조건과 예술의 이미지는 신비롭고 복잡하면서도 흥미로운 것이라 공언한다. 이 요소는 항상 과정과 내용 양쪽 모두에 해당한다. 학생들은 모든 것 그리고 모든 행동은 의미를 갖는다는 것을 배워야만 한다. 여기에는 자신의 것도 모두 포함된다. 학생 자신의 행동에 대한 자기인식 그리고 치료 내에서의 자기인식의 사용은 미술치료사가 되기 위한 수련에서 중요한 부분을 차지한다. 훈련과정에서는 이것은 가끔 '자기의 이용(use of self)'이라 불린다.

미술치료 교육과정의 우선적인 임무는 학생들이 그 안에서 발버둥치고 성장할 수 있도록 지원해 주는, 효과적인 '보듬어 안아 주는 환경'을 조성하는 것이다. 이 환경 없이는 배우는 것이 거의 불가능하다. 의심할 여지없이, 이 보듬어 안아 주는 환경은 '되어 가는' 과정을 강력하게 해 주는 용광로이다. 스스로 얼마나 안전하고 지지받고 있다고 느끼는가는 학생들이 졸업 후에 능력 있는 미술치료 현장전문가가 될 수 있는지 그 여부에 따라 종종 차이를 만들어 낸다.

또한 이 과정에서는 필요한 정보가 전달된다. 하지만 단순한 정보는 이러한 변형적인 경험의 중심이 아니며 의미도 없다. 미술치료 교육은 예술을 통해 희망을 잃고 자포자기한 사람들, 정신적으로 어쩌면 육체적인 아픔으로 고통받는 사람들과 함께 일할 수 있도록 학생들을 돕는 것이다. 이 일을 어떻게 하는지를 배우기 위해서 학생들은 일단 인턴 의사처럼 해야만 한다. 그리고 대부분은 스스로 준비가 되었다고 느끼기 전에 그 일을 해야 한다. 한 가지 추가적인 문제는 다수의 미술치료 교육자가 그 분야에 처음이어서 자기 확신에 어려움을 갖고 있는 경우이다.[1]

이러한 미술치료 교육 철학은 오늘날의 정신건강 관련 체계의 어려운 현실을 고려해 볼 때 다소 이상적으로 들릴 수 있다. 즉, 경제, 복지 그리고 그 밖에 우리가 아직도 긴급하게 필요하다고 믿는 것들 말이다. 이와 같은 철학을 끌고 나가는 것은 학생들이 미술치료사가 되고자 끊임없이 고군분투하는 것만큼이나 미술치료 교육에서 중요한 목표여야만 한다. 그러나 다수의 프로그램에서 이 점을 놓치고 있다는 것이 놀랍지만은 않다.

다행스러운 점은, 이해하며 차근차근 배워 가는 것, 의사 결정, 유용한 예술적 개입의 계획, 변화하고자 투쟁하는 내담자를 돕는 것과 같은 이 '되어 가는' 과정이 많은 학생에게 사랑받으며, 종종 직업보다는 하나의 소명으로 여겨진다는 것이다. 이러한 교육의 방식은 거의 문자 그대로 고통받는 사람의 심장과 영혼을 누군가의 손으로 붙잡아 주는 것과 같다. 이것은 명예인 동시에 엄청난 부담이다. 그렇다. 비록 거의 언급되지 않았지만, 미술치료사가 되는 것은 실제로

---

1) 킴 뉴월(Kim Newall): 최근에 나는 치료사가 능숙해지는 데에 평균 5년이 걸린다는 통계를 들었다. 나는 이 도전적 과정이 미술치료사들에게 더 높은 숫자일지도 모른다고 생각한다.
맥신 보로우스키 융에(Maxine Borowsky Junge): LA에서 유명한 어느 치료사는 자신이 대부분의 시간 동안 '그녀가 무엇을 하는지를 알고 있었다.'고 생각하는 데까지 7년이 걸렸다고 말했다.

감지되는, 엄청난 부담이며, 이렇게 인정되어야만 한다. 초보 미술치료사가 오랜 기간 동안 도움을 필요로 하는 이유 중 하나는 이 일을 하는 것이 너무나 힘들기 때문이다.

오늘날 불행하게도 경제, 복지 제도의 요구, 숫자적 제한 그리고 좋은 일을 하는 것보다 돈을 더 많이 버는 것을 최상의 목표로 삼는 철학이 만연해 있다. 따라서 임상실습을 하는 학생들이 자신의 경로를 따라 그들을 돕기 위해 경력 있는 선배 치료사('슈퍼바이저'라 불리는)와 반드시 가져야만 하는 지속적이고 정기적인 관계 모델이란, 잘해 봤자 얼룩이 질 수 있는, 어떤 경우에는 존재하지 않을 수도 있는 것이 되어 버렸다. 누가 이런 훈련 방식을 발명했는지는 모르겠지만, 이건 천재적인 행동임이 분명하다. 왜냐하면 학생이 좋은 임상 슈퍼바이저를 만났을 때 내담자에게는 경험 많은 치료사의 두뇌와 심장을 추가로 갖게 되는 이점이 있으며, 실습생으로서는 위험요소를 해결하기 위한 전문 지식과 지원을 두게 되기 때문이다.

이 관계에 있어 본보기로서의 슈퍼바이저는 본질적인 것이다. 신출내기 의사들을 위한 모델과 달리, 각 정신건강 슈퍼바이저(감독자)는 그들의 가르침을 통해 더 폭넓은 전문성과 새로운 세대의 뛰어난 훈련으로 피감독자의 성장에 기여한다. 앞의 단어, 즉 슈퍼바이저가 널리 사용되기 전에는 이것이 멘토십(mentorship)이었다. 이는 나로 하여금 미술치료 분야의 미래를 걱정하게 하고, 이 형태의 슈퍼바이저와 실습생의 관계가 오늘날 완전하게 존재하는 경우가 매우 드물기에, 미술치료사들 각각의 미래를 우려하게 한다. 아마도 이런 공백을 메우기 위한 다른 방법들이 있을 것이다. 하지만 혼자 이 일을 한다는 것은 너무 힘든 일이고, 누구도 혼자 할 필요는 없다.

내 학생들이 계속 재촉하기 때문에 나는 모든 정신건강 훈련에 적
절한 서적을 찾아보았다. 첫 회기에서 성인이나 아동 내담자와 함
께 무엇을 할지에 관한 기본적인 초기 단계의 정보를 전개하는 몇몇
'기초 서적'을 찾아냈다. 이것은 때로는 유용했으며 확실히 없는 것
보다는 나았다. 몇 권의 미술치료 입문서에서는 한 학생이 미술치
료사가 되는 방법은 논했지만, 학생이라는 것 그 자체로서의 심층적
인 '체험'은 놓치고 있었다. 나는 미술치료사를 위한 학생의 경험에
대해서는 아무것도 찾지 못했다. 이는 놀랄 일도 아니다. 미술치료
대학원 훈련과정이 미국에서 거의 40년 동안 존재해 왔음에도 불구
하고, 미술치료는 아직도 '새로운' 직업으로 여겨지고 있다. 1973년
무렵, 내가 이 분야에서 일하기 시작했을 때에는 어떤 종류의 미술
치료 문헌도 없었고, 심지어 가르치는 데에도 사용되지 않았다. 그
후로 미술치료 문헌이 빠른 속도로 저술되어 출판되었지만, 여전히
미술치료 학생만의 특성과 본질은 대부분 손대지 않은 채로 있는 듯
보인다.

미술치료에 관한 책은 아니었지만 나는 내가 찾고 있는 책을
1995년, 출판된 직후에 발견했다. 애니 로저스(Annie G. Rogers)의
『아름다운 상처(The Shining Affliction)』[2]는 임상심리학 대학원생으
로서 그녀의 삶에 대한 매우 개인적인 회고록이다. 그녀는 임상실
습생으로서 심각한 장애가 있는 어린아이와 함께하는 미술치료사
그리고 임상 슈퍼바이저와 함께한 자신의 경험에 대해 다층적인 이
야기를 들려준다. 로저스의 이야기는 치료 중에 있는 그녀 자신을

---

2) 애니 로저스의 기록: "'affliction'이라는 단어의 가장 오래된 의미는 어둠과 고통
의 시간을 따라 오는 비전 또는 정신적 시야를 포함한다."

내담자로서 그리고 아마도 가장 중요하게는 성장하고 투쟁하는 한 인간으로서 자신의 이야기를 말하고 있다. 실습 기간 동안 로저스는 정신적 발작이 있었기 때문에, 이 회고록에서는 부분적으로 재능 있고 민감한 치료사의 도움을 받아 그녀가 다시 내담자에게 치료를 제공하는 유능한 사람으로 제자리를 찾기까지 로저스라는 학생의 투쟁을 그려 낸다. 이 책의 또 다른 기쁨은 그녀가 예술—수채화와 시—의 가치를 이해하고 묘사하며 창조했다는 것이다. 『아름다운 상처』는 흥미로운 저서였으며, 독자가 책을 덮을 수 없게 만들었다. 나는 즉시 그것을 수업을 위한 참고목록으로 만들었다. 나는 로저스의 책이 우리 학생들에게는 특별한 선물이라고 느꼈다. 나의 공동 저자는 이 책에 대해 다음과 같이 썼다.

> 로저스의 서적[을 읽는 것]은 서술된 일지[제4장]를 통하여 내가 임상실습을 문서화하는 것과 유사한 여정을 걸어가는 데 진실로 영감을 주었다. 그녀는 매 회기 후, 30분 동안 자신이 받은 인상에 대한 서술을 담아내도록 임상실습 과정을 기획했다. 내가 나의 실습현장에서 내담자들에 대해 계속 돌아보도록 하는 기대에 굴복하기보다는 차라리 이렇게 하도록 훈련받았다면, 나는 좀 더 큰 통찰력을 갖고 심층적으로 서술할 수 있었을 것이다.

그래서 우리의 책은 내가 그렇게 오래전부터 찾아다녔던 미술치료 학생다움에 관한 것을 이야기하고 있다. 이 책은 40년 넘게 미술치료사로 일해 온 나와 '새로운 세대'이자 안티오크 대학교(Antioch University) 시애틀 캠퍼스의 미술치료 과정 대학원생인 킴 뉴월

(Kim Newall)이 쓴 것이다. 나는 그녀의 요청으로, 우리 두 사람 모두에게 유연하고 즐거운 이 프로젝트를 시작하기 몇 년 전, 이미 멘토로서 조언을 주고 있었다. 이 책은 계속된 우리 토론의 자연스러운 결과이다. 그 속에서 우리는 서로에게 배우고, 대화와 우리의 공동 창조과정인 반응의 감각을 이 책에 계속 담아내려고 노력했다. 이 책을 읽는 사람들은 학생 미술치료사와 다년간의 경험이 있는 미술치료사인 양자의 생각과 반응을 얻게 될 것이다. 서로 다른 두 목소리를 구별하고 시각적으로 표현하기 위해 독자는 텍스트에서 각 사람의 이름 표식으로 내용이 구분되어 있음을 알 수 있다. 이 책은 두 목소리로 이루어진 하나의 여정이다.

원래 제목이 『새로운 세대에 이야기하기(Speaking to the New Generation)』였던 이 책은 뉴월과 내가 미술치료사가 되려고 하는 사람들 그리고 경력 쌓기를 목표로 하는 미술치료 전공 학생들을 위해 정리·집필했다. 제1장 '서론'의 내용은 비밀 조직과도 같은 학생 동료들 간의 중요성에 관한 것이다. 제2장에서는 '미술치료 교육에 대한 역사'를 짧게 정리하였고, 제3장 '좋은 책은 멘토이다'에는 미술치료학과 학생들에게 유용할 만한 몇 가지 문헌을 다시 들여다보는 내용을 담았다. 제4장에는 3년차 대학원생이던 뉴월이 경험한 지역 기관에서의 임상실습을 보여 주는 '미술치료 학생 임상실습 일지'를 실었다. 뉴월의 실습 기간은 2013년 9월부터 2014년 9월까지이다. 제5장의 내용을 담기 위해 우리는 미국의 다양한 지역에 있는 미술치료 대학원생들에게 자신이 학생으로서 체험했던 최악 또는 최선의 경험과 그들의 가장 중요한 본보기에 관해 이야기해 달라고 부탁했다. 제5장 '미술치료 학생의 이야기: 우리가 생각하는 것과 우리가 느끼는 것'에 바로 이들의 이야기를 반영했다. 제6장 '멘토'의 내용은 멘토링에 관한 것, 멘토링이 무엇이며, 왜 미술치료사가 멘토를 가져야 하는지에 관한 것이다. 제7장은 '젊은 미술치료사들에게 보내는 편지'이다. 미술치료 대학원생인 브렌다 말츠(Brenda Maltz)가 제안한 이 장의 제목은 위대한 시인 라이너 마리아 릴케(Reiner Maria Rilke)가 1929년에 19세의 청년 시인에게 조언과 지지를 보내기 위해 쓴 고전 작품「젊은 시인에게 보내는 편지(Letter to a Young Poet)」를 바탕으로 했다. 이 책에 나오는 '젊은(young)'이란 단어는 많은 미술치료 대학원생이 '젊은' 나이가 아니듯, 연대기적 의미의 정의가 아니다. 그들은 전 연령대에 걸쳐 미술치료 대학원에 오며, 자신들의 의미 있는 인생 경험과 더불어 교육을 받게 된다. 여기에서의 '젊은'은 오히려 '새로운(new)'을 의미한다. 미술치료 분야에서의 '신입'을 의미하는 것이다. 이 장에서는 다년간의 미술치료 현장 경험을 가진 12명의 원로 미술치료사들 각자가 차세대 미술치료사들에게 개인적으로 쓴 편지를 담았다. 그러하므로 편지의 발신자들은 모두 미술치료 분야의 선구자이다. 그들은 자신의 개인적인 미술치료 임상가, 때로는 이 직업에 대한 희망, 꿈, 권면 사항 그리고 두려움을 표현하고 있다. 또한 많은 저자가 미래에 대한 그들의 비전에 관하여 기술한다. 이 책을 위해 모인 미술치료사나 저자들은, 학생들이 그들에게서 들어 보기를 원했기 때문에, 처음부터 이 편지들을 기고하도록 계획 · 초청되었다. 마지막으로 제8장 '선별된 미술치료 문헌'에서는 학생들을 위해 기본적으로 권장되는 또 다른 기본 서적과 함께 여러 저자나 기고가가 언급한 미술치료 문헌들이 정리되어 있다.

교육과정은 여러 면에서 분명히 다르지만, 우리는 이 미술치료사가 되어 가는 이야기들이 대학원 과정에 들어가 치료사가 되는 길을 경험하는 학생들의 보편적인 여정을 반영한다고 믿는다. 그러므로 우리는 이 이야기가 미술치료 대학원생들뿐만 아니라 다른 정신건강 관련 분야를 전공하는 학생들에게도 의미 있기를 바란다. 이 이야기는 그들을 가르치는 사람들 그리고 그들과 함께 일하는 사람들에게도 분명 흥미로울 것이다. 왜냐하면 이 책은 학생들의 여정에 대한 친밀한 일상적인 이야기를 하고 있으며, 또한 미술치료사가 되는 길을 함께 걷는 동안의 두 목소리, 즉 고참 미술치료사와 미술치료 대학원 학생이 들려주는 이야기를 모두 담고 있기 때문이다.

이전 저서인 『미국 현대 미술치료 역사(The Modern History of Art Therapy in the United States)』의 서문 마지막 문단에서, 나는 조심스럽게 미술치료의 발전, 어쩌면 과도한 발전이라 말할 수 있는 것에 관해 기술했었다. 이것이 미술치료의 현재와 미래 모두에 명확하게 연관되어 있기에, 나는 여기서 반복한다.

> …… 미술치료는 태동기를 훨씬 지났다. 미술치료는 이제 정신건강을 위한 정통적 방식으로 자리 잡았다. 하지만 너무 정통적이어서 문제가 커질 수도 있고, 그 창조성의 빛이 바랠 수도 있다. 나는 새로운 세대가 미술치료를 앞으로 나아가도록 하기 위해서는 초기 선구자들의 전망, 힘, 용기를 그 어느 때보다도 더 되찾으려 해야 한다고 믿는다.

맥신 보로우스키 융에
(Maxine Borowsky Junge)

차 례

01

서론

이 저서에서 나와 공
동저자인 나의 학생은 '학생다움'에 대한 여정과 한 사람의 미술치
료사가 되어 가는 경험을 탐구한다. 우리는 이 서론에서 미술치료
사 학생의 삶에 대한 견해를 하나의 '비밀조직'으로 보고자 한다. 킴
뉴월(Kim Newall)과 나는 그녀가 미술치료 대학원 과정을 시작한 초
기에 만났다. 그리고 그녀의 대학원 과정이 거의 끝날 무렵에 이 책
이 출간되었다. 그녀는 졸업 후에 '성장한' 초임 미술치료사로서 지
역 기관에서 일하게 되었다.

이 책은 미술치료 학생들과 아직 잠재적인 학생들을 위해 썼으며,
또한 그 학생들을 가르치는 사람들 그리고 치료사가 되어 가는 흥분
되면서도 어려운 이 과정을 어떻게 겪어 가는지에 매력을 느끼는 사
람들을 위하여 기술된 것이기도 하다. 졸업할 무렵—흔한 비유처
럼, 우리는 이른바 나비로 변신한 것으로도 상정할 수 있겠다—학
생들이 경험한 것의 본질은 과거의 모든 삶으로부터의 탈피라기보
다는, 그들이 알고 있는 것과 알지 못하는 모든 것의 통합이라 할 수 있

을 것이다. 마치 시인 릴케(Rilke)가 "[그들은 할 수 있다] …… 아마
도 당신은 언젠가 해답을 찾아 살아갈 것입니다."라고 말한 것처럼.

킴 뉴월(Kim Newall) 20대 후반, 처음으로 내가 미술치료사가 되려고
생각했을 때, 릴케는 내 삶의 적극적인 안내자였다. 그의 시들은
내 회화, 판화와 조각에 끊임없이 영감을 주는 원천이었다. 릴케는
정신분석에 순응하라는 당대의 압력을 외면했는데, 그 이유는 그
의 온전한 시각이 분석이라는 정밀조사에 의해서 위협받게 될지
모른다는 점을 두려워했기 때문이다. 나 역시, 그 당시에는 인생을
미술가가 되는 데에 헌신하는 것과 미술치료 분야에서 새로운 경
력을 개척하는 것 사이에서 심하게 고민하고 있었다. 나는 미술가
로서의 나의 주된 정체성을 잃을까 봐 두려웠다. 그래서 나의 중심
으로 이끌어 주고, 초기의 트라우마 때문에 실종되어 버린 나의 잃
어버린 면들을 직면하도록 하는 이미지들을 만들었다. 그러나 내
가 미술치료사가 되기 위해 대학원에 들어왔을 때, 결국 릴케가 넌
지시 말해 주었던 '언젠가'라는 말처럼 내가 그곳에 도달했다는 것
을 알 수 있었다.

치유와 미술은 나에게 항상 친숙했다. 어렸을 때부터 나의 창조
적인 정신은 비인간적인 것 속에서도, 나의 내면세계 속에서도 동
료애를 발견했었다. 이미지는 예나 지금이나 내게 가장 친밀하며,
신성한 것은 가르침을 깊이 있게 들음으로써 무언가를 만들어 내
는 침묵의 공간을 통해 나에게 의사소통을 한다. 미술을 창조한다
는 것은 본질적 자기(Self) 그리고 자아보다 더 큰 무엇인가와의 동
시적 교류이다.

융에 나 역시도 릴케를 일찍부터 알아 왔다. 그러나 그의 '질문'은 아직까지 나에게 대답한 적이 전혀 없다. 때때로 나를 지지해 준 잠정적인 해답을 가까스로 찾을 수 있었다. 그러나 나는 그들이 그저 일시적일 뿐임을 알았다. 나의 지속적인 호기심은 오로지 더 심오한 질문으로 나를 이끌었다.

우리는 '미술을 창조한다는 것은 본질적 자기 그리고 자아보다 더 큰 무엇인가와의 동시적 교류'라 믿는다고 말하는 점에서 당신과 다르다. 내 세계관은 '더 큰 어떠한 것' 또는 '신성한 것'을 포함하지는 않는다. 내가 생각하는 미술가이자 미술치료사는 자신의 깊은 심연에 홀로 들어가는 것을 넘어서서, 내담자를 도와야 하는 압박감과 통찰의 심상화 과정을 발견하려는 희망 속에서 균형을 잡아 가는 사람이다.

졸업 이전, 미술치료사가 '되어 가는' 과정에 있는 학생들은 지하의 비밀조직이다. 대학원 미술치료 과정에 입학하면서, 그들은 서로 다른 매우 다양한 옷을 입고, 과거의 경험을 지닌 개인으로서 들어온다. 그들 내부에는 자신이 포착한 기억들이 진리의 자매인 것처럼 존재하지만 같은 것은 아니다. 학생으로서의 여정을 시작하면서, 몇몇에게는 오랫동안 그렇게 되기를 열망했던 생소하고도 반짝이는 세계로 들어간다. 그들은 이 새로운 풍경의 방식들을 배우면서, 새롭고 귀중하게 선택된 직업의 험난한 길을 걸어간다. 하지만 울퉁불퉁한 길을 정복하려 시도하는 동시에 다음과 같은 다른 일들이 진행된다. 즉, 선배들로부터 이를 행하는 이념, 이론과 방식을 알게 되면서 상호 관계성의 복잡하고도 친밀하며 비밀스러운 조직이 형성된다. 겉으로는 드러나 있지 않은 학생들의 문화는 갑작스럽게, 그리고 간단하게 교실이나 학생들이 비공식적으로 모이는 장소에 나타날 수 있다. 잘 관찰할 수 있는 기술을 가지게 되면, 이러한 것은 다시 어둠 속으로 침잠하기 전에 재빨리 포착할 수 있게 된다. 거의 언급하지는 않지만, 학생들은 그것을 알고 있다. 그리고 대학의 교수진과 행정부서 역시도 알고 있다. 거의 논의되지는 않았지만, 모두에게 친숙하고 널리 알려진 학생 비밀조직이 공공연한 비밀로 남아 있는 것이다.

뉴월   비밀조직……. 나는 그것을 이런 방식으로는 결코 생각하지 않았다. 나는 모든 것이 종종 너무나도 노출되어 있다고 느꼈다. 학생들의 세계는 확실히 대학 현장의 하부 문화이며, 거기서 형성된 관계성은 학문적인 경험의 심장이자 영혼이다. 교실의 집단화는 발표와 프로젝트를 수행하기 위해 형성되었으며, 현장 이론이라는 명분 아래 이를 친밀하게 공유하기 위하여 학생들로 하여금 특별한 짝꿍들, 드물게는 무작위로 만들어진 집단 안에 밀어 넣어진다. 그리고 거의 이방인과 같은 그들과 내가 심도 있게 공유할 수 있을 것이라고 가르쳤다. 정말 이상한 이방인들 중 일부는 나의 가장 친밀한 친구가 되었다. 교실, 학교 주변의 카페, 몇 블록 떨어진 지저분한 술집, 거리를 따라 밤새 열려 있는 야식집 등, 이 모든 곳은 내가 새로운 미술치료의 정체성을 성장하도록 도와주는 기억들이 담겨 있다. 이 성장의 일부는 내 개인적 이야기들의 공개 위험을 무릅쓰는 것이며, 다른 사람이 나와 함께, 때로는 미적지근한 맥주 너머로 고함을 지르며, 공유한 이야기들과 관련되어 있다.

융에 학생들 간의 관계는 성장, 도전, 경쟁, 지원, 고통, 지속 등이 모두 해당될 수 있다. 스트레스를 받는 대학원 미술치료 과정의 공통점을 함께하는 연대(bond)는 졸업 후에도 지속될 수 있다. 사실상 이러한 비밀스러운 학생 문화는 미술치료사를 위한 대학원 교육의 가장 중요한 경험이 될 수도 있다.

뉴월 내가 여기에 잘 맞는 것처럼 느끼기는 힘들었지만, 나는 내가 그 안으로 침잠해 들어갈 수 있는 공동집단으로서 우리를 하나로 모아 준 대학원 과정에 감사한다. 각각의 새로운 과정은 독특한 문화가 자라나는 실험실용 접시에 던져지는 것처럼 느껴졌지만, 교과과정의 맥락 안에서 우리의 관계는 새로운 친밀감이 형성되게끔 재구성되었다. 나는 교육자들이 특정한 유기적 집단으로 묶인 학생들을 유심히 들여다볼 수 있고, 10주간의 학기제라는 스트레스 가득한 환경 속에서 진화해 가는 독특하고도 예측 가능한 발전을 목격할 수 있다고 생각한다.

학생들의 불안 수준이 치솟고, 눈물이 흐르고, 분노가 타오르고 그리고 우울함은 개인의 오래된 물질적 표면을 타격한다. 우리 각자는 학문적 요구와 전문성 개발이라는 공적인 공간뿐만 아니라, 악취를 풍기는 쓰레기 같은 오래된 패턴을 우리 면전에 던지는 사적인 세계라는 양쪽 모두를 여행한다. 나는 우리 모두가 방대한 양의 새로운 정보를 습득하기 위해 고군분투하면서도(정신적 괴로움과 흥분 모두를 위한 방안으로서) 심리적 자료들을 관리하는 방법을 찾아야 한다는 것을 알고 있다. 우리의 공통된 경험에 대해 이야기 나누는 것은 어둠에 빠지는 것과 세상과 연결된 느낌 사이의 차이일 수 있다. 내가 받은 교육과정은 개인의 역사를 통해 작업하는 것을 강조했고, 나는 이것이 능력 있는 임상가가 되기 위해 중요하다고 생각한다. 이제는 이러한 조건들 또한 내가 정신건강센터의 임상실습 요구사항을 처리하도록 준비하게 만들었다는 점을 알고 있다.

나는 대학원 과정 초기, 수업이 끝난 후에 매주 친구를 집에 태워다 준 것을 기억한다. 우리의 짧은 대화와 성장하는 동지애가 나를 현실적으로 발붙이게 했다. 우리는 매우 다르게 보였지만, 미술치료 교육이 몇 해 동안 지속됨에 따라 서로 닮은 점이 놀랄 만큼 많아졌다. 나는 이 우정의 결과로서 나 자신을 완전히 다르게 바라보고 있다. 졸업할 준비가 되어 대학을 떠나 새로운 직업 사회에서 스스로를 세워 가고 있었을 때, 나는 수업과 점심 약속 사이의 쉬는 시간에 짬을 내어 만든 순간에도 여러 학생과의 관계를 계속 조성해 나갔다.

융에 어떤 사람이 대학원 과정에 입학할 때 때때로 이상한 일이 발생한다. 즉, 과거 경험, 입증된 많은 능력, 지혜, 세월에 따른 연륜에도 불구하고 대학원 과정 중에 과거의 삶을 정리해 볼 수 있는 '다시 어린아이'가 되어 볼 수 있게 해 달라는 요청을 자주 받는데, 그것은 그들의 '원로들'에게서 새로운 분야의 원칙과 가치들을 배울 수 있도록 돕는 일종의 '빈 서판'이다. (나는 나의 초기 평가 사항 중 하나인 "그녀는 학생의 역할을 맡을 수 있습니까?"라는 질문을 기억하고 있다.)

뉴월 대부분의 다른 학생들보다 내향적이고 나이가 많은 나는 내 삶에서 이미 확립된 여정 내의 여행을 지속하는 것이 더 쉽다는 것을 알았다. 지금 와서 되돌아보면, 내가 정말 학생으로서 더 많은 모험을 감행할 수 있었는지 생각해 본다. 나는, 마지막에는 나의 노력에 대해 확실히 인식하게 되었다.

융에 교수는 미술치료 전문 분야라는 왕국으로 향하는 열쇠의 지킴이로 간주되어 왔다. 만약 학생이 부지런히 그리고 충분히 배워 나간다면, 졸업할 때에 세상으로 가져가도록 몇몇의 열쇠가 학생에게 배부된다. 교수가 학생들도 믿고 있는 이러한 위계적 세계관을 신봉하는 유일한 사람은 아니다. 학생들은 계속해서 입학하고, 졸업한다. 그들은 대학을 통해 떠나가 버리지만, 교수는 그 기관과 미술치료 분야에 물리적 표상으로 연속성을 띠고 남게 된다.

나는 학생들이 교수들에게서 배울 것이 아무것도 없고, 교수진이 가르칠 것도 없다는 것을 선언하려는 게 아니라고 큰 소리로 외치고 싶다. 이것과는 거리가 아주 먼 것이다. 많은 학생이 사회 운동가인 파울로(Paulo Friere)의 '교육의 금융 이론'(인간은 돈을 집어넣고 정보를 꺼내 간다는)이라는 구절에서처럼 **어떻게 해야만 하는지에 대한 정보를** 찾고 있다. 그러나 이 정보라는 것은 미술치료사가 되는 데 필수적인 것들이 들어 있는 교육의 작은 조각일 뿐이다. 미술치료 전문가의 경력이 쌓일 때까지, 굴곡지고 미끄러운 바위투성이 길을 걸어가는 학생들의 여정은, 일반적으로 알고 있거나 회자되는 것보다 훨씬 더 많은 **학생과 교수진 간의 개인적인 협업으로** 이루어진다. 나는 이러한 협업과정들이 학생의 미술치료 교육과정 및 교수와 학생들의 이익에 좀 더 밀접하게 관여될 수 있으며, 이익을 만들어 낼 수 있다고 믿는다. 현재 원격 학습과 가상현실의 시대는 중년층 전문가가 다시 학생이 되고, 더 많은 사람이 인생의 제2막 (또는 심지어 나중에)으로 교육을 받는 특유의 아이러니한 상황을 만들어 내고 있는데, 일반적으로 이러한 위계질서의 균열과 간격은 여전히 만연하고 있다. 그렇지만 현실은 이렇다. 많은 사람에게서 너무나 자주 잊히는 것은 로저스(Rogers)와 해머슈타인(Hammerstein)이 쓴 『안나와 시암왕(Anna and King of Siam)』에 있는 "당신은 당신의 학생들에게서 배우게 될 것이다."라는 안나의 깨우침과 같다.

프랑스 작가이자 노벨상 수상자인 앙드레 지드(Andre Gide)는 "해안의 모습을 잊어버리는 것에 동의 없이는 새로운 땅을 발견하지 못한다."라고 말했다. 미술치료사가 되기 위한 여정을 거칠 때 학생은 이전 생활에 대한 애착과 유대를 느슨하게 해야만 하며, 지속적으로 이름 있고 친숙한 명소가 거의 없는 애매모호한 땅에 들어가기 위해서, 때로는 과거 전체를 놓아 주어야 한다. 학생들의 관계적 측면은 이러한 변화무쌍한 세상에서 안정적인 초석이 있는 섬을 제공한다.

뉴월　나는 하나의 강렬했던 경험을 회상해 본다. 미술치료 연구수업에서 우리 팀은 질적 연구방법을 시행했다. 임상실습 현장(우리 모두에게 그 실습 경험은 완전히 새로운 것이었다.)과 관련된 연구 프로젝트를 학습하고, 설계하며, 시행하는 것은 유대가 긴밀했던 우리 집단을 커다란 대인관계 내의 불안으로 몰아넣었다. 결국에는 관계가 붕괴되었으며, 유대가 깨졌고, 우리는 완전히 소진되었다. 나는 그 경험으로 고통받았다고 느꼈다. 이로 인해 내가 (그리고 다른 사람들이) 압력을 받는 상황에서 어떻게 작용하는가를 확실히 배웠다. 또한 그 수업의 설계 자체가 일부 불협화음을 만들어 내는 조건을 갖고 있다는 것도 알게 되었다(다른 팀들도 유사한 고통을 겪었다). 이렇듯 학문적 환경은 연결의 결합과 파괴라는 양쪽 방향 모두에서 강력한 조건을 설정한다. 예를 들어, 각 학기 말에는 강력하게 형성되었던 공동체가 즉각적으로 와해된다. 이것은 완전히 인위적으로 보이지만, 진정한 것이며 그와 동시에 매우 이상한 것이다. 나는 최근에 앞에서 설명한 연구팀원 중 한 사람을 만났는데, 우리 사이에 흐르는 따뜻함은 나를 놀라게 했었다.

융에 고통은 본능적인 것이기에 일반적으로는 학생들의 여정의 일부로 인정되지 않는다. 고통의 경험과 이것에서 오는 움직임은 피하고자 하는 문제라기보다는 차라리 대학원이라는 지지적이고 조절 가능한 환경에서 마주칠 수 있는 가장 중요한 학습이라 보는 것이 옳을 것이다. 만약 우리가 고통을 겪지 않으면 고통을 이해할 수 없으며, 이 고통이 미술치료사로서 미래의 전문가적 경력의 주된 요소가 된다는 것을 이해하지 못할 것이다. 이러한 맥락에서 고통은 선물이라 할 수 있다. 나는 어머니가 출산하는 동안 진통을 '잊어버리게' 하도록 흔히 주어지는 약을 떠올린다. 미술치료 학생들이 전문가가 되기 위해 노력하는 데에 필수적인 것은 연약함과 고통에 대한 지속적인 기억 그리고 그것을 잊지 않도록 곁에 두는 능력이라 할 수 있지만, 동시에 그것에 압도당하지 않아야 한다. 대학원 시절, 내가 연구했던 많은 연구물은 나의 눈물자국 위에서 작성되었던 것을 기억한다.

뉴월 고통을 경험하고, 인식하고, 심지어 그것을 창조하는 것은 우리 미술치료 과정에서 권장되었다. 거기에는 학생 자신이 겪어야 할 문제만큼의 고통이 있었다. 전적으로 직업과 가족에 대한 의무를 동시에 수행하기로 한 결정, 이혼, 사망, 삶 속에서 벌어지는 모든 것의 여부와는 관계없이, 모든 학생은 졸업을 향한 행로에 큰 어려움을 겪는 것 같다. 대학원 과정 초기, 우리가 맞닥뜨린 것은 근원적 과정으로서의 우리 가족이었다. 우리 중의 일부에게는 자신을 수십 년에 걸친 재검토와 결합이라는 과정에 몰입하는 것을 의미했고, 흔히 이것은 고통을 의미했다. 나는 이미 수년간 개인 치료를 받아 온 것에 감사했다. 그러나 이 개인적이고 역사적인 자료들을 우연히 처음으로 접하게 된 학생들이 겪어야만 했던 것과 마찬가지로, 아직 마무리되지 못한 과제를 검토(이 과정의 최종 논문 제목)하려는 기대는 나에게도 너무 괴로운 일이었다. 그 학급의 분위기는 어둡고 두꺼운 구름과도 같았다. 사실, 나는 우리에게 계속 여운처럼 남아 있는 짓누름을 쫓아내는 의식을 교실 구석에 고안했었다. 나는 곧바로 복잡하고, 대단히 방어적이며, 우리가 모르는 사이에 이어받고 체험하는 불투명한 양상들을 밝혀 주는 미술의 능력에 감사하게 되었다. 수업시간에 우리는 각자 자신의 가장 깊은 상처를 공유했으며, 우리가 미래 내담자들에게서 목격할 것이라고 생각했던 것을 서로에게서 보았다. 그 당시 우리 집단은 가장 가까운 존재들이었다. 결국, 우리는 스스로 임상실습 장소, 연구 프로젝트, 소요되는 시간, 이수해야 하는 학점 그리고 임상실습에서의 일 등의 미래를 기획하기 시작했다— 이것은 방어기제였을까? 나는 그 수업에서 이루어졌던 일들을 아직도 계속하고 있으며, 그것을 나의 전업 작가로서의 전체 경력 중 가장 엄청났던 일과 같은 것이라 생각한다.

융에　물론 미술치료 교육에 중요한 것은 제작된 이미지의 중요성이
다. 요즈음의 미술치료 학생들은 그들 스스로 이것을 경험하고 대
학원으로 들어오게 되며, 미술의 본질적 힘과 그 치유 능력 등에 의
해 미술치료로 향하도록 요청받는다. 그러나 학생은 대학원 시기
동안에 그 이미지 제작이 시작에 불과하다는 점을 알아야만 한다.
그들은 화가가 되는 것과 미술치료사가 되는 것 사이의 차이를 발견
해야만 하며, 치료사가 된다는 것은 미술 창작자가 되는 것과는 크
게 다름을 발견해야만 한다. 예를 들어, 이기심과 이타심을 사용하
는 것은 두 직업에서는 매우 이질적인 것이다. 미술치료사가 된다는
것은 직업이라기보다는 오히려 소명에 맡겨진다는 의미인데, 이를
테면 화가로서 존재한다는 것에는 필요한 자기도취, 작품 제작으로
이끄는 개인적 과정과 같은 매우 이질적인 기술과 자원이 요구된다.

뉴월　나는 2004년에 순수미술 석사학위(MFA)를 취득하기 위하여 처
음으로 다시 학교에 돌아왔다. 그러나 직업 화가로서 몇 년을 보낸
후에 나는 내 미술 작업의 중심에 있어 왔던 자기도취로부터 내가
추방당했다는 것을 발견했다. 그것은 나의 노력을 더 이상 나 자신
으로 한정할 수 없다는 것과 같은 생각이었다. 비록 내가 수년간
사심 없이 전적으로 일해 온 미술교육자였다 할지라도, 나는 연구
과정으로서의 교육이라는 데에는 관심이 없었다. 그런데도 심리
학은 사람들이 자신의 가장 깊은 속내를 드러낼 때 곁에 함께 앉아
있다는 개념처럼 항상 나를 잡아끌었다. 아마도 사람들 사이의 의

미 있는 만남에 대한 열망이 결국 내면적으로 나를 붙잡았을 것이
다. 나는 더 이상 홀로 심연을 들여다보기를 원하지 않았으며, 심
연에 대한 나의 응시가 온전히 그 드러냄을 상실한 것처럼 보였다.
나를 잘못되도록 하지 말라. 나는 아직도 자신의 심상과 더불어 깊
고도 고요한 고독 속에 있는 경험을 사랑한다. 고요한 고독, 이와
같은 것은 아무것도 없으며, 이는 지속적으로 나를 복원시킨다. 그
러나 길의 어디에선가 이것은 충만해져서 멈춰 섰다. 미술치료 안
에서 '자아'는 관계성을 통하여 드러나며, 내 관심사가 미술 창작자
가 되는 것으로부터 미술치료사가 되는 것, 배타적이지 않은 '자아'
가 되는 것으로 전환되었다.

융에 학생들은 미술을 창조하는 것이 항상 치료적이라고 믿었던 진리
가 그렇지 않을 수 있다는 것을 배워야만 한다. 그리고 사실상 이것
은 위험할 수 있다. 미술치료사로서의 강한 정체성을 만들어 내는
것은 사행적인 비자니스일 수 있는데, 특히 좀 더 쉬운 '언어적' 치료
분야의 사이렌 콜(siren call: 급한 부름)이 항상 존재하는 복수 학위과
정이 유혹한다.

뉴월 복수 학위과정은 미술치료 학생에게 불안정과 혼동을 추가하
며, 미술치료사의 정체성을 발전시키는 데 어려움을 만든다. 나는
나 자신을 미술을 치료 수단으로 갖는 임상가라기보다는 미술심리
치료사로서 개발하고 있다고 생각한다. 이런 이유에서 상담에 대
한 공부는 필수적인 것이 되어 왔다. 물론 나는 나의 복수 학위과
정을 다른 엄격한 미술치료 전문과정과 비교할 수는 없다.

나는 또한 과연 다른 미술치료 과정들이 더 많은 미술치료 직업을 제공하는 공동체 안에 존재하고 있느냐는 의문을 갖는다. 나는 여기에 지역적 요인의 작용이 있는지도 의문을 갖는다. 이러한 질문은 내가 대학원 과정을 시작했을 때 나를 덮쳐 온 것이었는데, 요청해야 할 정당한 질문이며 대학원 과정 안에 반드시 있어야만 하는 물음이라 생각한다.

실용적인 관점에서 볼 때, 다양한 환경에서 상담가로서 자신을 포함할 수 있다는 사실을 알면 전문적인 면허 없이 이 길을 가는 것보다는 전반적으로 직업 안정감이 더 커진다고 할 수 있다. 하나의 직업 영역으로서 미술치료는 북서태평양 지역에서는 잘 확립되지 않았고, 나는 흔히 미술치료와 연계된 레크리에이션 치료 영역에서 끝나기보다는 차라리 전통적 영역으로 가는 선구자적인 길을 개척하며, 미술치료를 확립하려고 한다.

미술치료사로서의 내 정체성이 대학에서 제공하는 것을 넘어 멘토 관계를 모색할 것을 요구했다는 것은 분명한 사실이며, 때때로 내 자신을 멘토에 대한 책임감을 갖는 수준으로, 미술치료를 시행하기 위해 정말로 스스로를 압박해야 했다. 미술치료가 무엇인지에 대해 일반적으로 무지하고, 심지어는 노골적인 묵살에 직면하게 되면, 실습의 압박에 시달리는 안개 속에서 미술치료를 잃어버리기는 너무나 쉬울 것이다.

융에　1989년경부터 많은 미술치료 과정은 졸업과 동시에 미술치료사들이 지역사회에서 일하는 데에 필수적인 필요성을 인식하고, 졸업생들이 국가 면허를 받을 자격을 갖추도록 정신건강 분야에서 추가 교육과정을 밝게 하였다. 그리하여 이를 실천하기 위한 법적 근거가 만들어졌다. 전국적으로 미술치료사의 수가 적고 면허 취득과 관련해서는 고도의 정치적인 면이 있으므로 미국에서 앞으로 미술치료사들에 대한 특정한 국가 면허가 있을 것 같지 않다. 그러나 기능적인 면에서 이중 교육과정이 미술치료 전문 분야의 성장이나 발전해 가는 미술치료사의 정체성에 대해 완전히 긍정적인 것으로 입증되지는 않았다.

미술치료와 다른 정신건강 교육과정은 통합되어 왔고, 더욱 긴밀하게 통합될 수 있지만, 일반적으로는 그렇지 않다. 미술치료 전공 학생들은 대학원 과정과 실습에서, 미술치료에 대한 실제적인 지원이 거의 없는 혼합된 메시지의 세계에서 자신을 발견하게 된다. 나는 그가 미술치료사로서 훈련되었으나, 상담이라는 특정 분야에서는 스스로를 '다른 사람'으로 규정하는 교수를 알고 있다. 자신의 직업을 상담가라고 말하기 위해 미술치료를 포기했던 누군가에게 가르침을 받는 학생은 훈련 과정을 통해 미술치료사에게 부적합한 역할 모델을 만들게 된다.

그렇다면 어떻게 할 수 있을까? 한 가지 제안이 있다. 현재까지, 미술치료 프로그램은 대체로 포괄적이며, 내 견해로는 종종 미술을 사용하는 활동이나 레크리에이션 치료 등 치료로서의 미술이라는 교육으로 점점 더 휘둘리고 있다. 미술심리치료사가 되는 방법을 배우는 데 관심이 있는 학생들에게는 아마도 전문화가 효과적일 것이다. 미술심리치료사가 되기 위해 공부하는 특정한 방식이 있을까? 그것은 미술치료사로서의 정체성을 가진 교수에게서 배우는 것이라 할 수 있겠다. 임상실습 훈련은 미술심리치료에서도 공히 가능해질 것이고, 프로그램과 기관의 직원들, 슈퍼바이저와 학생 간의 상호작용에 의해서도 지원될 것이다. 실습생은 매 치료 회기에서 미술치료를 행하도록 도움을 받을 것이다. 나는 시범 프로그램을 시작해 보는 것을 제안한다.

구조로서 미술 매체에 대한 특질과 특성을 학습하는 것이 미술치료 학생들에게는 필수적이다. 그들은 어떤 상황에서 어떤 특정한 미술 매체를 사용할 것인지 그리고 어떻게 더 진전된 치료로서 사용할 것인지를 발견해야만 한다. 그들은 치료에서 미술 제작이 행동이라는 것도 이해해야만 한다. 그리고 그것은 과정이자 내용이기 때문에 그것에 주의를 기울이는 법을 배워야 한다.

뉴월 내담자들이 미술치료에 참여해야 하는 것을 두고, 투쟁하던 때 내게 떠올랐던 가장 유용하고 심오한 통찰 중 하나는, 그들의 어려움에 대한 무의식적 근원을 드러내는 이미지를 그리는 것보다 더 많은 것을 요구하던 때 일어났다. 나는 그들에게 [미술 제작을 통해] 위험을 감수하는 법을 배울 것을 두고, 새로운 것을 시도하고, 의미 있는 것에 접근하는 일반적인 방식에서 벗어나는 법을 배울 것을 요청하고 있었다. 미술치료의 이용에 있어서, 나는 내담자에게 변화의 조건을 제시하고, 치료가 반드시 편안한 것으로 기대할 수 있는 영역은 아니라는 예상도 제시하고 있었다. 모든 것이 의미가 있다는 것을 기억하면서, '메타 수준(meta-level)'의 인식을 유지하는 것은 나의 발전에 있어 비약적인 도약이었다.

융에 결국 학생은 미적 공감을 사용하고, 창조된 이미지의 깊숙한 곳으로 들어가서 거기에 숨겨진 것을 이해하기 위해 용기를 가져야 한다. 그리고 그들이 내리는 결론이나 해석은 단지 추측이나 가설일 뿐이며, 틀릴 수도 있다는 것을 알 수 있는 상식을 가져야 한다. 또한 그들은 언제 말하고, 언제 침묵할 것인가를 배워야 한다.

뉴월 나는 나의 슈퍼바이저로부터 치료 회기 중에 얼마나 자주 말을 해야 하는지 그리고 교육적, 지지적 또는 해석적으로 어떤 종류의 개입을 할 수 있는지에 대한 모델을 받게 되어 기뻤다. 나는 언어와 침묵을 어떻게 사용할 것인가에 대한 분명한 안내를 받고서 안도했다. 초심자로서 나는 계속 구체적인 조언을 찾고 있다. 명료함이 내 불안을 가라앉힌다. 나는 미지의 것 그리고 치료적 만남이라는 본질적 신비를 배척하기를 바라며 내게 주어진 구체적인 제안에 매달려 있음을 발견한다. 최근 한 교사가 "사람은 별로 변하지 않는 게 현실"이라고 말했을 때, 변화를 만들어야 한다는 압박감이 가라앉았다. 나는 바로 그것이 미술치료에 대한 것이라고 생각했고, 내담자들에게서 어떤 큰 차이가 없다고 생각했을 때 나 자신을 비난했다.

융에 사실상, 변화란 치료사가 목표로 하는 것이다. 그러나 슈퍼바이저는 학생들에게 변화가 일어나려면 종종 오랜 시간(아마도 몇 년)이 걸리며, 우리가 알고 있듯이 상당한 양의 내재된 자아의 힘이 필요하다는 것을 상기시켜야 한다. 요즘 임상실습에서 학생들에게 주어지는 사례는 복합적인 문제가 있고, 오래 지속되는 경향이 있다. 이러한 유형의 내담자들에게 행하는 치료는 변화와 거의 무관하며, 차라리 구조와 안정성을 향상시키는 것과 관계가 있다고 할 것이다.

뉴월　실습생들은 윤리적 중간지대와 일반적인 미숙함을 혼합하거나 혼동하라는 너무나도 많은 모순된 지시를 받는다. 미술치료 회기의 뉘앙스를 탐구할 시간과 기회를 가지는 것은 그들을 더 큰 공간 안에 담아 두는 것과 같은데, 학교와 실습에 관한 조언과 슈퍼바이저들이 이를 돕는다. 그래서 나는 외로움을 덜 느끼게 된다.

융에　아마도 미술치료사가 되려거나 미술치료사로 존재하는 데 가장 좋은 배움은 즐거움과 무거운 의무감 둘 다일 것이다. 즉, 이것은 통찰인데, 이는 자기 인식을 하는 또는 하기 위한 기본 자질이다. 학생들은 미술치료 교육을 받는 동안에 자신들의 특이한 편견과 가정을 이해하고, 특히 내담자에게 필요한 경우가 아니라면 그 편견과 추측들을 작업으로부터 배제하는 방법을 알아야만 한다. (학생이 이 과정을 살펴볼 수 있도록 돕는 것이 훌륭한 슈퍼바이저가 하는 일이다.)

　정신분석학적 용어인 '역전이(逆轉移, countertransference)'는 프로이트(Freud) 당시보다 오늘날 좀 더 광범위하게 사용된다. 즉, 광의적으로는 대체로 **치료사가 내담자에 대해 가지는 모든 느낌**이나 치료 회기에 대한 모든 감정을 의미하게 되었다. 이런 상황에서 감정을 갖는다는 것은 절대적으로 정상적인 일이지만(학생이 감정을 가지지 않았거나 그렇지 않다고 말한다면, 나는 분명 의구심을 갖게 된다), 이러한 역전이 감정을 작업에 끌어들이는 것은 **내담자의 이익을 위한 것**일 때만 적절한 것이라 할 수 있다. 이것은 또한 치료사가 내담자에게 얼마나 많은 개인 정보를 공개해야 하는지에 관해서도 마찬가지이다. 요즘은 치료사가 많은 것을 드러내는 것이 흔한 유행과도 같다. 분명히 치료사가 '백지 상태'와 같아야 한다는 오래된 정신분석학적 개념은 현실적이지 않지만, 치료사를 '더 인간적'으로 만든다는 것 때문에 모든 것을 드러내는 것을 좋아하는 진자운동과 같은 흔들림 역시도 반드시 가야 할 길은 아닌 것이다. 누구를 위한 노출인가? 그것은 내담자를 위한 것이어야 하며 치료사를 위한 것이어서는 안 된다.

임상 슈퍼바이저의 임무는 초보 미술치료사의 감정과 폭로에 의한 개인적 치료를 하는 것이 아니고 이러한 자료들을 치료 안으로 가져오는 것이 유용할 때를 구분해 내도록 돕는 데에 있다. 그리고 실제로 유용하지 않을 때도 있다. 근본적 원칙은 그것이 내담자에게 도움이 되는가이다. 예를 들어, 임상실습을 돌아보면, 나는 치료 과정에서 이탈리아 태생의 남자다움을 매우 과시하는 내담자를 만났는데, 그는 나의 모든 페미니스트적 성향을 유발했다. 내가 그에게 여성의 권리와 특질에 대해서 엄청난 강의를 해 주고 싶었지만, 내 슈퍼바이저는 이를 그렇게 좋은 생각이 아니라고 판단하도록 도와주었는데, 그것이 나의 필요를 충족시키는 것일 뿐, 분명히 그의 필요는 아니었기 때문이다. 때때로 학생들의 역전이는 자신의 개인 치료사에게로 가져가야 할 해결되지 않은 문제라는 신호를 내고 있는 것이다.

뉴월 나는 나의 가치관을 살피게 되고, 나의 문화적 편견을 인식하며, 내게 지배적인 세계관이 올바르거나 적절하다고 단정하지 않아야 한다는 훌륭한 훈련을 받았다. 하지만 훈련은 시작일 뿐이다. 그리고 내 자신의 한계를 알면서도 아동과 유색인 그리고 성소

수자 공동체 같은 '특별한 사람들'과 상담하기 위하여 임상가로서 요구되는 것들이 나의 교육적인 발전을 지속시킨다. 그 이상으로 나와 다른 사람들을 포함하도록 내 영역을 확장하는 것은 나에게 개인적인 도전이었다. 심지어 지역사회 정신건강 분야에 종사하는 실습에서도 나는 다른 곳에서는 만날 수 없을 사람들의 삶에 빠져들었다.

자기 개방은 까다로운 문제이다. 나는 내담자들과 비공식적이며 친해지고 싶어 한다는 것을 알아차렸고, 그들이 내 사생활에 대해 물어보면 자동적으로 경계 설정하기를 피한다는 것 역시 알고 있다. 나는 특히 치료의 초기 단계에서 그들을 소외시키는 것이 두렵다. 나는 개인정보에 대한 직접적인 질문에 대해 회피적이거나 권위주의적으로 들리지 않는 좋은 대처방법을 계속 찾고 있다. 또한 전문가로서의 역할에 더 익숙해지기를 기대하며, 내담자의 이야기에 빨려 들어가지 않도록 그들과 거리를 유지하는 것의 가치를 알기를 기대한다.

융에 '회피적이거나 권위주의적'인 것의 잘못된 점은 무엇인가? 만약 학생이 이러한 의문들을 어떻게 다루어야 할지에 대해 자신만만하다면, 그 사람은 회피하거나 권위주의적일 필요가 없을 것이다. 학생들은 경계를 적절히 표현하는 방법을 찾도록 도움을 받아야 한다. 특히 미술치료 현장의 초기 단계에서는, 내담자가 가진 질문의 의미가 이해되어야 하며, 치료사가 자신에게 적합한 것을 찾고자 하는 방식과 마찬가지로 내담자마다 서로 다를 수 있다. 개인적인 개방에 대해 '좋다'거나 '백지상태'와 같은 상태는 나쁘다는 식의 일반적인 입장은 너무 단순한 것이다. 치료에서의 다른 모든 것과 마찬가지로, 미술치료사는 내담자를 돕기 위해 가능한 한 모든 것을 해야 하며, 여기에 경계 설정에 대한 결정이 포함된다고 할 수 있다. 좋은 미술치료에 '꼭 들어맞는 하나의 사이즈'라는 것은 없다. 우리는 상표를 다루는 것이 아니라 인간과 함께하는 것이다.

덧붙여서, '내담자가 당신을 좋아할 필요성'이 있다는 것은 실제적인 함정이다. 내담자를 돕는 것은 치료사의 일이며, 이것과 치료사가 '좋다'거나 호의적인 것과는 거의 관련이 없다. 치료의 목표는 돕는 것이지, 치료사가 인정을 받는 것이 아니다. 나는 한때 내 학생들을 위해 '착한 소녀 워크숍(The Good Girl Workshop)'을 진행했다. 분명한 것은, 이 워크숍은 반드시 '소녀들'만을 위한 것이 아니었으나, 우리의 문화에서 여성은 호감이 느껴져야 한다고 강하게 사회화되어 있다는 것을 보여 준다. 따라서 이러한 요구를 극복하는 것은 효과적인 치료사가 되는 것에 있어 큰 발걸음을 내딛는 것이다.

학생들에게 자기 인식을 발전시키기 위한 학습의 훌륭한 원천은 **심리치료 내담자**로서 자신의 경험이다. 과거 일부 교육과정에서는 학생들의 심리치료가 필수적으로 요구되었지만, 현재 '권고'하는 경우는 많이 있으나 거의 이루어지지 않고 있다. 내 견해로는, 어느 누구도 자신이 내담자가 되는 힘든 과정을 경험해 보지 않고 미술치료사가 되어서는 안 된다. 미술치료 학생들은 가능하면 경력 있는 미술치료사를 찾는 것이 유용하다. 내가 기억하기에 내 어머니의 친구인 플로렌스(Florence Cryst)가 "당신은 한 방울의 정보로부터도 배울 수 있다."라고 말했듯이 말이다. 다시 말해, 당신이 스스로에 대해 배워 가고, 중요하고 긍정적인 역할 모델을 제공하며 도와줄 수 있는 훌륭한 치료사를 찾게 되는 것이 나의 바람이지만, 현실은 그렇지 않을 수도 있다. 하지만 두려워하지 말길 바란다. 또한 여러분이 자신에 대해 배우는 동안에 하지 말아야 할 것을 배울 수도 있는데 이런 방식의 배움 역시 가치가 있다.

뉴월 비록 나는 대학원을 다니면서 현재의 내 치료사와 일관되게 만남을 유지해 왔지만, 그 대신 내 훈련에 더 도움이 되도록 미술치료사로 바꿀 생각도 한다. 나는 새로운 임상가와 다시 시작하는 것을 꺼리지만, 최근에는 새로운 개인 치료사와 함께 하는 것의 대안으로 집단 만드는 것을 고려하고 있다. 또한 이 도시의 미술치료 분야는 소규모의 임상가(practitioner)들 집단이고, 내 미술치료사와 내가 같은 전문 분야에 있을 가능성이 높기 때문에 약간 꺼림칙한 느낌이 들기도 하였다. 이런 사항들로 인해 나는 아직 조치를 취할 수 없었다.

융에 일부 지역에서는 지역사회가 밀집해 있기 때문에 미술치료사와 함께 하는 것이 실용적이지 않다. 그럼에도 불구하고 **이것이 가능하다면 훨씬 더 이상적이다.** 개인적인 미술치료를 시작하는 것은 어떤 경우에든지 비밀유지와 경계(boundary) 문제에 대한 진솔한 토론을 포함해야 한다.

나는 미국 내에 있는 네 곳의 대학교와 단과대학에서 강의를 했다. 나는 때때로 교사로서의 역할 모델, 권위, 어머니로서 모습에 이르기까지의 모든 역할을 한날에 수행해야 했다. 나는 로스앤젤레스의 로욜라 메리마운트 대학교(Loyola Marymount University)에서 미술치료 과정을 만들고 수년 동안 감독했었다. (나는 항상 감독자의 주된 역할이 사무실의 쿠션이 잘 채워진 커다란 의자에 앉아 진한 차를 마시면서, 학생에게 첫마디를 "아 아……."라고 하는 것으로 생각했었다.) 나는 운 좋게도 훌륭한 훈련을 받았고, 로스엔젤레스 내에 위치한 좋은 외래환자 대상 병원에서, 에이즈 치료 환자를 위한 입원 병원과 정신과 병동에서 일했다. 나는 30년 동안 개인 경력을 쌓으면서 내 과업을 이끌어 가며, 조직의 수장이 되는 것에 대해 배웠다. 또한 가족 치료와 가족 미술치료에 대해 배웠으며, 이것은 나를 서른 살에 학교로 처음 이끌어 주었다.

　나는 수많은 학생과 작업해 왔으며 아직도 그러하다. 나는 그들의 천진난만함, 이상주의, 진지함, 질문, 도전과 성장을 향유한다. 이상하게 들릴지 모르겠지만, 나는 그들의 고통, 그들 자신과 내담자에 대한 엄청난 기대감, 자기 확신의 부족에 대해서도 큰 존경심을 가지고 있다. 왜냐하면 그들이 가지게 될 가장 필수적인 배움이 바로 이러한 경험이라고 알고 있기 때문이다. 학생들은 대부분 졸업 후 진실되게 '성장해서' 능력 있는 전문가라고 느낄 때까지 많은 시간이 걸린다. 그때까지 그들은 마치 **그렇게 하고 있는 것처럼 행동해야만** 한다. 혼자서 이 길을 걸을 필요는 없다. 왜냐하면 그 길이 고독한 여정이 될 수도 있기 때문이다.

　뉴월 나에게 있어 '전문가'처럼 행동한다는 것은 자의식 속으로 빠지지 않고, 내담자의 인정에 매달리지 않으며, 고양된 자기의식을 키워 가는 것을 포함했다. 내가 어떻게 신체를 유지하면서 목소리를 내고(나는 신경이 예민할 때 종종 과도하게 사용하는 경향이 있다.) 어떻게 공간을 이용하여 움직이는지에 주목하는 것은 통상적으로 나를 여유 있게 만들고 현존하게 하는 효과가 있다. 나는 흔히 대기실에서 내담자와 인사를 나눈 뒤 치료실로 안내할 때의 내 모습에 대해 잘 알고 있다. 나를 보고 있는 타인에게 좀 더 능력 있는 권위자로 비치는 것이 때로는 내 몸을 굳어지게 한다. 그렇지만 결국 내가 이 역할을 더 자신감 있고 쉽게 해낼 것이라 생각한다. 나는 가끔 스스로 엉터리인 것 같은 느낌을 가지며, 어떤 필요를 가지고 치료실 문을 열고 들어오는 사람들에게 과연 무엇을 제공할 수 있을지 의문이 들기도 하다. 이러한 불편함은 인위적이지만 필수불가결한 내담자와 나 사이의 분리를 일깨운다. 그리고 이는 내담자들이 속해 있는 특별하고도 희귀한 공간을 만들어 내는 것 같다.

융에 내가 미술을 발견했거나 어쩌면 미술이 나를 발견했던 것은 내가 아주 어렸을 때의 일이다. 나는 아직도 어머니가 갈색 포트폴리오로 만들어 간직해 왔던 유치원 시절의 그림을 갖고 있다. 미술은 나에게 자양분이자 표현이며 일관된 정체성을 제공했다. 나는 화가의 가문에서 태어나는 행운을 가졌다. 내 남동생 스티브는 반항아였는데, 미식축구 선수가 되고자 했지만 후에 의사가 되었다(우리는 아마도 의사를 길러 내지 않으려 했던 유일한 유대 가정이었을 것이다).

어머니는 4녀 1남의 다섯 형제자매 중 딸이었다. 외할아버지는 자녀들의 양말을 살 때면, "나한테 딸들이 있는 거야, 아니면 지네들이 있는 거야?"라고 물어보았다고 한다. 어머니는 뉴멕시코 알부케르케(Albuquerque)에서 태어나 열 살까지 사우스웨스트(Southwest), 주로 덴버(Denver) 지역에서 살았다.

나의 외할아버지인 레비(Sam Levy)는 독일계 유대인 이민자로서 열두 살이 되었을 때 화물열차를 타고 뉴멕시코 산타페(Santa Fe)로 왔다. 그는 철로에서 일하면서 모르스 기호를 배웠다. 그리고 라디오 방송을 엿들으면서 주식시장 다루는 방법을 배웠다. 그는 콜로라도주 푸에블로 마을의 판사 비서로 일하던 델라(Della)와 결혼했으며, 마침내 동부로 이주해 자동차 딜러가 되었다. 이스트 코스트(East Coast)의 구루(Subaru Guru)라 불렸던 외삼촌 밥(Bob)은 대규모 미술품 소장가였다. 내가 그에게 왜 미술작품 소장을 시작했는지 물었을 때, 그는 "아버지가 남자는 예술과 아무 관련이 없다고 했기 때문"이라고 했었다.

나의 아버지 마빈(Marvin)과 어머니 융에(Junge)는 필라델피아의 같은 동네에서 자라났다. 어머니는 필라델피아의 미술학교에 입학했으며, 21세의 나이에 무대 의상, 무대 디자이너 및 뉴욕시의 WPA[1] 의상점 주인이었다. 내 부모님은 예일 드라마 학교(Yale Drama School)에 다녔으며, 델라웨어(Delaware)주 아덴(Arden)에서 커뮤니티 극장을 공동 운영했다. 그들의 결혼에 관한 이야기를 들어 보면, 어머니가 시카고 굿맨 극장(Goodman Theater)에서 일하고, 아버지는 극작가인 라이스(Elmer Rice) 무대 매니저로 일하던 때, 어느 날 아버지가 어머니를 불러 결혼할 의향이 있는지를 물어보았다고 한다. 어머니가 승낙하자 그 후 볼티모어(Baltimore)로 이사하고

---

1) WPA는 노동발전위원회(Work Progress Administration)이다. 대공황 시기 루스벨트(Franklin Roosevelt) 대통령이 시작한 이 위원회는 미국의 문학가, 화가와 연극인들에게 일자리를 제공했다. 이것은 미국에서 미술과 화가들에게 지급한 몇 안 되는 보조금이었으며 지금도 남아 있다. 불행하게도, 최근의 경기 침체 기간에는 그러한 일이 일어나지 않았다.

재빨리 결혼식을 치렀다고 한다.

1934년경, 부모님이 뉴욕에서 살며 극장에서 일하고 있었을 때 어머니가 심한 전염성 부비강염에 걸렸다. 이때는 믿을 만한 효과적인 항생제가 나오기 전이었으며 보청기도 나오지 않았을 때이다. 그녀는 살아났지만 20대의 나이에 대부분의 청각 기능을 상실했다. 그녀는 이후 1957년까지 20년 동안 청각장애인으로 살다가 이윽고 간단한 '등골수술(stapes operation)'이 개발되어 청각을 거의 완전하게 회복했다. 이 시기에 아버지는 극장에 대본을 팔았는데 부모님은 임신했을 때 로스앤젤레스로 이주해서 나를 낳았다. 당시 제2차 세계대전이 내 삶의 처음 몇 해 동안은 격렬하게 진행되고 있었다.

제2차 세계대전, 트랜지스터가 개발되기 이전까지 어머니는 허벅지에 5파운드나 되는 배터리 뭉치를 매달고서 철사를 이용해 브래지어에 핀으로 고정한 큰 보청기를 끼고 있었다. 트랜지스터의 상륙으로 보청기는 외부 배터리가 없는 작은 상자처럼 매우 작아졌다.

당시에는 수화언어가 존재하지 않았다. 그래서 어머니는 입술 독서를 배웠기에 우리가 지금은 '장애'라고 부르는 상황에도 불구하고 좋은 삶을 영위하는 것처럼 보였다. 이비인후과 의사들은 자신의 환자를 나의 어머니에게로 보내어 청각장애를 보정하기 위해 보청기기를 착용하고 사용하는 것을 돕도록 하였다. 어머니의 딸이었던 나는 하나의 치료적 모델을 어머니에게서 보았다. 나는 그들이 우리 거실의 팔걸이의자에 어머니와 함께 앉아 주의 깊게 듣고 있던 모습을 기억한다. 그녀는 제2차 세계대전과 한국 전쟁 중에 환자들의 파스텔 인물화를 그렸던 재향군인 병원에서 청취법을 배웠다고 말했다.

내 어머니는 미술 작업을 계속하셨고, 후에 사람들과 자신을 다시 연결해 준 것이 미술이라고 하면서 초상화 작업을 통해 우울증에서 벗어나게 되었다고 하셨다. 어머니는 수년 동안 로스앤젤레스의 포레스터 드라이브(Forrester Drive) 지역에 있는 가정 작업실에서 미술 수업을 하였다. 어머니는 영화와 텔레비전 사업 분야에서 일할 기회는 있었지만 집 밖에서 전문 예술가로 활동한 적은 없었다. 초상화가로서의 봉사를 자청해서 할리우드 사람들과 함께 군사 기지 병원에 간 몇 번을 제외하고는 말이다.

나는 어머니의 청각장애, 우울증 그리고 '들리는' 세계에서 존재하는 것들에 대한 자신감 부족이 내가 지금 의심하는 방식으로 그녀를 제한했을지도 모른다고 생각한다. 그러나 그것은 이미 내가 알고 있던 것이며 특별하게도 보이지도 않았다. 돌이켜 보면 나는 미술치료사로서의 작업과 관련해 어머니를 중요한 본보기로 생각하고 있는 것이다.

나의 아버지는 전업 작가였는데, 그림도 그리셨으며 이 일에 곧 능숙해지셨다. 아버지는 작품을 전국적으로 전시했으며 특히 수채화를 사랑했다. 주로 존 마린(John Marin) 풍으로 작업하셨다. 내 소중한 애장품은 아버지로부터 물려받은 멋진 수채화 붓인데 그 붓으로 직접 꽤 좋은 수채화를 그렸다. 또한 아버지는 아마추어 4중주단에서 비올라를 연주했다. 내가 10대였을 때, 아버지가 비올라, 남동생이 바이올린 그리고 나는 첼로를 연주하는 트리오를 꾸렸었다. 그때 아버지는 "어떤 것에도 결코 아마추어는 되지 말라."라고 하셨었다. 나는 아버지를 사랑하고 그의 지혜를 존경했기 때문에 아버지가 내린 칙령을 극복하는 데에는 많은 치료가 필요했다.

나는 블랙리스트 시기(Blacklist period)[2]에 할리우드 사회에서 자라났다. 냉전 시기에 부분적으로는 시나리오 작가 조합의 파업을 포함한 노조 결성의 결과로서 '블랙리스트'는 1947년 공식화·체계화되었다. 그것은 영화와 극장 산업에서 공산주의자를 '근절하려는' 시도였다. 명단에 기록된 사람들은 일하는 것이 금지되었는데, 그들의 회원권이 미국 공산당과 연루되어 있거나 동조하고 있다는 이유 때문이었다. 실제로 이것은 많은 사람을 덫에 갇히게 했으며, 경력을 없애 버리고 두려움과 의심의 분위기가 확산되도록 꾸며 낸 마녀사냥이었다.

영화 스튜디오 경영진이 작성했던 이 명부에는 로브슨(Paul Robeson) 같은 사람들과 이 산업의 모든 분야에 속한 다른 사람들도 포함했다. 우리가 친하게 지냈고 나와 함께 놀았던 많은 가족의 아버지가 블랙리스트에 올라있거나 '할리우드 10'[3]의 일부였다. 이는 주로 그들의 헌법상 권리를 이유로 1947년 반미활동 조사위원회가 생기기 이전에 증언과 '이름을 폭로하는' 것을 거부한 시나리오 작가들의 모임이다. 그들은 '의회 모독'이라는 혐의로 6개월에서 1년 형을 언도받았다. 그들 일부는 미국을 떠나거나 지하로 숨어들었다. 일부는 가명[4]으로 글을 쓰고 일부는 옥살이를 했지만 그들의 경

---

2) 냉전 시기 할리우드 급진주의자들을 색출하기 위한 압력이 있던 시기 — 역자 주
3) 독일 작가 베르톨트 브레히트(Bertolt Brecht)는 원래 이 그룹의 한 명이었다. 그는 조사 다음 날 미국을 떠났다.
4) 13년 후인 1960년에 영화를 제작하고 스타덤에 올랐던 커크 더글라스(Kirk Douglas)는 『스파르타쿠스(Spartacus)』의 저자가 블랙리스트에 올라 있던 달톤 트럼보(Dalton Trumbo)가 맞으며, 유럽에 살고 있었다고 인정했다. 트럼보는 '로버트 리치(Robert Rich)'라는 필명으로 '브라보 원(The Bravo One)'의 영화 대본으로 1956년 오스카상을 수상했다. 더글라스의 용기는 블랙리스트를 효과적으로 종식시키는 데 주요한 사건이었다(영화를 바탕으로 했던 『스파르타쿠스』의 저자

력은 이미 끝나 있었다. 나는 아버지가 타계한 지 여러 해가 지나 블랙리스트 작가들 중 한 사람을 만났다. 그는 아버지를 알고 있었으며 다음의 이야기를 해 주었다.

> 내가 블랙리스트에 들어 있을 당시, 영화가 시작되기 전에 극장에 들어갈지 아니면 극장이 어두워진 후에 들어갈지를 몰랐다. 왜냐하면 만약 어떤 친구가 나를 보거나 내가 그의 옆 어디엔가 앉았다면 그는 내 친구들로부터 의심을 받을 것이며, 일도 못 하게 되었을 것이기 때문이다. 어느 날 밤 내가 어둠 속에서 극장 통로에 걸터앉아 있었을 때, 네 아버지가 "여보게 _____." 라고 부르는 소리를 들었다. 그러고나서 "내 옆에 와서 앉아."라고 한 이 말을 결코 잊지 못한다.

1921년에 결성되어 작가연맹과 제휴한 시나리오 작가 연합은 필연적으로 영화 극작가들과 영화를 보호하기 위한 연합체였다. 오늘날에도 여전히 많이 이용되고 있는 작가들을 위한 영화 저작권 제도를 고안해 낸 것이 바로 이 단체였다. 아버지는 이 조직의 초기 거물이었으며 정의의 존재를 믿으면서 종종 강력한 반대에 맞서 자신이 느끼기에 옳다고 보는 것을 용감하게 지지했다는 점에서 나에게는 중요한 본보기였다. 이런 점에서 나는 분명히 가족의 사업이라 할 수 있는 영역에 속해 있었다.

한 평생을 영화 작가로, 그리고 아서 왕(King Arthur)에 관한 책을 저술했던 소설가로 사셨던 내 아버지는 UCLA에서 연극과 시나리

인 하워드 패스트(Howard Fast)도 블랙리스트에 올랐으며 자신의 책을 스스로 출판해야만 했다). 반미활동 조사위원회는 29년 동안 존속하며 활동했다.

오 작법을 가르치면서 마지막 몇 해를 보냈다. 그는 교육자로서 영화 산업이라는 실제 현장 세계의 비밀을 안다는 이점이 있었지만, 나에게는 그의 유머 감각, 학생들에 대한 주의와 애정 그리고 그들이 필요로 한다면 특별한 시간까지도 할애하려는 그 의지가 또 다른 본보기가 되었다.

청소년기의 고민과 두려움으로 가득 찬 열두 살 무렵, 나는 로스앤젤레스에서 새롭게 문을 연 팜스 고등학교(Palms Junior High School)에 입학하여 아이오와 검사(Iowa Test)를 통해 '열등반'에 속했다. (이것은 '추적'이라 불렸다.) 물론 그들은 '열등반'으로 부르지는 않았지만 나도 그들도 모두 열등반임을 알고 있었다. 그리고 모두가 내게는 낯설었던 그 학급의 모든 학생도 이 사실을 알았다. 어머니가 학교에 왔었지만 어머니의 노력에도 소용이 없었다. 그 시절은 부모들이 학교에서 거의 힘을 못 쓰던 시절이었다. 나는 늘 학교에 가지 않았으며, 등교할 때면 항상 교실의 뒤편 끝 쪽에 앉아 괴상한 의상을 뜨개질하며 수업은 절반만 들었다.

나의 멋진 어머니는 일부 부모들이 하는 것처럼 나를 정신과 의사에게 보내는 것이 아니라 그 대신 미술반에 등록하여 내 삶을 구원하고 변화시켰다. 어머니는 77세가 된 지금까지도 그 일은 나를 지탱해 주는 초석이자 내 삶의 여정에서 가장 중요한 사건 중에 하나로 남아 있다. 나는 나의 첫 저서에서 이 경험을 다음과 같이 기술했다.[5]

5) Junge, M. (1994). *A History of Art Therapy in the United States*. Mundelein, IL: The American Art Therapy Association.

열두 살이었을 때, 나는 로스앤젤레스의 칸 미술학원(Kann Institute of Art)에서 토요 아동미술반에 다녔다. 율라 롱(Eula Long)이라는 에너지가 넘치는 회색 머리카락의 여선생님은 창조적 과정의 심리학적 측면에 관심이 있었으며, 특히 게슈탈트 심리학도로서 수업에 그 내용을 활용했다. [모든 미술반에서 그것에 관하여 말했었다!] …… 그녀는 정서적 환경의 지지가 미술 창작에 필수적이기 때문에 어떤 아동도 비판이 아닌 칭찬만을 받아야 한다고 믿었으며, 기법적 가르침은 중요하지 않을뿐더러 아동의 창의력을 방해하거나 완전히 멈추게도 한다고 믿었다. 그녀는 내면적 탐구에 반대되는 방어적이며 전형적이고 진부한 판에 박힌 표현에 실망했다. 반면에 환상, 상상력과 솔직한 감정이 진실한 미술적 산물에서 필수적인 것이라고 평가했다.

나는 15세까지 그 미술반에 다녔으며, 고등학교 생활에 더해 토요일마다 '진정한' 미술 수업을 시작했다. 그곳에서 나는 대부분의 기술적인 방법을 전수받았고, 예술에서 내면적 정신, 창조적 과정 자체가 좀처럼 쉽게 장려되거나 육성되는 것이 아니라는 것도 알게 되었다.

[율라의 수업에서] 나는 나의 소묘와 채색 작업물들을 관찰해 보았는데, 처음으로 부모님, 선생님, 친구들로부터 인정받기 시작한 흥분과 풍요로움을 주체적으로 받아들이고 있었다. [가장 중요한 것은 나에 의해서라는 것이다.] 내 작품은 로스앤젤레스 전역에 걸

> 쳐 수상했다. 그 선생님과 함께 나는 미술에 내재된 치료적 힘과 가능성을 경험하는 특권을 누렸다. 내 삶은 돌이킬 수 없을 정도로 변화되었으며 그 선생님은 미술치료사로서의 내 후반기 경력 대부분에 기여했다(이 장의 각주 5) 참조).

미술치료처럼 들리는가? 나는 율라 선생님의 수업 초기 그림 중 일부를 지금도 가지고 있다. 그 그림에는 내가 오늘날에도 여전히 좋아하는 그들의 삶의 감각이 깃들어 있다.

뉴월 나는 한 사람의 미술치료사로서 당신의 길을 만들어 낸 초기 경험을 듣는 것을 사랑한다. 나는 당신의 과거, 현재와 미래를 더 많이 알고 싶다. 나를 이끌어 주었으며, 모든 미술치료사를 이 분야로 이끌었다고 추정하는 것은 바로 이러한 종류의 풍부한 담론 때문이다. 여기에 몇 가지 나의 이야기가 있다.

나는 내 삶과 병행하는 관심들을 하나의 전체적인 것으로 통합하기 위하여 그리고 내 삶에서 일찍이 들렸던 부름으로 되돌아가기 위하여 50대 초반의 나이에 다시 대학원에 들어왔다. 나는 내 삶의 열정을 엮어 내기 위하여 강한 믿음 체계와 의도를 갖고 대학원으로 나아간 것이다. 즉, (미술치료와 상담 전공) 학위에서의 논리정연한 구상 속으로 정신성, 예술 그리고 초개인 심리학(transpersonal psycology)을 엮어 내는 것이었으며, 나는 그것이 좀 더 지속 가능한 삶을 영위하도록 해 줄 수 있을 것으로 기대했다. 나는 20년 동안 화가이자 교육자로서 공립학교에서 일해 왔으며, 이 과정으로 교실 환경을 인간화시키고 활기차게 만드는 창조성의 힘을 알았다. 동시에 나는 페루와 미국에서 샤먼적(shamanic) 스승들에게 여러 해 동안 배웠던 땅을 기반으로 한 실습으로부터 마음/신체 치유에 접근하는 방식, 즉 에너지를 통한 치유적 실습을 계속하고 있었다. 애초에 나는 이러한 개입방법들이 강력하고 효과가 있음을 알았는데, 특히 그것들이 물, 공기, 흙과 불의 원소를 이용하고, 자연계와 연결하는 방법을 가르쳤기 때문이다. 나는 대부분의 내담자들이 그들의 일상적인 삶에서 이러한 치유 경험에 기반을 둘 필요가 있음을 알았다.

또한 나를 위해, 내 치료사는 내가 새로운 존재 방식을 연습할 수 있는 5년간의 일관된 관계로 인해 내가 삶의 패턴을 바꾸도록 도와주었다. 나는 그녀와 같은 조력자가 되기를 원했고, 이에 덧붙여 치유하고 밝혀내는 데에 창조성을 관여하는 조력자이기를 원했다.

미술치료/상담 과정으로 나의 길을 가면서 ─ 자아가 잘 기능하도록 돕는 것이 필수적이지만 ─ 자아를 넘어 어떤 것을 새롭게 열어 가는 이론에 가장 끌렸다. 이론적인 바탕에서 나는 스스로를 구축하고 있으며, 마음, 신체와 정신 사이의 균형이 필수적임을 발견하고 있다.

치유 과정에서 마음이 중심이 된다는 나의 확신은 특별한 기독교 신앙의 환경에서 자라난 데서 비롯되었다. 인간의 믿음의 힘, 신성과의 관계성은 내가 다섯 살 때 다친 팔이 기적적으로 실제적 치유를 경험했을 때 입증되었다. 내 마음을 가까이 들여다보는 것은 내가 심리학에 매료되는 영감을 주었다. 나는 마음이 우리 삶의 가능성에서 그토록 중요한 역할을 한다는 것을 알았으며, 현실 세

계의 많은 표현 방법을 직접 탐구하기 위해 꿈과 명상, 영적 여행
을 통해 다양한 의식 상태를 실험했다.

나는 내 경험에 형태를 부여하기 위해 미술 작업을 하였고, 이
미술 또한 어린 시절의 숨겨진 것을 드러냄으로써 이미지로서의
언어가 정신의 복잡한 본질을 묘사하는 데 가장 능숙해 보인다는
것을 나에게 증명했다. 이미지, 몸짓, 노래, 시 또는 어떤 형태의
표현을 취할지에 대한 지혜는 그들 자신으로부터 생성된 치료제처
럼 직접적으로 그리고 구체적으로 생겨난다. 이렇게 열린 것의 일
부로 존재하는 사실은 매우 기본적이고도 기적적인 것이다.

나는 나 자신의 상징적이고 신비로운 내면세계를 내 삶에서 적
극적으로 발전시켰다. 이미지는 한 가정으로부터 다른 가정으로
옮겨졌던 내 어린 시절을 통틀어 가까운 친구였다. 나는 매우 내향
적인 아이였고 드로잉에 몰두하기를 좋아했다. 그리고 나는 그 안
에서 평화와 광활함을 발견했다! 나는 항상 창의적인 과정 안에서
나의 집을 찾을 수 있었고 스스로를 새롭게 변모했다. 이 열정은
항상 간직하고 다닐 수 있었고 다른 사람의 손길이 닿지 않았다.
이것은 항상 나의 것이었고 나는 그 안에 있었다.

내가 만든 이미지는 시간이 지날수록 내 존재를 확인하고, 나만
의 독특한 이야기를 구성할 수 있는 거울이 되면서 더욱 중요해졌
다. 내 존재의 중심은 화가였는데, 이러한 정체성은 많은 난관 속
에서 나를 인도했다. 길고 지속적으로 이어지는 꿈 이야기처럼, 나
의 소묘, 그림, 조각, 판화들은 성장과 치유의 맥락을 제공했다. 나
는 우선적으로 어린 시절 성적 학대로부터 회복된 나의 경험을 통
해, 이미지를 창조하는 작업은 정신이 독소를 배출하고 새로운 성

장을 촉진하는 환경을 제공한다는 것을 직접적으로 알고 있다. 이미지는 치유된 상태를 담아내는 살아 있는 회복 에너지이다. 나는 미술치료의 힘을 알고 있기에 내가 만든 이미지를 다른 사람들과 공유하는 것에 흥분된다.

"미술이 삶을 구한다."라고 인쇄한 자동차 범퍼 스티커가 지난 10년 동안 서부 워싱턴주에서 돌고 있었다. 그것은 내가 1990년대에 아동학대가 전염병처럼 퍼지는 것을 비판하는 미술작품과 글을 전시하고 출판하는 곳에서 일하던 때 나타났다. 미술은 삶에 대한 헌신을 구체화하고, 미술치료는 그 본성처럼 우리의 생명력이 진정한 표현을 할 수 있게 이끌어 가도록 요청한다. 이제 이 두 가지가 내 분야에서 동시에 나타날 때, 마치 꿈속의 이미지처럼 우리를 전체성으로 나아가도록 할 것이다.

02 미술치료 교육에 대한 역사[1]

미술치료에 대한 관심의 성장

미국에서의 미술치료에 대한 교육은 1950년대 초에 시작되었다. 당시 주요한 미술치료 이론가였던 마가렛 나움버그(Margaret Naumburg)가 메사추세츠, 케임브리지와 워싱턴, 필라델피아, 뉴욕에서 교육을 하던 때이다. 나움버그는 자신의 교육 세미나를 '미술치료의 기법과 방법(The Techniques and Methods of Art Therapy)'이라 칭했다. 그녀와 더불어 초기의 미술치료사들인 엘리너 울만(Elinor Ulman)과 한나 키아트코브스카(Hanna Kwiatkowska)가 워싱턴주 정신과와 정신분석 연구소에서 강의를 시작했다. 이들의 강의를 통해 타 분야의 정신건강 전문가들에게 미술치료가 흥미롭게 부상하는 새로운 학문적 접근으로 이루어졌다. 혁신적인 새로운 미술

---

1) 이 장의 정보 출처는 미술치료에 대한 나의 두 저서이다. Junge, M. (1994). *A History of Art Therapy in the United States*. Mundelein, IL: The American Art Therapy Association. Junge, M. (2010). *The Modern History of Art Therapy in the United States*. Springfield, IL: Charles C Thomas.

치료 분야에 대한 관심이 고조되었으며 더 많은 정보에 대한 요청이 계속되었다.

　마침내 둘만은 정신과 의사, 사회복지사 및 간호사들에게 워싱턴대학교 정신과에서 미술치료 과정을 맡아 달라는 요청을 받았다 (1967~1973). 나움버그는 1958년, "그녀는 대학 환경에서 대학원 학생들을 대상으로 '역동적 미술치료의 원리와 방법을 통한 최초의 훈련 프로그램'을 보여 주었다."라고 주장했다. 나움버그의 프로그램은 뉴욕 대학교에서 진행되었는데(Naumburg, 1966, p. 31), 중요한 미술심리치료학 교육과정의 시작은 심리학 전공이 아닌 미술교육전공에서 이루어졌다. 나는 『미국 미술치료의 역사(History of Art Therapy in the United States』(1994)에서 그녀의 강연을 다음과 같이 기록하였다.

　　동부 해안 지역에서의 정규 강의와 더불어 나움버그는 뉴욕대학교(New York University), 신사회연구대학(New School for Social Research) 등에서 강의하였다. 또한 캘리포니아, 하와이 및 텍사스 등을 다니며 미국정신의학회(American Orthopsychiatric Association), 미국심리학회(American Psychological Association) 등의 연례 학술대회에서 발표하였다(Naumberg, 1966, p. 76).

미국 중서부 지역 미술치료의 출현

　수년 동안 선행된 동부의 미술치료 행사는 1920년대 초에 창립된 캔자스주 토페카(Topeka)의 메닝거 재단 클리닉(Menninger Foundation Clinic)에서 이루어진 미술에 대한 깊은 관심에서 출발했다. 이러한 관심에는 정신과 환자들과 함께 작업하도록 화가들을 지원ㆍ고용하는 것을 포함했다. 물론 시작 당시에는 미술이 치유에서 중요한 위치를 차지한다는 메닝거 형제의 인식과 인정이 단순한 '부가적 장식'만이 아니라 환자들에게 중요한 치료적 접근도 제공할 수 있었다.

캔자스 출신의 공공산업진흥국(Works Progress Administration)의 화가인 헌툰(Mary Huntoon)은 윈터 재향군인병원(Winter Veterances' Administration Hospital)을 포함한 메닝거 시설들에서 1934년부터 '강사'부터 '치료사'에 이르는 다양한 역할로 일했다. 헌툰은 자신의 작업 방식을 '역동적인 미술치료'라고 불렀는데, 여기에는 나움버그가 (출처는 불분명하지만) 화를 내면서 떠났다던 메닝거 시설들에서 후에 그녀의 판화 작업을 '역동적 미술치료'라고 정의하여 제시하였다는 이야기가 있다. 이런 이유로 헌툰이 아닌 나움버그가 미술치료를 독립적인 분야로서 명명하고 기반을 다지는 데 기여했다고 보는 것이다.

1937년에 「아동에게서 환상 표현을 격려하기(Encouraging Fantasy Expression in Children)」라는 기고문을 메닝거의 직원인 라일(Jeanetta Lyle)과 쇼(Ruth Faison Shaw)가 발표하였다. 이 글은 드로잉을 아동의 내면적인 삶을 탐구하는 데에 사용했다는 점에서 미술치료의 선구자적 역할을 한 것으로 고려하여야만 한다. 제2차 세계대전의 양심적 병역 거부자이자 지역 미술강사 겸 목사였던 존스(Don Jones)가 메닝거 시설에 고용되었다. 그는 후에 올트

(Robert Ault)를 고용했는데, 그들은 미국미술치료학회(American Art Therapy Association)의 창립에 힘을 다하며 초기 회장을 지냈다. 물론 그들은 메닝거 시설들에서도 미술치료를 발전시켰다.

메닝거 재단 관련 행사와 사람들의 경우에는, 일반적으로 초기 미술치료 역사와 새롭고 흥미로운 미술치료 분야의 설립에 기여한 북동부 지역에만 초점을 맞춘 역사를 쓴 사람들에서 제외되었다. (이것이 정책으로 이미 존재했던 것인가?) 메닝거 재단에서 발전한 프로그램은 나의 저서인 『미국 현대 미술치료 역사』(1994)가 출판될 때까지는 미술치료의 초기 역사에서 중요한 부분으로서 널리 가시화되지 않았었다. 여러 해가 지나자 많은 미술치료사가 그곳에서 훈련을 받았으며, 아마 더 중요한 점은 메닝거 재단이 미국의 동부 주들 외부까지 광범위하게 미술치료를 알리고 신뢰를 촉진했다는 점이다.

미국의 첫 번째 미술치료 석사과정 프로그램

1957년에 루이빌 대학교(University of Louisville)의 정신과 의사인 로저 화이트(Roger White)는 의과대학의 정신과와 순수미술 사이의 협력을 지향하는 모험적인 시도로 미술치료 프로그램을 발전시켰다. 불행하게도 그곳에는 미술치료사가 존재하지 않았을 뿐만 아니라 미술치료 분야에 힘을 보탤 사람도 없었다. 1959년에 두 명의 학생이 졸업한 뒤 10년 동안 문을 닫고 있었다. 그럼에도 불구하고, 화이트가 그 과정을 다시 시작하기 위하여 25세의 미술치료사인 케

이긴[Sandra Kagin, 지금의 이름은 그레이브스 알콘(Graves-Alcorn)]을 고용했던 1969년까지는 대학교의 자료집에 남아 있다.[2] 그녀는 다음과 같이 말했다. [미술 치료 프로그램의 첫 번째] '피날레'는 마가렛 나움버그가 병례 검토회의(Grand round)를 하게 되었을 때 발생했다. 그녀는 모든 사람을 격분시켰고 그 프로그램은 끝나 버리게 되었다(Sandra Graves-Alcon, 개인적 교신, 2013).

1967년에 루이빌 대학교의 미술치료 프로그램이 폐지되었을 때 레빅(Myra Levick)[3]은 필라델피아의 하네만 병원(Hahnemann Hospital)과 필라델피아 의과대학에서 미술치료 프로그램의 석사과정을 설립하는 데 조력했다. 그녀는 프로그램이 시작된 지 채 몇 달이 되지 않아 39세의 나이로 갑자기 세상을 떠난 심리분석가인 골드만(Morris J. Goldman)과 공동 설립자였다. 의학박사인 핀크(Paul Jay Fink)는 골드만의 업무를 인계받아 2014년 세상을 떠날 때까지 미술치료의 중요한 동료이자 조력자로 남았다. 레빅은 하네만(지금의 성은 Drexel)을 "첫 번째 미술치료 프로그램을 성공적으로 수행하고 학생들을 졸업시킨"(개인적 교신, 2014) 인물로 칭했다. 현재 그곳은 미술치료 박사학위를 수여하는 미국의 몇 안 되는 기관들 중 하나이다.

---

2) 그레이브스 알콘은 미국미술치료학회가 창립된 그날 루이빌 대학교에 고용되었으며 로저 화이트가 초빙하였다.
3) 핀크의 도움으로 레빅은 미술치료사들에게 최초의 전문적인 기관인 미국미술치료학회를 신뢰할 수 있는 정신건강 훈련을 위한 기관으로 세우고자 하는 데에 힘을 보탰다. 나는 저서 『미국 현대 미술치료사』(2010)에서 "우리가 알고 있는 미술치료 전문 분야와 대학원 교육이 공히 레빅과 더불어 시작되었다."라고 기술하였다. 선배 미술치료 전문가들과 미술치료 공동체가 수여하는 '전문적 미술치료 미이라 레빅 상(Myra Levic Award for Excellence in Art Therapy)'은 그녀의 이러한 명예를 따와 명명했다.

전국적 전문기관인 미국미술치료학회가 1969년 결성된 이후에
곧바로라고 하지만, 사실 그 이전에도 미술치료 현장임상가들을 훈
련시키는 석사학위 차원의 대학원 교육이 실현되었다. 현재는 전국
적으로 35개의 석사과정 프로그램들이 있고, 캐나다에도 미국미술
치료학회가 '승인한'[4] 프로그램이 있으며, 아마도 아직 '승인되지 않
은' 더 많은 프로그램이 있을 것이다. 미술치료 분야 기관 4곳이 학
부과정으로 승인을 받았다. 2001년에 미술치료 박사과정이 레슬리
대학교(Lesley University) 표현예술(Expressive Arts) 프로그램으로
시작하였으며, 레슬리 대학교 외에 지금은 미국에서 4개의 박사과
정과 1개의 (현장실무에 초점을 맞춘) 전문직업으로서의 박사과정 프
로그램이 있다.

국제적으로 보자면, 영국에서 미술치료 교육은 여러 해 전에 존재
하였다. 영국에서는 전통적으로 화가가 미술치료사로 되었다. 영국
에서의 미술치료는 미국 미술치료를 앞선 것이었으며, 정신병원에
서 행동치료의 일환으로 광범위하게 이용되었다. 영국 미술치료 역
사에 대한 저자인 월러(Diana Waller)[5]는 '미술치료'라는 용어가 영
국에서는 1930년대 초에 일찍이 사용되기 시작했다고 주장한다. 영
국미술치료학회(British Art Therapy Association)는 1964년에 창립되
었는데 미국미술치료학회보다 5년 앞선 것이다. 미국과 마찬가지
로 영국에서의 미술치료는 정신역동(psychodynamics)과 정신분석
(psychoanalysis)에서 유래했지만, 영국에서 지배적인 이론적 기반

---

4) 미국미술치료학회는 1973년에 미술치료 프로그램을 위한 교과목들과 그 규준들
을 설정했다. 이것으로 규준에 부합되는 석사학위 프로그램을 인준한다.
5) Waller, D. (1990). *Becoming a profession*. London, England: Routledge.

은 칼 융(Carl Jung)의 이론에 집중되어 있었다.

미술치료는 전 세계적으로 존재하며 계속 성장하고 있다. 치유로서의 정신건강과 맥을 같이하는 예술의 필수적인 개념이 오랫동안 수용되어 왔으며, 의사소통 기술의 성장은 이것을 여러 나라에 공통 개념으로 확산하였다. 2009년에 미국미술치료학회의 국제협력분과 장인 스톨(Bobbi Stoll)은 다음과 같이 말했다.

> 33개 국가가 미술치료나 미술치료협회를 결성했거나 결성 중에 있다. [그러나] 놀랍게도 각 나라마다 이 분야를 발전시키는 데 있어서 공통적인 걸림돌에 맞닥뜨리고 있다. 즉, 신진 미술치료사들은 필연적으로 선구자들이며, 정부, 경쟁자, 규제 기관, 의료보장제도, 지불인 및 고용주, 수요 정의, 직업 표준, 윤리 및 성공적인 결과를 검증하는 연구와 같은 모든 가능성에 대해 인내하는 것 같다[Junge, 개인적 교신, 2010 인용, 이 장의 각주 1) 참조].

03

좋은 책은 멘토이다

　많은 미술치료 대학원생이 미술치료 전공에서의 과제 및 이론과 실습 수업을 수행하는 데에 있어서, 학생 시절 경험을 반영해 주고 그들이 함께했던 고통받는 사람들을 주제로 한 철학을 이해하도록 도와줄 수 있는 선배 미술치료사들의 이야기를 갈망한다. 미술치료 교육은 단순히 지시나 활동이나 기법의 학습이 아니라 개인 역량으로 예술과 심리학을 세심하고 심도 있게 통합하고, 개인적 인지도와 자아 인식을 높이는 은유적 표현이라는 것은 모두가 알고 있다. 치료사가 되는 미스터리한 길에 대한 통찰력과 조언을 줄 수 있는 치료사들의 글은 학생에게 매우 가치가 있다. 그것은 여러 가지 방법으로 불안감을 완화할 수 있다. 또한 이러한 글은 저명한 치료사들의 실패와 실수를 보여 주기도 하며, 장기적으로 볼 때 이와 같은 부정적 내용이 경력 단절에 이르는 것처럼 큰 문제가 되지 않는다는 것을 보여 준다. 오히려 치료사들의 글로부터 배우기도 한다는 것이 중요하다. 이 요구에 적합한 치료사들의 글은 놀랍게도 몇 안 될 정도로 적은데 그중 일부를 앞으로 이 책에서 검토할 것이다.

선배 치료사들이 생각하고 말하는 것을 읽는 것은 초심자에게 중
요한 학습이며 **멘토링의 한 형태**이다. 여기에는 보편적인 여정이 작
동한다. 훌륭한 치료사 또는 저술가는 학생이 겪고 있는 많은 경험
과 불확실성을 겪어 왔을 것이므로 학생은 그들의 경력과 조우하기
를 기대하고 (그리고 두려워도 하고) 있을 것이다. 만일 치료사 또는
저술가인 그들이 이해한 것과 의미에 대해 깊고 성실하게 생각하고,
효과적이고 민감하며 진실하게 설명하고 저술할 수 있다면, 학생은
그러한 서적[1]을 엄청난 선물로 받아들일 것이다.

경력을 막 시작하는 신출내기 미술치료사에게는 측정할 수 없는
즐거움이 있으며, 무언가를 기대하게 하는 무서우면서도 흥미로운
난관도 있다. 초심자에게 있어서 적어도 한 권의 책을 저술할 정도
로 **살아남은** 치료사 또는 저술가가 있다는 것을 이해하는 것은 정
말 도움이 된다. 초심자에게 있어서 치료사 또는 저술가가 많은 동
일한 문제와 싸워 어떤 결론에 도달했다는 것을 이해하는 것은, 뉴
턴의 말대로 '거인의 어깨 위에 서 있기'[2]와 같은 것이며, 그 분야의
필수적인 배움의 역사를 관통하여 후대에게 물려주는 길인 것이다.
때때로 학생은 '거인'이 결국 그다지 유능하지 않다는 것을 알게 되

---

1) 나는 많은 사람에게 '서적'이라는 용어가 진부한 것이라는 점을 이해한다. 최첨단
   전자공학이 범람하는 시대 속에서 사람들은 인쇄물을 전혀 읽지 않는다(예를 들
   어, 나는 『Art Therapy: Journal of the American Art Therapy Association』에 실린 글들의
   참고문헌 목록이 대체로 더 이상 서적이 아닌 것에 주목했다). 옛날 사람으로서 나는 여
   기서 '서적'이라는 용어를 사용한다. 그러나 그것은 학생이 '읽을' 수 있는 것에서
   나온 '모든 형식'으로 이해되어야만 한다.
2) 위키피디아(Wikipedia)에 따르면, 당대의 비유는 "이전의 발견물들 위에 구축함으
   로써 발견하는 사람"과 관련되며, 뉴턴은 "만약 내가 그 너머를 보았다면, 그것은
   거인들의 어깨 위에 앉음으로써"라고 말했지만, 원래 인용은 훨씬 더 이전에 이루
   어졌다(en.Wikipedia.org, 2014. 5. 2. 참조).

는데 이 또한 중요한 학습이다. 또한 미술치료 학생에게 부수적이면서도 중요한 이점은 많은 사람이 '철저히 혼자'라고 느끼는 고독을 없앨 수 있다는 점이다.

이 장에서는 우리 두 사람이 찾아낸 학생들에게 유용한 세 권의 서적을 검토한다. 이러한 유형의 책이 몇 권 더 있지만(놀랍게도 매우 적지만), 나는 이런 서적 중 일부에 대해 매우 실망하여 제목을 '녹슨 치료사가 되는 법(How to Become a Rotten Therapist)'이라고 붙여야 한다고 느꼈다. 처음에는 내 견해를, 그리고 이어서 다른 글꼴로 나의 학생이자 공동 저자의 견해를 서술할 것이다. '킴 뉴월: 학생이 추천하는 출발의 세 가지 영역'이라는 제목의 마지막 절에서 뉴월은 서적들로 자신의 여정 중 일부를 묘사하고 있는데, 뉴월은 책을 통해 그녀의 여정 중 일부를 설명하고, 미술치료를 생각하며 상상하는 방식에 특히 유용하고 영감을 주는 말키오디(Malchiodi)의 『미술치료 자료집(The Art Therapy Sourcebook)』(1998; 2006)과 맥니프(McNiff)의 『미술치료의 기본요소(Fundamentals of Art Therapy)』(1988)에 초점을 맞춘다.

이 장의 글은 치료사가 되려는 모든 학생에게 유용할 수 있지만, 미술치료사들에 의한 것이나 미술치료사들을 위한 것은 거의 없다. 오히려 일반적인 치료사가 되는 것에 더 일반화된 책들이다. 미술치료사에 의한 그리고 미술치료사를 위한 저서를 소개하자면 슈로더(Deborah Schroder, 2005)의 책이 있다. 한 학생은 미술치료가 무엇인지 탐구하는 방법을 알고자 대학원 과정에 들어가기 전에 슈로더의 저서를 읽었다고 나에게 말했었다. 물론 이것은 의사결정 과정에서 똑똑하고 잠재력이 있는 미술치료 학생들이 미술치료 대학

원 과정 웹사이트에 기록된 것에 매달리는 것으로 볼 수도 있지만,
그 이상으로 자신이 희망하는 직업에 대해 광범위하게 검색한다는
것을 되새기게 한다. 잠재력 있는 학생들은 돈과 시간, 일, 스트레스
그리고 개인적 고뇌의 측면에서 많은 대가를 치르더라도 삶을 변화
할 수 있는 결정에 진지하다. 미술치료사가 되기 위해 대학원 입학
여부를 결정하는 과정을 진행하면서 '전' 단계에서 선배 미술치료사
에 의해 읽을 자료를 찾는 것은 자연스러운 일이다.

도서 목록

이번 장에서 기술·검토된 저서들은 애니 로저스(Annie G.
Rogers)의 『아름다운 상처(A Shining Affliction)』, 어빈 얄롬(Irvin
Yalom)의 『치료의 선물(The Gift of Therapy)』 그리고 메리 파이퍼
(Mary Pipher)의 『젊은 치료사에게 보내는 편지(Letter to a Young
Therapist)』이다. 단일의 미술치료 저서는 슈로더가 저술한 『미술치
료를 향한 작은 창문들(Little Windows Into Art Therapy)』이 있다. 그
것도 여기서 간단하게 묘사한다. 뉴월은 『미술치료를 향한 작은 창
문들』과 함께 앞서 말한 말키오디의 『미술치료 자료집』과 맥니프의
『미술치료의 기본요소』에 의지하고 있는데, 이는 이번 장의 그녀가
담당한 부분에서 검토할 것이다.

로저스의 『아름다운 상처』

로저스의 사랑스러운 이 저서의 부제목은 '심리치료에서의 해로움과 치유 이야기(A Story of Harm and Healing in Psychotherapy)'이다. 아마도 학생들에게 좀 더 중요할 수 있는 이 저서는 심리학 학생으로서 로저스의 경험을 묘사한 것이다. 『로스앤젤레스 타임즈(Los Angeles Times)』는 이 책에 대한 리뷰에서 "서정적이고 비범하게……. 미술치료사와 환자 사이의 신비스러운 만남에서 때때로 무엇이 일어나는가를 드러낸다."라고 평하고 있다.

이 책은 나에게 역대 최고라 할 만큼 용기를 주고 매우 감동적인 서적이었다. 나는 1995년에 이 책의 첫 출간 때 읽었고 내 학생들에게 필독서로 지정했다. 나는 최근에 이 책을 다시 읽었는데 오랜 세월이 지난 후에도 여전히 신선하고 설득력이 있다는 것을 느끼며 기뻤다. 각 장의 제목은 매우 단순하고 신비스럽다. '침묵의 이면(The other side of silence)' '침묵(Silence)' '전령(Messenger)' '에필로그(Epilogue)' '후기(Afterword)'로 구성되어 있다.

이 책의 이야기는 로저스가 인턴으로 일할 당시, 엄청나게 상처를 입은 소년을 치료한 내용들과 그녀 자신의 깊숙하게 숨겨진 외상(trauma)이 겹쳐지며 통합되는 이야기이다. 마침내 그녀의 트라우마적인 개인사가 드러나고 그로 인해 무너져 내려 정신과 병동에 입원하게 되는데, 그 증상 중 하나는 그녀가 말을 할 수 없다는 것이다. 재능 있고 예민한 치료사의 도움과 시간의 진화를 통해 로저스는 그녀의 이야기를 치유하는 이야기로 변형하였으며 그리고 뒤이어 그녀의 젊은 내담자를 치료할 수 있게 된 것이다. 『아름다운 상처』에서 로저스는 자신의 개인적인 이야기를 그녀 환자의 치료, 이 사례에 대한 슈퍼비전 그리고 그녀 자신의 치료와 통합한다. 내담 자들과 치료사 사이의 깊은 정신적 연결 그리고 그들이 함께 변화하고 성장할 수 있는 방법에 대한 로저스의 적확한 치료과정은 내가 지금까지 읽었던 것 중에서 최고라 할 수 있다. 그녀는 다음과 같이 기술하고 있다.

> 심리치료 관계는 우리가 인정하든 아니든 양면적이다. 내담자 각 개인은 자신의 삶에서 지각되지 않고 알려지지 않으며 접근할 수 없는 것과 진리와 전체성에 대한 소망 그 어떤 것이든 이 관계성으로 가져온다. 우리는 기억이나 투사를 통한 관계만으로는 성장할 수 없다. 그러므로 일치의 희망으로 삶을 유지하는 것은 진실한 치료 관계의 변천 속에서 사랑, 열망, 실망과 분노의 상호 교환인 것이다. 어떤 치료 상황에서도 두 가지 이야기나 두 가지의 작용을 하나로 묶는 데 책임이 있는 사람은 바로 치료사이다. 치료적인 관계성을 유지하는 작업은 두 이야기를 이해하기 위한 양면적인 관점을 요구한다. 그래서 시간이 흐름에 따라 이 치료관계의 심화는 정직함과 친밀함을 요구하며 때로는 특별한 용기도 요구하는 것이다(Rogers, 1995, p. 319).

박사과정의 연구를 마친 후에 로저스는 하버드 대학원의 인간발달 심리학과의 조교수가 되었다. 그리고 당시 남성을 중심으로 여성을 일반화하였던 도덕적 발전이론에 도전함으로써 심리학의 모습과 현장을 변화시킨 캐롤 길리건(Carol Gilligan)과 함께 연구 프로젝트를 수행했다. 길리건은 자신의 고전적인 저서인『또 다른 목소리(In a Different Voice)』에서 여성은 색다르게 발전한다는 확신에 찬 주장을 전개했다. 로저스는 현재 햄프셔 대학(Hampshire College) 정신분석 · 임상심리학과의 교수 겸 사회과학대학 학장이다. 나는 이 저서를 적극적으로 추천한다. 사실 나는 로저스에게 팬레터를 쓸 생각까지도 하고 있다.

뉴월   로저스의 저서는 매우 아름답게 기술되어 있어서 출발점으로 삼는 것이 내게는 고무적이기도 하고 위협적이기도 했다. 변화하는 의식 상태를 솔직하고 자기 개방적으로 묘사하는 그녀의 능력은 임상과 내담자 사이의 장벽을 허물면서 심오한 가치를 가진 글을 만들어 낸다. 그녀의 표현에 따르면, 그녀는 두 입장 모두를 경험했기 때문에 양쪽을 이어 주는 강력한 표본을 창조해 냈다. 그녀의 연민은 그녀의 힘든 치유로부터 울려 나온다.

각 회기가 끝난 후, 아동들과의 회기를 소화하기 위한 시간을 요구하는 로저스의 정례적인 일과는 그녀가 한 일에 신선하고 즉각적인 반응을 제공했다. 나는 이러한 회기 후의 일과를 열망했지만, 나의 실습에서는 가능한 한 많은 내담자를 연속적으로 만나야 한다는 압력에 사로잡혀 있었다. 한 회기에서 벌어진 일을 검토하고 소화할 시간을 찾는 것은 현재 진행 중인 실습의 일지를 작성하는 데 있어 가장 어려운 부분 중 하나였다.

한 사람의 미술가로서 나는 반추를 위한 평가의 시간을 갖으려는 노력에 익숙하다. 이는 추후에 창조의 보호 덮개가 되는 회상 작업이다. 로저스 역시 미술가이기 때문에 이 영역을 알고 있으며,

그녀 자신의 치유 과정에서 자신의 그림이 갖는 중요성을 서술하고 있다. 그녀는 자신의 영감의 원천으로 릴케(Rilke), 올리버(Mary Oliver), 하이데거(Martin Heidegger), 울프(Virginia Woolf) 같은 시인들 그리고 그녀의 미술수업에 대해 자주 언급한다. 이미지는 그녀의 치유에서 중심적 역할을 하고 있는데, 나는 빛, 색채와 감각에 대한 그녀의 묘사에 감사한다. 나중에 그녀가 경험이 많은 임상가로서 다시 글을 쓸 때도 그녀는 여전히 "…… 말할 수 없는 무언가"를 기억하는 방법으로 "강 지도"(river map; Rogers)와 같은 시각적 지시를 사용하는 조용한 이미지의 세계에 살고 있다. 로저스의 이미지와 신체로 말할 수 없는 언어를 적용하는 방식에 대한 민감성은 이 책의 서문에서 언급된 카푸스(Franz Xavier Kappus)에게 보낸 릴케의 아름다운 편지들을 떠올리게 한다.

각각의 인상, 모든 느낌의 싹이 완전히 그 자체 안에서, 어둠 속에서, 말로 형용할 수 없는 것 안에서, 무의식 속에서, 우리 자신의 이해가 닿는 그 너머에서 완성에 이르도록 내버려 두십시오. 그리고 깊은 겸손과 인내를 가지고 새로운 명료함이 탄생하는 시간을 기다리십시오. 이것만이 예술가로서 사는 것입니다. 이것은 창작을 할 때에도 이해를 할 때에도 마찬가지입니다.

로저스의 실습 기록의 선물과 『말할 수 없는 것: 트라우마의 숨겨진 언어(The Unsayable: The Hidden Language of Trauma)』(2007)라는 제목의 후속 저서는 한 학생이 무의식의 강력한 이미지 메이킹에 초점을 맞추는 노련한 치료사로 성장하는 본보기를 보여 준다.

얄롬의『치료의 선물』

널리 알려진 선구자이자 의학박사인 얄롬의『치료의 선물』은 '새로운 세대의 치료사와 환자에게 보내는 공개 서한(An open letter to a new generation of therapists and their patients)'이라는 부제목을 갖고 있다. 2002년에 첫 출간되었고, 새로운 개정판은 2009년 하퍼 페레니얼(Harper Perennial)사에서 출판했다. 이 저서는 어떤 것은 한쪽 분량 길이이지만, '초보 치료사들을 위한 조언'이라는 85개의 짧은 장을 담고 있다. 각 장은 유용하고 매력적이다. 몇 가지 예를 본다면, '환자가 당신에게 중요한 사람이 되도록 하라' '당신의 실수를 인정하라' '공감: 환자의 창문을 통해 밖을 내다보기' '직업적 위험요소를 조심하라' '직업적 특권을 소중히 하라' 등이다. 얄롬은 여러 이론적 접근에서 이끌어 내라고 조언하지만, 그가 스스로에 대해 말했듯이 자신은 대인관계와 실존적 참고의 틀을 기준으로 일하는 '실존적 치료사'라고 정의하고 있다. 그는 오랫동안 임상 현장에 있었으며 개인적이면서도 유용한 방식으로 현장을 저술하고 있다. 그는 자신의 책을 "선호하는 개입에 대한 너트와 볼트들의 수집……. 기술에 대해서는 길고 이론에 대해서는 짧게"(p. xxi)라고 부른다. 그는 릴케의『젊은 시인에게 보내는 편지(Letter to a young poet)』를 자신의 저서에서 "영혼의 정직함, 너그러움과 관대함"(p. xix)에 대한 모델로 인용한다.

어빈 얄롬은 캘리포니아 출신으로 심리치료 분야의 소설을 포함한 많은 저술을 집필하는 것으로 유명하다. 내가 학생이었을 때, 그의『집단 심리치료의 이론과 실습(The Theory and Practice of Group

Psychotherapy)』은 집단치료의 바이블이었는데 그 책이 최근에도 주요한 영향을 미치고 있는지는 확실치 않다. 그러나 그의 저서『치료의 선물』이 정직하고 포괄적인 내용을 담고 있다는 것은 분명하며, 이와 같은 점이 오늘날 치료사들을 위한 대다수의 서적에서는 흔하지 않은 정신적인 관용을 담고 있다는 것 역시 중요하다. 믿을 수 없을 만큼 단순하게 쓰인 이 저서는 위트 있고 현명함이 담긴 인간에 대한 치료의 철학을 보여 준다. 이 책은 매력적이고 유익하며, 필요에 따라 '부분적으로 떼어서' 읽히도록 의도된 것이므로 처음부터 끝까지 정독해 읽는 것은 아니다. 여러 가지 방식이 있겠지만, 이 책을 읽는다는 것은 스승과 격의 없는 대화를 하는 것과 같다. 얄롬이 이 '선물'을 우리에게 주었다는 것은 진정으로 행운이라고 할 수 있다.

뉴월　나의 집단 미술치료 과정에서 우리 대부분은 우리가 본 (비디오 자료로) 녹화된 집단 치료 규칙과 더불어 얄롬의 소설, 특히『사랑의 처형자(Love's Executioner)』(1989)를 통해 그에게 매료되었다. 『치료의 선물』은 한번 자리에 앉아 한두 장을 읽어 나가는 정도의 짧은 독서에서도 나에게 많은 지식을 제공한다. 그의 언어는 내가 그들을 필요로 할 때 나에게 되돌아오는 회로를 전해 주고 있다.

파이퍼의『젊은 치료사에게 보내는 편지』

　메리 파이퍼는 네브래스카(Nebraska)주를 기반으로 30년간 일해 온 임상심리학자이다. 그녀의 가장 유명한 저서인『오펠리아를 회복시키기: 사춘기 소녀들의 자아를 구하기(Reviving Ophelia: Saving the Selves of Adolescent Girls)』는 여러 곳에서 베스트셀러에 올랐으며 영화로 제작되기도 했다. 파이퍼의 편지들은 그녀와 그녀의 임상감독 대상자였던 '로라(Laura)'와의 대화 형식으로 기술되었다. 비록 로라가 실제로 답장하는 것은 아니지만, 이 편지에서 파이퍼는 학생의 작업과 자신의 작업에 대한 생각을 제시하고 그녀의 훈련을 재검토하며, 현대 심리치료의 현실에 대한 연상적인 견해를 표현하고 그녀 주변의 자연환경과 변화하는 계절에 대한 그녀의 깊은 성찰을 묘사한다. 그녀는 자신의 저서에서 다음과 같이 이야기한다.

　　로버트 프로스트(Robert Frost)는 말했다. "교육은 문제를 더 높은 단계로 격상한다." 심리치료도 마찬가지이다. 이것은 의미와 희망을 만들어 내기 위해 고통과 혼란을 탐구한다. 이 책은 내 치료실로 뚜벅뚜벅 걸어 들어와 오래된 소파에 털썩 앉아 함께 대화했던 사람들로부터 내가 배운 교훈으로 이루어져 있다.

　　대화는 수면, 섹스, 함께하는 식사와 같이 모든 인간의 행동 중에서 가장 기본적인 것이다. 둘 혹은 그 이상의 사람이 모이면 서로의 이야기를 주고받는다. 그리고 그들은 다투어 웃다가 조용해진다……. 결국 치료는 사람들이 이야기하는 것으로 구성된다. (pp. xvii & xviii)

뉴월 얄롬은 때때로 나에게 영웅적인 치료사의 원형적 모델을 보여 준다. 그러나 파이퍼는 지혜, 열정, 어머니 같은 돌봄을 드러내지는 않는다. 그녀는 내담자들과의 만남으로 엮인 자신의 삶에서부터 나온 예시를 보여 준다. 그녀의 충고는 '더 많은 훈련을 하고 주변의 친구들을 돌아보라.'와 같은 상식적인 것이다.

로저스를 제외하고, 이 장에서 언급한 멘토이자 작가들은 수용적인 학생을 그들의 지혜를 정제하는 도구로 삼고 선물을 제공한다. 그래서 우리 같은 학생들은 그들의 인도를 갈망한다!

그러나 로저스가 그랬듯이, 우리 자신의 경험에 대해 직설적으로 말하자면 초보 치료사의 전형인 자신에 대한 의심과 과대적 확신이 뒤죽박죽되어 있는 전형적인 모습으로 드러난다. 그것은 마치 아동기 발달단계에서 경험을 하며 점점 색이 바래는 어떤 것과도 같다. 그래서 한편으로는, 점차 안정된 시간이 오기를 기대하면서도 미성숙하지만 뿜어져 나오는 열정이 점점 사라져 가는 것을 불안해하는 것이다.

내가 학생으로 서 있는 무대는 내가 '노련한' 상태가 되기 전까지 잠시 동안만 이런 식으로 존재할 것이다. 나는 다른 학생들에게 하나의 위로 또는 출발점으로 그들과 동행하는 가벼운 감정을 포착하려고 노력하는 것이 기쁘다. 그리고 학생으로서 나의 경험을 스스로에게 거울처럼 반추해 보는 것은 계속되고 있으며, 내 고민을 떨쳐 내게 하고 나에게 믿음과 좋은 충고를 전해 주는 내 책장에 준비된 경험 많은 멘토를 갖는 것 또한 계속될 것이다.

슈로더의『미술치료를 향한 작은 창문들, 초보 치료사들을 위한 작은 열림』

　뉴월은 맥니프의『미술치료의 기본요소』가 영감을 주고 유용하다는 것을 알게 되었는데 이번 장의 후반부에서 이에 대해 논할 것이다. 나는 맥니프를 훌륭한 작가라고 믿지만, 그의 이론이 내 치료에서 훌륭하게 작용한 것을 경험하지도 않았고 현재도 그렇다. 내가 뉴월처럼 어떤 면에서는 마술적인 힘을 믿는 미술치료사의 관점에서 작업하지 않고 미술심리치료사로서 좀 더 정신역동적인 관점으로 보기 때문일 수도 있다. (바로 여기서 독자는 전혀 특별한 것이 아닌 이 분야에서 두 가지의 판이한 미술치료사의 관점을 만나게 될 것이다.) 다음은 나의 견해이다. 뉴월은 슈로더의 견해를 조금은 색다르게 경험했고 자신의 글에서 이 점을 밝힐 것이다.

　내 견해로 볼 때, 슈로더의 저서는 마치 그렇지 않음에도 불구하고 미술치료의 영역이 "이게 다야."라고만 말하는 것처럼 보일 수 있기 때문에 차라리 아무것도 쓰이지 않는 것이 나을 수도 있다고 본다. 나는 그녀가 기반으로 두고 있는 것이 분명한 '치료로서의 미술'이라는 치료 철학에 대해 저서에서는 인정하지 않고 있다는 점이 유감스러웠다. 미술치료의 관점에 대해 많은 토론과 논쟁이 있을 수 있지만, 미술치료가 복합적이지 않고 끝없이 매혹적인 시도가 아니며, 혁신적이고 효과적인 치유의 길이 아니라고 주장하는 것에는 수긍하기 어렵다. 비록 많은 다양한 길과 방식의 미술치료 실습이 존재한다는 점은 이 분야에 대한 안정된 정체성을 달성하고 묘사(정신건강 분야와 일반 대중에게 일반적으로 묘사될)하는 데 해로울 수 있다고도 할 수 있다. 그러나 책에서 말하고 있는 **작은 창문들**(Little Windows)에 대한 신념 체계는 많은 것 중의 한 가지 접근법에 불과하다. 이 책은 대학원생이 썼던 논문에서 시작된 것이라 생각된다.

슈로더의 책은 크레이머(Edith Kramer)의 '치료로서의 미술' 철학에 안주하고 있는 것처럼 보인다. 이는 미술교육에서 파생된 것이다. 이러한 유형의 미술치료사들은 **창조적인 예술 '프로젝트'**를 개발하고 행동치료사 또는 레크리에이션 치료사처럼 일한다. 이 특정적인 이론적 철학을 가지고 있는 치료사는 미술치료사가 지속적으로 자신의 미술 작업을 수행하는 것이 필수적이며, 창조적 작업 과정이 치유 그 자체라고 믿는다. 그녀는 심리치료를 배우지 않았으며, 일반적으로 이 단어를 거의, 어쩌면 전혀 사용하지 않고 있다. (나는 오래전에 미국미술치료학회에서 워크숍을 했던 기억이 난다. 내 워크숍에 이와 같은 철학의 대학원 과정에서 온 학생들이 참가하고 있었다. 그들은 내게 **미술치료에서 '말하는 법'**을 가르쳐 달라고 간청했었다.) 이 특정 이론 분야 안에 있는 대학원 과정은 심리학적 지식이 있는 미술 교사와 같은 경향이 있다. 그리고 오늘날 많은 대학원 과정이 이러한 이론적 카테고리에 빠지는 것을 볼 수 있다.

뉴월 나는 다음에 슈로더의 저서에 대한 내 반응을 제시했다. 나는 그것을 재차 읽었고 말키오디의 자료집(1998; 2006)과 비교하였으며, 접근방식에서 필적할 만하다는 점을 알았다. 나는 그녀의 저서를 당신처럼 혹평하는 것이 편하지 않다. 당신의 말처럼 미술치료의 정신역동적인 접근을 가르쳐 주는 자원은 많지 않으나 대부분이 지시사항에 치우쳐 있다.

킴 뉴월: 학생이 추천하는 출발의 세 가지 영역

미술치료 대학원 과정에 들어가기 전에 나는 이 영역을 느껴 보기 위해 몇 권의 서적을 읽었다. 내가 읽은 세 권은 말키오디의『미술치료 자료집』(1998; 2006), 맥니프의『미술치료의 기본요소』(1988), 슈로더의『미술치료를 향한 작은 창문들』(2005)이었다.

말키오디의 저서는 미술치료의 독특한 과정과 방향으로 나를 깊숙이 이끌었으며, 미술치료의 지침을 따라가면서 그 힘을 경험하도록 초대했다. 나는 책을 읽으며 이 방향성의 일부와 만났을 때 안락함과 친밀함을 느꼈는데, 그 이유는 그것들이 화가로서 나의 작업 공간에서 전문성이 발전되었던 것과 비슷한 점을 느꼈기 때문이다.

이와는 대조적으로, 맥니프의 책은 이미지와 예술창작의 치유 방법에서 샤먼의 역할을 주장하면서 나를 예술과 치유의 신비롭고 영성적인 면으로 나를 깊이 들어가게 했다. 나는 그가 묘사한 작업의 의미와 살아 있는 영혼의 제재로서의 이미지에 대한 그의 열정에 감응했다. 말키오디의 저서에서 나는 기법과 과정에 어떻게 더 잘 개관하는가를 경험했던 반면에, 맥니프의 저서에서는 이미지의 정신적 차원 속으로 뛰어들어가 그 안에서 변형의 힘을 체험하라는 요구로 체험했다. 그의 이미지와의 대화 과정 자체가 나에게 이미지와 치료 과정에 대한 더 많은 정신역학적 가능성을 조망하게 해 주었다.

슈로더의『미술치료를 향한 작은 창문들』(2005)은 다른 사람들보다 미술치료사의 삶을 통해 나를 이끌어 주었다. 다양한 내담자와 처음부터 끝까지 다양한 환경에서 특정한 지침을 사용하는 것에 대한 그녀의 간결한 개요는 내가 임상가로서 경험할 수 있는 것을 보여 주었다. 그녀는 내담자와 함께 일하는 단계, 즉 라포(Lapport)를 형성하고 더 깊이 들어가며 종결 단계를 거치는 과정에 대해 다뤘다. 그리고 그녀는 여러 단계에서 사용할 수 있는 지침의 예시를 제시했다. 그녀는 또한 저항하는 내담자들과 작업하는 것뿐만 아니라 개인이나 집단 형태로 작업하는 것에 대해서도 언급했다. 이런 식으로 그녀의 책은 나에게 실습 장면의 실제를 엿보게 했다. 그것은 이론이나 수많은 기술 및 지시에 대한 과도한 강조 없이도 실습자의 세계를 쉽게 해 주는 효과가 있었다.

맥니프의 『미술치료의 기본요소』

때때로 나는 많은 정보에 압도당하며 내 지식과 경험의 한계를 정확하게 자각한다. 내가 압도당한다고 느꼈을 때, 나는 경험이 풍부한 미술치료 현장 종사자들의 조언에서 버틸 곳을 찾는다. 나는 선배들에게 질문을 던질 때 확실한 안도감을 바라지만, 그들이 주는 대답의 밀도는 종종 내 주변에 동화되지 않고 부유하고 있다. 포스트잇으로 표시된 책더미들, 간결하면서도 위안이 되는 말들로 채워지고 줄쳐져서 내 주위에 쌓여 있는 노트패드들이 지혜롭고 위로가 되는 말로 나를 인도해 준다. 그러나 나는 좀처럼 그들에게로 되돌아가지 않는다. 나의 희망과 기대는 필수적인 지혜들이 실습 현장의 현실을 통해서 어떻게든 내게 축적될 것이라는 데에 있다.

맥니프는 자신의 저서 『미술치료의 기본요소』에서 이러한 기초를 제공한다. 그는 현장을 처음 접하는 우리가 겪고 있는 문제를 탐구하기 위해 대화 형식을 선택했다. 1988년에 저술된 그의 저서에서는 그가 수년 동안 중점적으로 생각해 온 미술치료사의 훈련에 대한 주제들을 다루는데 이것은 아직도 나에게 신선하다. 릴케와 로저스처럼 이미지는 맥니프에게 가장 큰 관심사이다. 그는 미술치료 동맹의 제3의 측면을 다루는 것을 나에게 가르쳐 준다. 아마도 그의 책이 너무 철저했기 때문에 다른 어느 누구도 초보 예술 치료사를 위한 다른 가이드를 제공하려고 시도하지 못했을 것이다. 얄롬과 파이퍼는 심리치료의 일반적인 영역에서 학생과 새로운 임상가들을 안내하지만 맥니프는 미술치료사와 내담자 모두에게 마치 약물이 작용하는 것같이 이미지의 치료적 자산으로 깊이 들어간다. 그는 다음과 같이 기술한다.

> 시각미술 재료의 영역 내에서 심상의 창조와 출현이 미술치료의 핵심이지만, 우리는 이미지, 자료 그리고 미술치료사인 우리 자신이 행하는 바를 통하여 미술교육과 스튜디오 미술에서의 동료를 구별해야 한다. 이원적 관계와 집단 내에서 그림이나 이미지가 방 안에 또 다른 존재가 된다. 미술치료사는 미술교육자, 스튜디오 화가와 같은 미술 경험에 관여하지만, 그러나 그것은 치료적 특성이 나타나는 치유적 맥락 안에서의 관여이다(p. 32).

맥니프의 대화는 상상의 슈퍼비전 대상자인 리사(Lisa)와 이루어지는데, 그가 말하기를, 이것은 수년 동안 훈련해 온 학생들과의 많은 만남을 편집한 것이라고 하였다. 리사는 맥니프가 질문하기 원하는 것을 묻는데, 이러한 대화는 내가 여태까지 궁금해했던 것들을 능가하는 내 훈련의 중심적인 관심사를 명료하게 해 준다. 이 대화는 내가 미술 이미지에 면밀하게 초점을 맞추도록 도와주며, 얄롬과 파이퍼가 조언해 주는 학생들, 임상가들과 나를 다르게 구분짓는 중요한 내용에 관심을 두도록 도와준다. 앞에서 언급했듯이, 맥니프는 치료에서 이미지를 우리의 협력자라고 밝히며, 미술의 지혜를 통하여 치료적 관계라는 신비로운 부분에 연결되는 방법을 알려 준다.

맥니프는 다음과 같은 세 영역을 통해서 자신의 학생을 이끌어 준다. ① 아이디어와 과정(책 내용의 대부분), ② 이미지와 대화하는 과정을 보여 주는 사례연구, ③ 다른 미술, 표현미술치료사들 그리고 그들 자신의 이미지 작업과의 관계성에 관한 세 가지 인터뷰이다. '아이디어들과 과정'이라는 장에서 그는 미술치료의 현장에서 "미술적 기본 요소들"(p. vi)이라고 생각하는 것을 제시한다. 이미지에 대한 그의 헌신 및 예술 작품의 신비를 접하는 그의 관심은 나와 내 내담자의 표식에서 나오는 것에 대해 내가 가진 다정함으로 마음을 열어 준다. 그의 말은 그가 리사에게 실습에서 조언하는 것, 즉 나 역시도 삼자 관계 — 치료사, 내담자와 미술 작업 — 의 만남에 대한 개방과 수용력(p. 24)을 발전시키도록 촉구한다. 그는 성격, 정체성, 꿈의 다양성, 이론 작업, 미술치료에서 스튜디오의 역할 등의 주제를 탐구하며 계속 나아간다. 내 훈련은 주로 미술치료에서의 종결을 향해 치우쳐 왔다. 나는 예술적 환경으로의 회귀라는 맥니프의 주장이 신선하다고 생각한다. 그저 의자 두 개만을 위해 만들어진 방에서 가까스로 미술 작업을 하고 있음을 알기에 나는 내담자가 그림을 그리거나 움직이거나 채색을 하도록 권하는 것 외에 내 현장에서는 더 도전하려 하지 않고 있다. 그러나 나는 미술 제작을 위해 매력적이고 잘 갖추어진 스튜디오, 작품에서 드러나는 메시지를 담고 있는 친숙한 울타리, 육체적·정신적 통합을 찾고 있는 나 자신을 발견한다.

맥니프는 리사에게 심리치료는 이야기를 공유하는 것이 전부이며, 치료에서의 관계로부터 진화해 나가는 창조적인 행위로서 모든 해석을 인식하고 대화로써 치료를 바라보라고 권한다.

나는 맥니프가 하나의 '시적인 표현'으로 이렇게 다른 것을(p. vi) 만나도록 초대한 것에 감사한다. 이 가상의 만남은 맥니프가 미술치료 실습에서 가능한 접근방식에 대해 어떻게 말할 수 있는지를 지금 막 출발하는 우리에게 보여 주는 아주 좋은 본보기이다. 이 책은 미술치료 분야만의 독특한 책이며, 나는 이 책과 같은 다른 자원은 없다고 믿고 있다.

후기

친애하는 뉴월에게

맥니프의 책에 대한 당신의 존경과 애정을 이해하지만, 나는 다른 지향을 추구하기에 여기서 그것을 분명히 표현하는 것이 아마도 유용하다고 생각한다. 첫째, 나는 샤먼이 아니라 1950년대와 1960년대에 자란 21세기 미술치료사로서 공식적으로 약 45년 정도 미술치료 분야에 있었다.

당신도 알고 있듯이 우리의 전문 분야는 두 명의 주요한 이론가인 크레이머와 나움버그로부터 생겨났다. 크레이머의 '치료로서의 미술, 창조적 과정의 치유적 힘(Art As therapy and the healing power of the creative process)'은 심리학적 미술교육과 유사하고, 나움버그의 '미술심리치료(art psychotherapy)'는 심리치료와 정신분석에서 유래한다. 역사를 통해서 볼 때 미술치료의 전문적 현장은 다음 둘 중 하나라는 가설에 근거하는 경향을 갖고 있다. 즉, 미술을 치료적 관점으로서의 미술 이미지에 초점을 맞추느냐 또는 **과정으로서 보는 치료적 측면**에 초점을 맞추느냐인데, (나는 잘못됐다고 생각하지만) 이는 많은 부분, 심지어 전적으로 미술에 대한 무시를 나타내고 있다. 역사적으로 미술치료 교육 프로그램은 어떠한 하나의 관점이나 또 다른 관점 각각에만 초점을 맞추는 경향이 있었으며, 양자 사이의 이러한 다툼과 차이는 세대를 이어오면서 대물림되었다.

문제를 더 혼란스럽게 만드는 것은 이중적인 미술치료 학위과정이 아주 흔한 것이 되었다는 점이다. 이 프로그램들은 대학원생으로 하여금 국가자격증의 취득을 가능하게 해 주지만, 오늘날의 심각한 경제적인 한계 때문에 아직도 이러한 관점과 미술치료라는 직업적 정체성이 미술치료 학생에게 더 혼란스러운 것이 되고 있다(Junge, 2014). 임상실습 현장의 실무자들이 많은 내담자를 만나야 한다는 요구는 말할 것도 없고, 외부 규제와 커리큘럼 요구사항이 증가함에 따라 단순히 예술 이미지의 마법과 신비 그리고 그것을 어떻게 사용하는지에 초점을 맞추는 시간은 불행히도 제약이 있을 수 있다. 학생이 모든 회기에 미술을 사용하는 방법을 배우는 미술치료 실습 경험은 오늘날 종종 미술 제작이 없이 접근하는 대화치료 방식과 충돌한다. 이것은 학생의 혼란을 증가할 수 있다. 오늘의 현실 속에서 '치료로서의 미술' 입장은 석사과정에서는 더 쉽게 가르치는 반면, '미술심리치료'의 가르침은 종종 혼란스럽거나 심지어 존재하지 않을 수도 있다. '시간'은 예술 이미지 사용을 배우는 데 필수적이다. 그러나 현대적인 맥락에서 시간은 종종 무시되고 미술치료사가 되는 것을 배우는 과정에서 과소평가된 자질이다. 현재의 많은 실습 현장의 경제적 상황 때문에 학생들은 자주 너무 많은 내담자를 담당하는 것으로서 학습하게 되리라 예상된다.

미술치료에서의 이와 같은 양극성에 대한 생각이 나에게서 떠나지를 않는다. 내 자신의 세계관은 항상 **통합적인 비전**과 관련되어 있다. 나는 우리가 이런저런 논쟁을 왜 계속해야만 하는지의 이유를 찾지 못한다. 그것은 너무 구식인 것 같고, 만약 그렇다면 오늘날에는 유용하지 않을 것이다. 나는 여전히 의심스럽다. 나는 학교에서 정규교육을 받은 **미술심리치료사**이며 앞으로도 심리치료사로 활동할 것이다. 그러나 어린 시절부터 시각예술과 창조성을 사랑했으며, 인간 안에서 또 심리치료 분야에서 이를 통합하려는 시도에 애정을 가졌다. 나는 계속해서 나의 미술치료사로서의 역할과 시각예술가로서의 전문적 역할을 병행하고 있다. 비록 나움버그의 이론은 크레이머의 이론보다 미술적 산물에 덜 초점을 맞추고 있지만(나움버그에게 있어 치료로 만들어진 예술은 크레이머의 이론처럼 미적 특성과 완전성이 중요하지 않은 '**소통**'의 한 형태이다), 나에게 있어 치료에서 이루어지는 내담자의 미술작품 제작은 가장 심오한 배움을 가능하게 할 수 있는 즐거운 특권이다.

미술심리치료사가 된다고 해서 이미지 제작을 덜 중요하게 여기고 덜 사용하거나 치료에서 중요하지 않다고 생각하는 것은 아니다. 나는 오히려 이미지가 미술치료사에게는 가장 고유한 선물이라고 믿는다. 사실상 이것이 다른 어떤 치료 형식보다도 우리의 분야를 좀 더 효과적이고 마술적인 것으로 만든다.[3] 내 경우는 미술심리치료사로서 내가 가끔 특별한 내담자나 내담자 집단을 위하여 그들을 위한 치료의 가장 유용한 형식이라고 판단되었을 때, 치료로서의 미술로 접근하려는 전략적인 결정을 하는 정도의 방식 내에서 이루어진다. 나는 왜 미술과 치료가 통합될 수 없고 통합되어서는 안 되며 별개의 것 또는 동등하지 않은 것으로 그리고 경쟁할 만한 접근으로 생각되지 않는지 그 이유를 결코 이해하지 못한다. 최고의 미술치료사에게는 이 모두가 하나라고 나는 믿고 있다.

정신역동적인 관점과 더불어 나는 에릭슨의 발전모델이 유용하다는 것을 알게 되었다며 그리고 나는 강력하게 체계적인 사고를 하는 사람인데, 이것은 내가 체계의 모든 부분과 그것들이 어떻게 함께 전체로 만들어지는지를 고려한다는 것을 의미한다. 예를 들어, 내가 한 아동과 함께 미술치료 현장에서 만나고 있는데 아동의 가족과 학교가 아동에게 더 긍정적으로 작용하도록 도움을 줄 수 있다면, 이 역시 나는 아동에게 도움을 준 것이다.

나의 신념은 치료에서 관계성이 곧 치유라는 것이며, 그리고 그것은 외부에서 발생하는 것이 아니라 치료실 내 진화하는 관계의 실험적 실재에서 일어난다는 것이다. 이 중요한 관계성에서 미술 이미지는 치료적 잠재성의 세 번째 필수적인 부분이다. 나는 치료가 시작될 때 자연스럽게 생기는 내담자의 저항이 다른 형태의 치료에 비해 미술치료에서 큰 이점을 제공하는 미술을 통해 해결될 수 있다고 믿는다.

---

3) 내가 회상하기에 핀크 박사는 미술 이미지를 "영혼의 엑스레이"(Levick, 개인적 교신, 2014)라고 불렀다.

　내가 임상 현장에서 일하면서 하나 또는 여러 이론적 개념을 알아내는 데에 애쓰지만 이 모든 것은 기능적으로 내 안에 통합된다. 나는 여기서 '진리'에 관해서 이야기하고자 하는 것이 아니라 세상에 대한 가정(assumption)으로서 우리 안에 가지고 있는 자신의 특정한 세계관을 존중함을 말하고자 한다.

맥스

미술치료 학생 임상 실습일지

뉴월 나의 이론적인 접근방식은 초개인적인 것에 맞춰져 있다. 내가 내담자와 함께 앉아 있을 때 나는 동맹자로서 회기를 이끌어 주는 지혜에 나와 내담자를 맡긴다. 이러한 일이 일어난다고 느낄 때 나는 우리가 수행하고 있는 작업을 특별히 신뢰할 수 있다. 나는 각 내담자들과 함께 미술 재료와 안내를 제공하며, 그들에게 맞춰진 의료를 전달하기 위해 기다리는 상징으로 채워진 자신의 내면 풍경 속으로 그들을 이끈다.

융에 뉴월은 중년의 나이에 독특하고 급진적인 이론적 접근방식을 갖고 미술치료 대학원 과정에 입학했다. 이러한 지향은 그녀의 임상실습일지에 반영되어 있다. 그러나 나는 학생들이 특정한 이론적 기반이나 접근방식을 넘어서서 이 실습일지들에 나타나는 각자 자신의 고유한 느낌, 쟁점과 문제를 발견하게 되기를 기대한다. 뉴월의 임상실습일지는 2013년 9월부터 2014년 9월까지의 기록이다.

시작

내가 임상실습을 시작하려고 준비할 당시 기관의 미술치료사에게 커피를 함께 마시자고 초대했다. 그녀는 웹 사이트 사진을 봤을 때 상상했던 것보다 훨씬 키가 작았다. 그녀의 가상 이미지 때문에 '실

[그림 4-1] 기대

제'의 그녀를 보지 못하여 우리는 처음에 서로를 그냥 지나쳤다. 마침내 우리는 서로를 알아보았고 그녀와 커피를 들고 함께 자리했다. 선배 졸업생인 그녀는 초기 회기에서 대형 캠버스를 가지고 초반부 작업을 할 수 있게 하고 미술재료 관련 재료장으로 가득한 미술치료실을 만드는 등의 노력으로 이 기관에 미술치료를 정착시켰다.

[그림 4-2] 들어가기

그녀는 내가 준비하고 있는 과정을 이미 마치고 정식 자격을 소지한 정신건강 상담가이자 미술치료사이다. 그녀는 언어상담 방식도 좋아하며 내담자들이 스스로 미술 작업을 할지의 여부를 선택하게 하는 것도 좋아한다고 말했다. 나는 신출내기이지만 치료 과정에서 이미지를 만들어 내도록 하는 것이 도전적인 일이라는 것을 이미 알고 있다. 치료적 과정에서 이미지 만들기를 주장하는 도전에 대해서도 이미 알고 있었다. 다행스럽게도 내게는 내담자가 미술 작업에 참여해야 한다고 주장하며, 이러한 미술 작업을 일반적으로는 치료 과정의 일부로 포함하는 방식을 제시한 미술치료 멘토가 있다.

나는 새롭게 만나게 될 많은 내담자와 무엇을 해야 할지 예상할 수가 없어 매우 불안한 예감에 휩싸인 상태이다. 이전에 나는 대학교 상담실에서 고작 한 명의 내담자를 만났고 교육과정 동안 동료와 함께 실습 회기를 해 봤을 뿐이었다. 나는 회기에서 미술 작업을 피하려는 방식에 쉽게 빠져들지 않기 위해 초보이지만 미술치료사로서의 정체성을 내세워야 한다는 압박감을 느낀다. 나는 복수전공 과정의 학생이었으므로 매 회기에 미술 작업을 도입하도록 하는 교육을 받는 동시에 상담 과정에 미술을 추가하지 못하게 하는 상반되는 경험을 했다. 심리학과의 정신건강 관련 전공 교수들은 미술치료를 낯설어했고 심지어 무시했다. 스트레스가 가득한 이 새로운 전문 분야에서 나는 미술치료 접근방식을 고집할 경우에 생길 갈등으로 인해 더 늘어날 스트레스를 피하고자 했다.

나는 그녀가 기관 내에 미술치료를 정착시킨 것에 고마움을 느낀다. 나는 미술치료 회기를 계획하는 것에 대해 그녀가 멘토링해 주고 나의 치료적 개입 결과에 대해서도 피드백해 주기를 원한다. 그녀가 나를 좋아해 주기를 바라고 내가 지금 이곳에 미술치료를 정착시키는 데 함께할 수 있기를 원한다. 그녀는 협력할 수 있다는 것에 대해 고무된 것처럼 보이지만 나는 그녀의 피로감을 느낄 수 있다.

우리가 함께 대화를 나눈 이후 나는 무엇을 기대할 수 있는지에 대해 좀 더 충분한 근거를 갖게 되었다고 느낀다. 나는 그녀가 만들고 지켜 가는 미술치료의 세계, 나 역시 노력을 쏟고 있는 이 학문 분야에 한 걸음 더 다가서고 있으며 협력자를 갖게 되리라는 것을 알았다. 나에게는 '책 속의 지식'과 함께 다양한 이론적 접근방법과 대상자에게 맞는 구체적인 지침이 가득 차 있다. 이제 마침내 내가 배웠던 것을 적용하기 위해 임상실습을 하러 가게 되었지만, 실제적인 임상 현장이라는 환경에서 아동, 청소년, 성인, 집단, 부부, 가족 등을 맡게 될 때의 상황에 대해서는 하나도 알지 못했다.

어쨌거나 선배 미술치료사와 함께 나는 기관에서 겨우 하루를 버텨 낸다. 나는 매주 있는 직원 또는 실습생과 면담 직후 내담자에 대한 아이디어를 얻기 위해 그녀를 붙잡으려고 애썼다. 그러나 내가 바라는 그런 관계를 맺을 수 없다는 것을 알게 되고 실망한 나 자신을 발견한다. 지난주 우리는 기관의 연수교육 기간 동안 점심을 함께했다. 나는 내가 그녀와 더 협력하고 더 많은 아이디어를 얻고, 더 많은 동료애를 갖기를 원한다는 것을 깨달았지만 홀로 길을 찾아야 했다. 나는 주로 학교에서의 사례연구 수업과 월간 멘토 회의에서 만날 수 있는 융에를 통해 도움을 받는다. 나의 기관 슈퍼바이저는 미술치료에 대해서 "어리석은 일이에요. 그냥 그림을 그리는 게 어때요?"라고 노골적으로 말했다. 그는 나와 같은 전문 화가였는데, 나와는 달리 미술을 자신의 임상에 결코 병합하려 하지 않았다. 나는 내담자와의 작업에서 치료와 미술 작업의 힘을 결합하여 구현해 내기 위한 도전을 하고자 하지만, 현재는 학교에서조차 이러한 시도가 종종 무시되는 것을 느낀다. 나는 충분한 격려, 가능성에 대한 지지 그리고 내 주변에서 내담자들과 행한 미술 사례들을 필요로 한다. 그런데 과연 여기서 이를 찾을 수 있을까?

과중한 담당 사례와 작성해야 할 엄청난 문서 작업들 사이에서 나는 그저 좇아가야 하는 것에 급급해서 내가 원하는 깊은 성찰이 이루어지지 않고 있다는 것을 깨닫기 시작했다. 자신의 임상실습에 대한 애니 로저스의 경험[1]을 보며, 나도 그녀가 했던 것처럼 모든 참만남에 대해 깊은 성찰을 함께할 수 있을 것이라 기대했었다. 그러나 나는 1주일에 3일씩 일하며 1년 내에 임상실습을 완료하는 데에 필요한 시간을 계산해 보았다. 이를 위해서는 주당 12~15개의 사례를 진행하면서 이에 따른 사례 기록뿐만 아니라 치료 계획 등을 위해 야근을 해야 하고, 교사, 학교 상담가, 부모, 사회복지 기관 등과 부수적인 연락과 면담 시간을 내야 한다는 것을 의미한다.

주말이 되어서야 겨우 나의 내담자들과 나눈 이미지와 대화에 대해 돌아볼 시간이 있었다. 나는 집에서 색인 카드들을 만들어 회기에 대해 작은 이미지를 그려 넣고 기록하여 그들의 이야기를 이후에도 찾아볼 수 있도록 나의 마음에 깊이 간직해 두었다. 나의 슈퍼바이저는 치료실에 내담자를 "놓아두라."라고 나에게 조언했고, 다른 실습생은 집에 갈 때 의식적으로 담당한 사례를 놓아두고 퇴근하라고 제안했다. 나는 거리두기와 자기 돌봄(self-care)의 필요성 그리

---

1) 애니 로저스의 『아름다운 상처(The Shining Affliction)』

고 성찰할 시간을 갖지 못한다면 나의 내담자의 말과 이미지에 담겨 있는 더 깊은 메시지를 놓칠 수 있다는 느낌에 사로잡혀 있었다. 나의 슈퍼바이저는 "우리는 탐정이 아니에요!"라고 강력히 말했다. 하지만 내담자의 이미지들을 자세히 들여다보면 애니 로저스가 말했던 것처럼 기표(signifier)[2]가 단서를 보여 주고 있으며, 또 들여다볼 시간이 없어 놓쳐 버린 치료적 개입에 대한 영감을 얻을 수 있다. 나는 우리가 탐정과 같다고 믿고 있다.

　이 사례를 생각하는 데에는 선택의 여지가 없는 것처럼 보인다. 내가 경계에 대해 잘 안다고 생각했다면 모든 것을 창밖으로 내던져 버릴 수 있었을까? 한 남성 내담자는 자신이 이 세상을 더 이상 원치 않으며, 자신이 휴식을 취할 수 없다면 "플러그를 뽑아버릴 것"이라고 말했다(내가 맡은 첫 번째 사례 중 하나에 자살 내담자가 있다!). 나는 내가 해야 할 일을 알려 주는, 그러나 내가 느끼는 것만큼이나 무질서하게 보이는 3공 바인더로 묶인 임상 핸드북을 가지고 다니고 있다. 이 정신없는 바인더에 항목을 분류할 수 있는 분류철들을 끼워야 했지만, 그러려면 조용한 성찰의 순간이 필요한데 나는 아직 이 시간을 잡아내지 못하고 있다. 자살경향성(suicidality)이란 항목은 계획과 심리평가 질문이라는 두 부분으로 되어 있다. 나의 내담자는 평가를 해야 할 시간표가 정해져 있었지만 다행스럽게도 아직 몇 주 남아 있었다. 그는 치료시간을 지키지 않으며 내가 전화할 때

---

2) 기표(signifier)와 기의(signified)는 기호라는 상징질서의 근본을 이루는 두 가지 개념이다. 이 구분은 언어학자 소쉬르(Saussure)에 의해 정의되었다. 언어를 포함한 모든 기호, 이미지는 기표와 기의의 결합으로 이루어진다. 정신분석학자 라캉(Lacan)은 여기서 나아가 순수 기표(pure signifier)라는 개념을 발전시켰으며 이는 주체를 구성하는 핵심개념이 된다.—역자 주

전화를 거의 받지 않는다. 그러나 지난밤에 그는 자신의 불행과 무
가치한 삶에 대한 절망감이 담긴 긴 메시지를 남겼다. 나는 다음 날
그에게 상담을 위한 시간을 잡기 위해 전화 메시지는 남겼지만 그는
응답하지 않았다. 융에는 내담자용으로 별도의 전화를 두라고 충고
했었는데 이제 나는 그런 방식의 장점을 알게 되었다. 전화기 화면
에 내담자의 이름이 표시되는 것을 볼 때면 나는 거기에 사로잡히게
되고 불안해지며, 그들에게 전화를 해야 할지 언제 전화를 할지를
결정하는 등에 내 집중력을 소모하게 된다.

기관 슈퍼바이저는 이 내담자가 여러 해 동안 기관에 계속 다닌
정보를 나에게 주었다. "그는 자신이 원하는 사람이 되지 못했어
요." 그는 이것이 모든 것을 설명해 주는 것처럼 간단히 말했다. 나
는 내담자의 감정을 이해했고 내 슈퍼바이저도 마찬가지였다. 우리
두 사람은 모두 유명한 시각예술가가 되기를 열망했다. 실제로 우
리는 지난 슈퍼비전 시간 내내 새로운 미술치료에 대해 궁리하는 꿈
에 젖어 있었는데, 그 와중에도 나는 꿈이 위축되어 버린 것에 대한
슬픔을 나누었다.

나의 내담자는 오늘은 아니지만 곧 자살할 것에 대해 생각하고 있
다고 말한다. 그는 음식도 돈도 차도 난방비도 없다고 말한다. 미술
작업은 이런 문제와는 너무나 동떨어진 것으로 보인다.

나는 소도시에서 일하는 경계가 없는 상담가가 되어 가고 있는 걸
까? 내 슈퍼바이저가 내담자를 데리고 커피를 마시라고 제안하는
데, 친구와 전문가 사이의 경계는 너무 얇아 보이고 항상 다루기 힘
든 것으로 느껴진다. 하루도 안 되는 짧은 시간 동안 나는 치료사가
미리 정해진 치료시간이라는 경계를 넘어, 공공장소에서 내담자를

만나서는 안 된다는 확신에서 벗어나 내담자를 구하기 위해 그의 집으로 운전하는 것을 고려한다. 나는 빛나는 갑옷을 입고 큰 백마에서 내려오는 모습 대신에 곤경에 빠진 그를 구하기 위해 빠르게 달려가고 있다. 나는 구원자라는 원형적 형태가 상당히 일반적이라는 것조차 몰랐다. 나는 초라해졌고 기관의 직원들이 나를 어떻게 볼지를 걱정한다. 나는 그들이 눈알을 굴리며 깊은 한숨 쉬는 것을 상상한다. 나 때문에 이런 일이 생긴 걸까? 나는 임상실습생에 불과하고 모든 것이 새로운 경험이기에 최악의 경우를 두려워하는 것은 당연하다. 책임감이라는 것이 너무나 겁난다.

두 번째 내담자는 내가 입소 절차를 진행하느라 허둥대며 인사가 늦어지자 대기실 구석에 틀어박혀 있다. 나는 잠시 멈추고 사람들이 떠나기를 기다린다. 그녀가 나를 알아차리기 전에 그녀를 잠시 살펴보면서 그녀가 받을 나의 첫인상을 통제하고자 하는 나를 느낄 수 있다. 나는 우리의 관계성에 대해 진지하게 시작하여 그녀를 미술치료실이라는 안전한 성소로 안내하고자 하는 강한 열망을 갖고 있다는 것을 알아차린다. 나는 즉각 그녀를 좋아하게 되었다. 그녀는 내 나이에 가까운 50세의 전문직 여성이었고 일종의 위안을 찾기 위해 지역의 치료기관을 용감하게 방문한 분이다.

나는 미술치료에서의 접근방식이 어떻게 작용하는지를 배우고 또 350시간의 미술치료 임상실습 시간을 채우기 위해 내담자들을 시각적 작업에 참여하도록 결정하였다. 그래서 유리로 덮인 책상에 마커와 도화지를 놓아두었는데, 내가 서툴러서 그녀는 결국 나의 지시사항과 도화지를 의심의 눈으로 바라본다. 그녀는 마지못해 보라색 마커를 골라서 한 방향을 향하는 간단한 선을 긋기 시작했는데, 갑

자기 유턴을 하여 비슷한 길이를 되돌아와서 도화지의 끝부분을 향
하는 것으로 마무리한다. 마치 공중에 도달하려는 듯이 짧고 단호
하게 위를 향하는 선이다. 내가 위험을 무릅쓰고 "날카롭게 돌아오
는 것이 보이네요."라고 간단한 해석을 하자 그녀는 이렇게 대답했
다. "내가 나 자신에게 돌아오고 있다고 느껴져요."

[그림 4-3] 내 길을 찾기

이렇게 단순한 선에 대한 해석으로 출발해서 그녀는 자신의 삶에서의 우여곡절과 실패를 단단한 틀로 구축하려고 했었던 자신의 혼란스럽고도 지독했던 유년기의 노력에 대해 설명하기 시작한다. 그녀는 자신의 삶의 가능성을 빼앗겼다고 느낀다. 그녀는 가족의 부정적인 영향 속에서 그저 살아남고자 20대를 보냈다. 이제 중년에 접어들어 그녀는 실존적 의미를 찾아내고자 한다고 말했다. 그녀는 삶에 대한 압박과 불안한 기질에 시달리는 어려움에도 불구하고 자신의 생존에 도움이 되는 것을 찾았던 예전처럼 이곳에서 본질적인 영혼의 작업을 받아들일 수 있었다. 나는 이 여성과 함께 걷게 된다. 나는 우리 사이에 비슷한 점이 있음을 알아차렸다. 우리는 둘 다 자신의 취약점을 바라봄과 동시에 여전히 우리가 속하기를 요청하는 곳을 그려 본다. 이제는 젊음이란 가능성을 확장하기보다는 "희미해져 가는 미래에 아직도 무엇이 가능할까? 그럴 만한 가치가 있는 것은 무엇일까?"라는 질문으로 타협하고자 한다.

그녀는 그녀 자매의 대리모이자 우울증이 있는 어머니의 간병인으로서 조숙하게 성장했다고 말한다. 그녀의 투지 덕분에 그녀는 학문적으로 성공할 수 있었고 성인으로서 홀로 설 수 있는 방법을 찾아 부모에게서 독립했다. 그녀는 살아남기 위해 고군분투했고 이제 자신은 '오래된 악마들'로부터 자유로워지기를 원하며, 그러기 위해서 무엇이 가능한지 궁금해한다. 나 역시도 궁금하다.

우리의 두 번째 회기는 혼란스러웠다. 내가 예약했다고 생각한 방을 다른 직원이 차지한 바람에 내담자와 함께 여기저기 돌아다니다가 급작스러운 요청에도 친절하게 방을 비워 준 슈퍼바이저의 방에서 진행해야만 했다. 언제쯤 나는 이런 일에 숙달될 수 있을까? 나는 당황했었고 내담자는 짜증 난 것처럼 보였다. 나 자신을 추스르기 위해 고군분투하고 현재를 있는 그대로 받아들이기 위해 애쓰면서 내가 계획한 미술치료 진행을 잠시 치워 두었다. 그녀도 계획대로 진행되지 않는 상황에 당황한 것처럼 보여 나는 좀처럼 집중이 되지 않는다. 그녀는 전문가였고 내게 많은 기대를 하고 있을 것으로 생각된다. 계층과 계급의 문제는 내 안에 아직도 살아 있고 나는 높은 수준의 내담자에게 더 겁을 내고 있다는 것도 알고 있다.

그녀는 치료에 대한 양가감정에 대해 말하고 그 말을 듣는 나는 더 겁을 먹는다. 나 자신과 치료 과정을 납득시키기 위해 그녀 스스로 말한 현재 삶의 의미 만들기에 대한 열망을 상기하고 삶의 대부분을 괴롭혀 온 그녀의 스트레스와 우울증에 초점을 맞춘다. 그녀는 계속하기로 동의하여 그녀와 함께 그녀의 가족, 일, 휴가 일정을 피해서 만날 시간을 찾기 위해 노력한다. 이 내담자는 6개월 동안 치료에 참여하려고 노력했다! 우리는 2주 이후 치료시간을 찾았고 결국 그녀는 활기 있게 나의 치료실과 내 마음에서 떠났다.

세 번째 회기, 그녀는 기관에 찾아오는 어려움, 남편과 조율하는 어려움 그리고 버스 시간표에 대해 불평하며 도착한다. 치료실은 또 한 번 그녀의 양가감정으로 가득 찼고, 나는 지난밤 내담자가 치료 과정에 전념하기 위해 쏟는 자신의 노력과 그렇게 열심히 일하기를 거부하는 것을 한탄하는 치료사인 내 친구의 말을 떠올린다. 나는 한 걸음 뒤로 물러나 내담자가 무엇을 가지고 왔는지 보기로 결정한다.

그녀는 뱀에 대한 공포를 지니고 있고 나의 상상 속에서는 그 뱀들이 방을 둘러싸기 시작했다. 이 여성은 재차 머물거나 떠나기로 결심하려는 듯 우리의 미술치료실에 공포의 핵심적인 꿈을 가지고 왔다. 나는 그녀가 이 공포를 치유한 것을 상상해 보지만 결정은 그녀가 해야 한다는 점을 되새긴다. 치료 여정은 그녀가 지금까지 거부해 왔던 것이며 그녀의 용기와 타이밍을 결정하는 일은 내 일이 아니다. 한편, 그동안 상상의 뱀은 내게 좀 더 생생해졌고, 우리 사이로 스르륵 나아가면서 번드르르하고 차가운 피부를 보여 주며 공기 중으로 미끄러져 간다. 얼마나 작고 얼마나 위험에 처한 아이이기에 이와 같은 엄청난 보호자가 필요할까? 나는 그녀에게 닿기를 원한다. 그러나 나의 내담자는 나의 도움을 받아들일까?

앞으로의 일정(journey)을 고려하면서 그녀의 얼굴이 부드러워지고 있다. 그녀의 실행 기능이 대뇌 변연적 현실(limbic reality)을 인정하기를 강경하게 거부했던 이전의 모습도 누그러진다. 나는 그녀에게 간단한 말로 제안한다. "나는 기꺼이 나 자신과 연결해 보려고 합니다." 나는 그녀가 하루 3분만이라도 이처럼 그녀 자신의 모습을 마음과 가슴에 품고 만들어 가기를 바란다. (그녀의 마음을 일깨우는 데 그 이상은 필요 없으며, 나는 그녀가 자아의 방어적 레이더 아래로 부드럽게 이동해 가기를 바란다.) 그녀는 명확하게 "그렇게 할 수 있어요."라고 말한다. 그녀는 이전에 거부했던 정기적 치료시간에 동의했지만 나는 그녀가 이것을 할 수 있을지에 대해 의심한다. 나는 그녀가 치유되는 기대에 내 모든 노력과 희망을 다 드러내어 보지만 결국 이는 그녀에게 달려 있는 것이다. 타이밍이라는 것은 압박이 가해질 수 없는 신비로운 것이다.

나는 특정한 공포증의 치료에 대해 읽었고, 노출 치료(exposure therapy)가 성공률이 높다는 것을 발견한다. 나는 파충류들이 사는 집에 내담자와 동행하여, 상상 속 포식자인 뱀과 단둘이 있다는 공포에 직면할 때에도 그녀가 거리를 유지하고 있는 모습을 상상해 본다. 연구에 따르면 그녀가 두려워하는 위험을 의도적으로 경험하게 함으로써 단 1회의 회기만으로도 공포증이 유의미하게 개선될 가능성이 있다는 것을 그녀에게 이야기할 수 있다는 것에 나는 고무된다. 그러나 나는 여전히 그녀에게 이 뱀이 무엇을 의미하는지 누구를 방어하고자 하는지 의문이다. 이 시기 인근의 토요 시장에 플라스틱 장난감 바구니에서 커다란 플라스틱 뱀이 슬금슬금 나오는 것을 본다.

미술치료는 무엇을 제공하는가? 나는 공포증이 있는 나의 내담자에게 미술치료가 아닌 증거기반 접근법에 대해 빨리 언급해야 한다는 것을 알았다. 왜? 그러나 나는 그녀가 동의해 주길 바라며, 초기 및 종결 단계 시 의례적으로 해야 하는 절차인 2개의 원이 미리 그려진 흰 종이를 준다. 나는 이 활동이 그녀를 귀찮게 한다는 것을 알 수 있다. 그녀는 마치 굽이치는 땅을 빠르게 이동하는 것처럼 첫 번째 만다라에 서둘러 구불구불한 선을 그린다. 그녀의 두 번째 만다라에서는 겉보기에 마구잡이로 된 나선으로 보이지만, 나는 이것이 그녀 자신이 그렇듯 자신의 내부로 여행하고 있다는 것을 알아차린다. 비록 그녀 내부의 회의론자는 손이라는 신체가 이런 최소한의 표시를 하도록 간신히 허용하려 하지만, 또 다른 어떤 자아는 잠정적인 협력이 진행 중이라는 메시지를 보내기 시작한다고 생각한다.

그녀는 내 치료실을 떠나면서 3분 과제를 계속하기로 동의했는데, 늘 표준 이상을 성취하는 그녀는 기대 이상으로 10분 명상을 하고 자신이 평온을 경험한 시간을 일지에 기록했다고 말한다. 나는 내가 바라는 대로 그녀 자신이 인식하는 것보다 더 많은 평온의 순간이 있다고 추측했고, 그러기를 바란다. 이런 순간들을 통해 자신을 비판하는 사람들이 나의 내담자의 일상에 주었던 부정적인 가시들을 향해 도전할 수 있도록 그녀를 고무시킬 것이다. 그러나 내게 명상을 하는 동안 계속 열 번 호흡을 셀 수 있었다고 말하는 것을 보면서 나는 그녀의 마음챙김(mindfulness)이 초보자 상태보다 더 진전되어 있다고 생각한다. 그녀는 자신이 상상한 것보다 더 커다란 평온에 다가갈 수 있을 것이다. 나는 그녀가 자신의 역량에 집중하면서 자신 처한 상황이 매우 절망적이며 변하지 않을 것이라는 인상을 바꿀 수 있기를 바란다. 이번 주는 추수감사절 휴가 기간인데도 그녀가 귀중한 협력을 진행해 준 것에 감사 인사를 전했다. 나는 우리의 작업이 그녀에게 수확되고 유익하기를 진심으로 바란다.

나의 내담자는 이미 우리의 다음 회기 주제를 가지고 있다. 그녀는 3분 명상 동안 조용히 교감하는 중에 수치심이 부글부글 일어난다는 것을 알게 되었다고 하면서 "나는 반드시 나 자신과 연결되고 싶다."라고 재차 말했다. 이번 주에는 뱀에 대해 언급하지 않았지만 그 대신 자신이 가진 만성적인 수치심에 대해 말한다. 그녀는 내면의 어두운 구석에 자리 잡은 태아 자세로 구부러진 작은 형태를 묘사한다. 그녀가 이처럼 거부된 부분까지도 자신이라고 이야기할지 어떨지 호기심이 생긴다. 이제 그녀는 충분히 자신을 볼 수 있다. 나는 우리 자신의 일부와 더 큰 '자기(Self)'로부터 한 발짝 물러나 많은 부분을 관찰하고 결국 조율해 낼 수 있는 능력을 이야기한다. 나의 초개인 심리학적 통합 훈련이 내담자의 작업을 위한 조직화의 틀로써 작동하기 시작했다. 그녀는 자신의 특성을 이러한 방식으로 이해하는 데 익숙해 보였다. 비록 그녀의 내면에 강력한 회의주의자가 존재한다 하더라도 자신의 삶을 개선하고 두려움과 수치심으로부터 자유로워지고 싶다는 욕구가 그녀를 동기 유발하는 것을 볼 수 있다. 칼 융(Carl Jung)을 읽는 것은 내가 엄청난 사람과 함께 있다는 것을 상기시킨다. 나는 그가 자신의 지옥 속으로 내려갔다가 돌아온 것에 관해 기록한 그의 만다라를 세세히 보았다.

가을

나의 새로운 내담자는 그녀 남자친구의 폭력적인 포르노물에 빠져 있다. 그녀는 자신이 그에게 대항하여 구축하고 있다는 것의 일부로써 카메라에 이미지를 담고 있다. 아마도 그녀는 자신이 떠나야 한다고 스스로를 확신시키려 노력하고 있고, 다른 사람들도 역시 그녀가 떠나야만 한다고 주장할 필요가 있을 것이다. 우리가 미술치료에서 함께 작업한 첫 번째 이미지는 남용이라는 것에 대한 생생한 장면이다. 내담자 내부에서 움직이고 있는 극도의 독성이 이미 나의 정신에까지 스며들고 있는 것처럼 보인다. 나는 먼저 우리가 함께 작업한 세 부분으로 이루어진 꿈에서 등장하는 지옥 같은 장면을 보게 된다. 한 남자가 벌거벗은 여자 위에 서 있는데 그들은 이 남자의 조수들이 휘두르는 긴 채찍으로 잔인한 채찍질을 하는 것으로 스스로를 학대한다. 한 여성이 그를 향해 엉덩이를 돌리고 있으며 허벅지 뒤쪽에서 피가 공기 중으로 높이 분출되는데, 그녀는 이것이 실처럼 보인다고 하면서 더 심한 학대를 위한 초대를 보내는

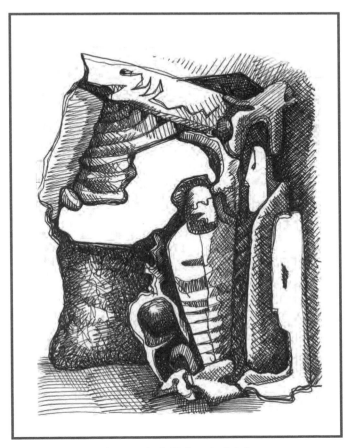

[그림 4-4] 내 안의 그녀 이야기

것이라고 말한다. 이러한 공포스러운 장면이 내 꿈에서도 두 번 반복된다. 꿈 속의 여성은 폭력에 익숙해져 있다. 나의 내담자는 어린 시절부터 극도의 고통과 트라우마 속에서 살아왔다. 그녀는 아마도 이에 순응하고 심지어 이를 요청하는 듯하다. 이러한 상황에서 어떻게 그녀가 현재의 상황을 명확하게 보고 행동할 수 있을까?

나는 흥분한 상태로, 이 내담자에 대해 학교의 미술치료 사례연구 집단에서 상의하고 있다. 담당 슈퍼바이저는 그의 얼굴에 우려를 그대로 드러내며, 즉시 현장 슈퍼바이저에게 연락하여 내가 한 모든 것에 대해 알고 있도록 명확히 설명하고, 그 내담자의 학대에 관해 공적으로 보고할지 여부를 물어보라고 지시했다. 나의 슈퍼바이저는 내담자가 이동 장애를 보이고 있으므로 성인보호 기관에 연락하라고 조언했다. 덧붙여서, 남용적인 상황을 벗어나려는 그녀의 본능에 먹구름을 드리우고 있는 그녀의 잠재적이고 장기적인 PTSD[3] 징후 가능성에 대해 우려했다. 그녀의 남자친구는 아직 신체적으로 그녀를 해치지는 않고 있지만, 그녀를 위협하기 때문에 그녀는 두려워하며 자신의 방에 갇혀 있다. 그녀는 분명 정서적 학대를 당하고 있었다.

나는 즉시 도움을 주려고 시도했다. 모든 슈퍼바이저에게 조언을 구하고 지역 가정폭력 조직과 연결하며, 다음 상담 시간에 변호인과 전화 통화를 주선하고 지역의 거주 지원 시설에 연락했다. 나는 내가 그녀를 구할 수 없다는 것을 깨달았고, 만약 나의 행동이 그녀의 상황을 악화시킨다면, 내담자의 최선의 이익을 위해 행동해야 한다는 나의 최우선 의무에 부응하지 못하는 것이다. 나의 임상 슈퍼바이저는 경찰과 이 기관 사이의 관계에서 불분명한 분위기를 묘사하면서 나에게 충고해 주기를, 내가 경찰을 부른 당사자로 알려지기를 원하는지 생각해 보라고 권고한다. 그는 여러 기관이 동시에 관여하는 것은 내담자와 가족에게 도움이 되기보다는 오히려 해로울 수 있다고 설명한다.

---

3) 외상 후 스트레스 장애(外傷)

내 슈퍼바이저가 옳을 수도 있지만, 나는 내 꿈으로 침투하는 혼란스러운 딜레마를 접하게 된다. 내 안에 이러한 영향이 축적되지 않게 하려고 이 상황을 소화할 수 있는 가장 좋은 방법이 무엇인지 생각한다. 나는 내 꿈들을 집단 공포라는 구덩이에서 솟아올라 이 상황으로 가져오기 위해 선택한 사랑 속으로 소멸되는 에너지의 방출이라 보기로 선택한다. 그리고 이 장면에 부드럽게 떨어지는 빛이 응축되어 있는 것으로서 명상을 활용하기로 결심한다. 나는 빛이 이미지를 통해 떠오르고 에너지를 방출함에 따라 색, 질감, 움직임, 소리가 녹아내리는 것으로 본다.

나는 많은 동시적 차원에서 내가 조절하고 있는 것을 상상해 본다. 즉, 나는 내 내담자의 삶에서 문자 그대로 위험을 해결하기 위해 다른 관계자들과 협력하여 그들이 그녀를 바라보고, 관심을 두도록 상황을 알리려 노력한다. 그녀가 자신과 비슷한 처지의 다른 여성들 집단의 일원이 되는 데에 동의한다면, 그 안으로 들어가 자신의 상황을 분명히 하고 지원을 받을 수도 있을 것이다. 나는 그녀의 이야기가 내게로 움직여 실제보다 더 드넓은 마음속으로 들어오는 것을 허용한다. 그리고 나의 가슴이 그 자연스러운 치유 작업을 하도록 한다. 그것은 아마도 이러한 방식으로 작용하는 것이라 본다.

나의 내담자는 내가 그녀를 위해 준비한 종이에 그림 그리기를 주저한다. 그녀는 창조적 작업 과정에 저항하지만 일단 한 번 참여하자 놀랄 만한 것들을 만들어 낸다. 일부 내담자들은 그들 자신이 보는 것을 두려워하거나 그것에 압도당하면서 창조된 이미지로부터 물러선다. 이러한 자각은 나에게 미술치료에 대해 더 큰 존경심을 불러일으킨다. 바로 이러한 힘으로 억압된 것들을 끌어내어 치료적 반응을 제공하는 것이다. 단 하나의 이미지 안에서 혹은 시간이 지남에 따라 만들어진 수많은 미술 작업을 통해서 이미지는 치유 과정을 드러내어 보여 준다. 내담자는 자신의 등에 단검들을 꽂고 구부정하게 숙인 여성을 그린다. 그것은 암울한 그림이었고 그녀가 어린 시절에 구타와 학대를 당했던 이야기들과 맞아떨어진다. 아마도 그녀는 트라우마에 익숙해졌을 것이며, 이 이미지는 자신에게 꼭 맞는 정확한 자화상으로 그녀 마음에 든 것처럼 보인다.

또 다른 슈퍼바이저는 나의 새 내담자와의 토론을 해 보라고 조언하면서 '그녀와 함께 작업'하기를 제안한다. 그는 "이 사례에는 많은 것이 있다."라고 한다. 내담자의 말만으로는 충분하지 않기 때문에 그녀 파트너의 가족들에 대한 사례까지도 두꺼운 파일로 만들어 간다. 그녀는 자기 자신과 그리고 타인들까지도 옹호할 수 있는 능력을 가진 자신이 자랑스럽다고 말한다.

그녀가 다음 회기 일정을 잡는 것이 즐거워 보이기 때문에 나는 계속해서 치료를 진행해 나갈 수 있을 것 같고, 이 이야기도 계속될 것이다. 나의 슈퍼바이저는 지금의 위기 상황을 벗어날 때까지 내담자가 주 2회 오는 것을 제안한다. 그녀는 확실히 잠재적으로 위험한 상황에 놓여 있는 것으로 보인다.

나의 담당 사례 건수는 더 많아졌기에 내가 각 내담자에 대해 얼마나 많은 기록을 할 수 있을지 염려된다. 이제 곧 나의 담당 사례는 15명 이상으로 늘어날 것이다. 이 임상일지에서 나는 내담자의 이야기와 나의 개인적인 이야기들을 엮어 나갈 작정이다. 그리고 슈퍼비전, 멘토링 그리고 나만의 치료적 실마리들이 올해의 임상실습을 이루어 가기 위해 여기에 집합될 것이다.

나는 오늘 아침에 나의 치료사를 만났다. 오늘은 나의 치료에서 내 약속에 대해 말을 아꼈다. 나는 내 치료사와 관계된 더 큰 위험을 무릅쓸 필요가 있다는 것을 알아차렸는데, 특히 지금 내 내담자들이 미술치료 과정에 완전히 참여하기를 기대하고 있고, 이를 위한 변화의 실험실로서 치료적 관계가 작용하기를 기대하고 있기 때문이다.

[그림 4-5] 너무나 많이

나는 그동안 내 삶의 방식과 변화를 촉진하기 위해 치료를 받아 왔다. 나의 치료사는 지난 4년간의 나의 전환점들과 함께 나를 지켜보아 왔다. 20대 후반 이후로 계속 미술치료사가 되는 것이 꿈이라고 하면서 내 삶을 심리학이라는 큰 틀 안에서 맞춰 살려고 노력해 온 지난 4년 동안 우리는 함께 했다. 그리고 이제 나는 여기에 있다.

겨울의 문턱에서

수요일에 내가 도착했을 때 접수면담 담당 연구원은 나의 내담자가 1시에 자신을 만나러 올 것이라고 했다. 분명하게도 나는 이미 그가 가진 치료사 명단에 들어 있지 않았다. 내가 남긴 두 개의 음성 메일은 확인되지 않았다. 담당 연구원은 "이 일을 개인적으로 받아들이지 마세요."라고 이렇게 조언했다. "때때로 내담자가 접수면담 담당 연구원을 만나는 것으로 선택하는 게 더 안전하다고 느낄 수 있습니다." 이 사람이 마음을 바꾼 것은 상관없으나, 내 자아가 저 아래에서 불끈 솟아오르고, 내가 믿을 수 없는 사람으로 취급받는 것에 대해 화가 났기 때문에 최소한 내가 그를 만날 수는 있는지 묻는다.

과거에 성공한 사람이었던 그는 내가 기대했던 그런 모습이 전혀 아니다. 그의 의상은 남루하고 작은 사무실 주변을 어슬렁거리는 지저분하고 멍청한 봉사견을 데리고 있다. 그는 내가 만나는 더 나이 들고 삶에 지친 다른 내담자처럼 자신의 삶에서 만난 많은 중개인, 변호사 및 다른 사람에 대해 기록한 너덜너덜한 파일을 가지고 다니고 있다. 그는 꽤 높은 지적 능력과 창의성을 활용하고, 자신이 이용할 수 있는 빈약한 자원으로부터 생계 수단을 만들어 가고 있다. 우리 기관과 접촉하는 것은 태피스트리같이 짜내는 것 같은 그의 생존 전략 중 일부이다.

나는 그에게 작은 실마리를 보기 시작한다. 비록 내 마음속에 팽팽하게 긴장된 느낌 그리고 그 방에서 나가고 싶은 욕구가 점점 커지고 있어서 안절부절못하고 절박한 느낌까지도 약간 들지만, 어떤 연결감이 생겨나는 게 아닌가 생각한다. 나는 그가 다른 사람들에게도 이런 반응을 일으키는지 궁금하다.

나는 접수면담 담당 연구원이 자기 의무를 다하기 위해 희생자로서 자신을 묘사하는 모양새로 내담자를 그려 내는 것을 본다. 이 상황은 겁에 질린 침묵을 부추기며, 타인들이 그에게 입힌 피해에 대한 이야기를 반복하고 있는 것처럼 보인다. 그리고 그는 자신의 나약함과 희생을 주장하고 있다. 회기가 끝날 즈음 나는 다시 한번 그가 나의 내담자라는 점을 발견한다.

나는 조종당하고 있다고 느낀다. 그는 나와의 약속 시간에 계속 자고 있다. 나는 그를 어떻게든 하고 싶지만 멍청이가 된 느낌이 든다. 그가 도착하지 않은 치료시간에 나는 그에게서 받은 인상을 그린다. 그리고 직관적인 통찰력을 찾고, 내 이미지가 그에 대한 내 반응에 무엇을 나타낼 수 있는지 확인하기 위해 역전이(countertransference)를 다루고 있다. 좀 더 숙련된 치료사가 하듯이 그를 살펴보기 시작한다. 즉, 이 기관에서 수년간 희망 없는 상담을 반복하는 동안 견고하고 절망적인 패턴이 펼쳐졌다. 나는 나의 반응을 잠시 멈추고 어떻게 하면 연민을 불러일으킬 수 있을지 생각한

다. 심지어 다른 상황에서 나도 그와 같을 수 있다는 두려움도 떨쳐
버린다. 이것은 내 안에 차가운 공포를 불러일으키는 두려움이다.
나는 이것이 연민의 그늘진 어두운 부분인지 아니면 결국 우리 모
두 같은 배를 타고 있다는 인식인지 궁금하다. 나는 실습을 시작하
기 전, 보트의 뒤편에 서서 망원경으로 물 건너편을 살펴보고 있는
나를 연한 수채화 그림으로 그렸었다. 나는 어떤 길을 여행하고 있
는 것인지 내가 앞으로 가고 있는지 아니면 뒤로 가고 있는지 궁금
했다.

　나는 치료실 안에 서서, 나의 내담자에게로 생각을 되돌리고 그에
대한 일련의 초상화 형식의 반응 그림(response art)을 그려 본다. 나
는 그의 각진 이목구비를 포착해 화판 위에 진한 검정 잉크로 과감
한 굵은 선을 그어 본다. 나는 한 장을 그린 후에 다시 화판으로 돌
아가 작업하면서 더 많은 선을 추가하고 다른 선들을 지워 내어 그
에 대해 상상하고 기억한 초상화를 바꾸었다. 내가 그린 여섯 가지
인상은 각각 다른 얼굴을 보여 주었다. 이건 누구의 얼굴일까? 그의
얼굴인가? 나의 얼굴인가? 나는 그가 내 인상과 가정에서 벗어나도
록 내버려 둔다. 화판을 닦으면서 유령처럼 남아 있는 인상을 사라
지게 하고 이미지가 외면화되고 진화하여 변화하는 것을 지켜보면
서 나 스스로를 도우려고 노력하고 있다.

　내가 컴퓨터에 저장된 내 임상 사례 파일을 열 때마다 그의 프로
필이 보이고, 매주 그의 이름이 내 머릿속에 섬광처럼 스쳐 지나간
다. 그는 결코 치료실로 돌아오지 않고 있다. 내가 그와 함께하려고
계획했던 미술치료 회기는 처음이자 마지막 회기가 되는 것처럼 보
인다. 나는 그의 이름이 컴퓨터 스크린 위에서 다음 이름으로 넘어

가 보이지 않게 될 때 그를 위해 잠시 기도하는 것을 배웠다.

내가 대학원 과정에서 했던 것과 동일한 수준으로 실제 현장에서 내담자와 경험하는 것은 그것이 설사 가능하다 하더라도 엄청난 도전이다. 내가 동료들에게 이전 내담자들과의 미술치료 준비를 편안한 것이라고 표현하지는 않았지만, 적어도 다양한 자료의 지침을 따

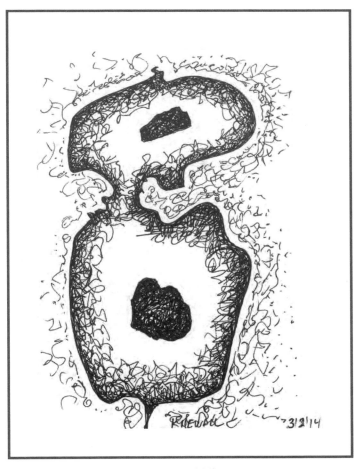

[그림 4-6] 분화

른 이론적 접근방법에 근거해 각 사례를 연구하는 드문 호사를 누렸
던 게 사실이다. 나는 이 기관의 속도와 문화가 빳빳한 판 위에 여러
미술 재료를 늘어놓고 이 방 저 방으로 이동해야 하는 단순한 방식
을 요구한다는 것을 발견하고 있다. 미술치료실은 여러 가지를 그
리고 만들기 위한 적절한 환경을 제공하지만(유리로 덮인 테이블은
넓은 작업 표면을 제공하며 쉽게 청소할 수 있다), 다른 방들은 테이블
을 놓는 공간만으로 된 최소한의 공간이어서 재료들을 가지고 이곳
저곳으로 옮겨 다녀야만 한다. 나는 회기를 준비하기 위해서 무엇
이 필요한지를 미리 예상해야 한다는 것을 알게 된다. 나는 전체 회
기의 방향을 예측하고 이어 가기 위한 하나의 흐름이라는 단순성과
수용력에 감사하기 시작하고 있다.

겨울

　나는 더 이상은 초보자가 아니며 그렇게까지 열심히 할 필요는 없
다고 스스로에게 말했다. 더 쉽게 걸어갈 수 있으며 이것이 나의 내
담자 또한 더 쉽게 가게 하는 길이어야 한다고 다짐한다.
　나의 평상시 협의 과정은 다음과 같이 진행된다. 사례분석 수업
중에 떠올랐었던 내 머릿속의 코멘트를 다시 상기해 본다. 그러면
나의 자아는 나를 왔다 갔다 하게 한다. 즉, 나는 너무 눈에 보이지
않거나 너무 많이 말하면서 과시하고 있다. 나는 학교에서 8시간을
보낸 이후 해변가로 가서 멋진 산책도 즐겼고, 내가 하는 습관적인
자책으로부터 한 발짝 물러나 강한 추위 속에서도 고요함과 색채를

붙잡고자 했다. 산책의 마지막 코스를 재촉하는 듯 손짓하는 석양은, 태양의 마지막 은색이 푸른 구름 둑에 떨어질 때까지 강아지 친구인 바쇼와 내가 앉아서 하루의 끝을 노래하는 시간을 잠시 갖게한다. 내가 임상실습 기간 동안 머무르는 친구의 따뜻한 집으로 돌아오며 천천히 걸어가는 오르막길의 차가운 황혼은 나의 두 번째 친구였다. 나무에 가려진 채 천천히 부풀어 오르는 달은 뜨거운 욕조안에서 나의 친구가 되었다. 그리고 불그스름한 하늘은 고요한 잔디밭을 가득 채웠다.

무언가가 내 안에서 열리고 있다. 나 자신의 미술 작업은 오랫동안 잠들어 있다. 대학원 수업의 과제와 내가 초등학교 학생들을 가르치기 위해 입주 작가로 있던 때에 그렸던 그림을 제외하고, 나 자신의 창조적인 과정을 따라 시각예술가로 활발히 발전하던 시기 이후 수년이 지났다. 그러나 나는 시각예술가로서 나만의 창작 과정을 활발하게 발전하고 있었다. 임상실습 첫 학기에 대한 그림을 그리라는 학교 과제를 하면서 작업을 하고 싶은 지금의 충동이 깨어났다. 잡다한 것들을 치우고 나서 판화 제작 도구들을 펼쳐 놓고, 나의 내담자를 생각하면서 새로운 단색판화 작업을 하는 동안 무엇이일어나는지 살펴본다. 한 명의 내담자를 의식적으로 더 염두에 두고 있지만 여러 이미지로 만들고 있는 그림은 다른 여성의 초상화이다. 완성되는 각 과정 속에서 나는 그녀가 아동에서 청소년으로 청년으로 최종적으로는 현재의 여성으로 서서히 변화하는 것을 본다. 내가 의식적으로 의도한 것은 없었다. 그림들에서 그녀의 얼굴이너무 선명하고, 내가 어떤 다른 사람들을 생각하는 동안에 이 이미지가 만들어졌다는 것을 알기 때문에, 이것을 보여 줄 수 있을지 걱정한다. 이것은 또 어떤 종류의 의사소통일까? 울트라마린의 파란색은 마치 그녀가 성인기로 옮겨 가듯 화판의 가장자리로 퍼져 나가고 그녀의 나이처럼 희미해진다. 그녀는 지금 여러 개의 이미지와 자아를 통해 나를 보고 있다. 이것은 우리를 어디로 데려갈까?

내 내담자는 꿈에 관해 이야기한다. 평화의 꿈이었다. 창문 밖을 바라보면서, 그녀는 자신이 알지 못하지만 고요한 느낌을 불러일으키는 전원의 풍경―익숙하지만 그녀가 모르는―을 바라보았다. 나는 혼자 이렇게 생각했다. '이건 엄청난 것이야. 모든 사람이 찾는 평화가 바로 이것이 아닐까? 그녀가 평화를 이루지 못한 것인가?' 하지만 이 꿈은 그녀가 추구하고 있는 것에 부차적인 것처럼 보이고, 그녀에게는 성공을 측정하는 다른 방법이 있는 것 같다.

그녀는 이제 회기에서 그림 그리기를 주저했고, 나는 치료실에서 그녀에 대한 나의 내면화 작업을 탐색해야 한다. 나는 화판 위에 일련의 인물화들을 제작한다. 이어지는 판화 작업을 통해 20대로 등장하는 여성이 평판 위에서 계속되는 프린팅을 통해 새롭고 신선한 인상으로 그녀의 현재 나이와 같은 정확하고 인식 가능한 얼굴들이 등장한다. 이러한 이미지의 진행 과정은 내가 그녀의 이야기를 듣고 내 안에서 어떻게 발전했는지를 보여 준다. 그녀가 우리 회기에서의 친밀감과 그녀의 꺼림칙한 폭로, 그녀의 양가감정을 경험하면서 낯설지만 새로운 모습으로 천천히 자신을 향해 돌아서는 것을 느낄 수 있다. 내가 그린 초상화의 눈은 완전히 정면을 보고 있다. 그녀의 이야기가 나의 내면세계로 들어올 때 나는 그녀의 이야기가 가진 무게, 색깔, 온도를 느낀다. 그리고 그것들은 지금 여기에 머무른다. 미술치료 초빙 강사에게 자신이 연구했던 살인자의 미술작품

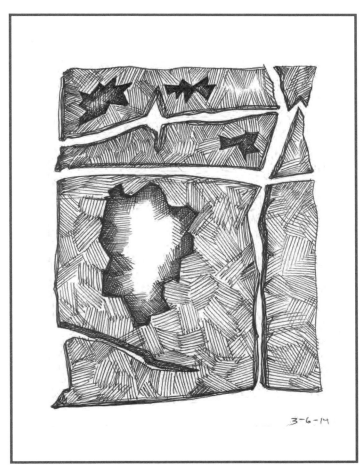

[그림 4-7] 부서져 열린

속 이미지를 어떻게 다루는지 물어봤을 때 그가 이렇게 대답했던 것을 상기한다. "저는 제 아이들과 많이 놀이를 합니다." 나의 내담자는 어떤 면에서는 상당히 전형적인 모습으로 내게 충격을 주는데, 그녀 삶의 강렬함은 아직도 여전히 내 안에서 강한 반응을 이끌어내기에 충분하다.

이번 회기가 끝날 때 그녀는 회기의 취소를 거듭 반복했고 결국
'휴식을 취하고' 아마 나중에 돌아올 거라고 했다. 나는 실망감을 느
껴 어떻게 하면 그녀가 여기에 계속 머무르도록 유도할 수 있는지
생각했다. 내가 너무 많이 밀어붙였나? 너무 빨리, 너무 많은 것을
드러냈나? 나는 이 상황을 내 개인적인 것으로 받아들이고 있다는
것을 알았지만 어쩔 도리가 없다. 나는 그녀의 뱀 공포증의 상태, 그
녀가 일종의 두려움이라는 껍질을 탈피했는지 그리고 그녀의 평화
로운 꿈이 그녀의 삶 속으로 스며들었는지 모두 궁금하다.

나의 내담자가 미술치료를 중단했음에도 불구하고 나는 만족스럽
게 오늘을 마감한다. 이런 일은 나에게 흔하며, 나의 의심이 폭발하
는 순간에도 내가 이 일을 사랑하고 그 안에 평화의 작은 공간이 존
재한다는 것을 알고 있다. 내 중심에는 성장하는 미술치료사의 정
체성을 확인하는 고요함이 있다. 이 내담자는 깊은 곳을 끌어낼 수
있는 팽팽한 저항선과 같은 힘을 내게 보여 주었다.

한 10대 소녀는 그녀가 태어날 때 그녀의 쌍둥이 형제는 죽고 자
신만 살아남은 것을 들었다고 한다. 그녀가 세 살 때 그녀의 어머니
는 일상적인 병원 내원 중에 손가락이 감염되어 사망했다. 그때 이
후로 그녀는 무언가가 흡충병(fluke disease)이나 세균으로 자신을
죽이려는 음모를 꾸미고 있다고 두려워해 왔다. 과연 누가 그녀를
비난할 수 있는가? 그녀는 질병에 대한 최신 정보를 찾기 위해 질병
관리센터와 자주 접촉하고, 인터넷 블로그에 자신의 불안을 자주 기
고한다. 그녀는 불안이 자신의 중요한 정체성이라고 주장하며, 이
러한 불안으로 인해 건강염려증처럼 들리는 설명을 계속해서 늘어
놓는다.

그녀의 손은 감염되었다. 붉은 선이 그녀의 팔을 타고 올라왔고, 이를 본 학교 간호사가 아동보호 관리센터에 연락하여, 의료방임이 의심된다고 보고한다. 그녀의 아버지는 그녀가 치료받는 것을 거부했고, 그녀는 스스로 자신을 돌보지 못하고 악화시킨 것에 대해 자신을 비난한다. 이는 상태를 더 나쁘게 만들고 있다. 이들의 관계는 긴장되어 있고, 나는 미술치료 시간에 그녀의 트라우마를 표면화하여 드러날 수 있는 자리를 갖게 된 지금 이 심각한 드라마가 여기에서 상연되고 있는지 궁금하다.

다음 날 나는 그녀를 만났다. 그녀 가정의 부정적인 측면이 더 커지고 있었다. 그녀는 그것이 뭔가 나쁜 것으로 형성될 수 있다고 말하는데 나는 그녀의 눈에서 실제로 두려움을 본다. 나는 논쟁을 벌이고 싶지만 그녀에게 괜찮을 것이라고 말하고 있다. 그녀는 만다라 그림에서 더 깊은 수준의 두려움을 보여 주고 있었다. 이 아이는 자신의 주변에서 증가하는 부정적인 것으로 인해 무언가 생길 수 있다는 것을 두려워한다. 나의 내담자는 자신의 아버지를 증오하면서도 사랑하는 청소년이었고 멀리 떨어진 주에 있는 친척이 사는 이상적인 도피처로 달아나고 싶어 하는 아이이다. 그녀는 빨리 회기를 그만두었다. 나는 그녀에게 조금 더 있으라고 요청했지만 그녀는 이를 따르지 않았다. 그녀가 가면서 그녀는 내가 제시하고자 하는 바로 그것을 제안한다. 그녀는 집에서 자신의 화를 분노의 노트에 그릴 것이라고 말한다. 그러나 이것은 결코 실현되지 않았고, 그녀가 그림을 그린 것은 오로지 우리 회기에서였다.

새해

내 내담자의 가정 학대 문제는 여러 달 동안 동일한 상황에 놓여 있었다. 그러나 지금 그녀는 자신이 대답하지 않은 문제와 미래에 대한 확실한 약속이 없음에도 떠날 생각이라고 말하고 있다. 나는 그녀가 새로운 삶을 주기를 바랐던 이 이상한 남자에 대항하여 그녀의 방에 계속 틀어박혀 있을 때 그녀와 함께 있는 것을 배웠다. 그녀는 안전함을 얻기 위해 적절한 거처를 잃었고 매일 임시로 지낼 숙소를 찾았지만 지금까지 성공하지 못했다. 여기에 더 큰 이야기가 있다는 건 알고 있는데도 지금까지 그 이상은 듣지 못했다. 나는 집 안에서 지배적인 모습을 보여 줄 수 있는 한 힌두 여성이 세계 속에 평화의 고향을 가져오겠다는 이상을 가지고 구호를 외치는 것 같은 나의 이미지에 관심을 집중한다. 만약 그녀가 의심과 과거 트라우마의 중대함을 넘어서서 내 이미지 같은 이상을 노래할 수만 있다면, 그녀는 다시는 과거와 거래하지 않을 것이다.

한편, 나는 그녀의 기도 방법을 가르쳐 달라고 부탁해서 나 또한 그녀가 비전의 빛을 잡고 성장할 수 있도록 도울 수 있다. 그녀가 큰 소리로 기도문을 읊조릴 때, 나는 함께 앉아 있는 치료실 안에 황금의 강처럼 여행하고 영겁을 통해 전달되는 노란색 톤을 본다. 나는 그와 같은 어떤 것도 들어 본 적이 없다. 이것이 '삶의 흐름'이 내는 모양과 소리일까? 이번에 그녀는 무엇을 배우게 될까? 그녀의 빛이 밝아지는 것을 볼 때면 공기가 탁해지는데, 그것은 극적 전환점 (tipping point), 즉 다른 방향보다 한 방향으로 더 나아가야 한다는 결정이 있어야 한다. 그녀는 다른 사람이 저지른 것을 치우는 걸 그만두겠다는 결정을 할 수 있을까? 나는 호기심을 유지하라고 나 자신에게 이야기하며 계속 주의 깊게 듣는다.

나는 그녀에게 자신의 삶에 있었으면 하고 바라는 것을 그려 보라고 요청했고, 그녀는 가는 마커들을 가지고 바닷가 옆에 지어진 이층집을 그린다. 이 집의 밝게 빛나는 창문 안에는 웃고 있는 가족들이 강조되어 있다. 화면에는 바다가 보이고 사랑스러운 녹색 나무가 이 풍경에 그늘을 드리우고 있다. 그녀의 얼굴에 희미한 미소가 번지는데, 이는 그녀의 트라우마 같은 현실 속 삶으로부터의 구조인 것처럼 보인다. 다른 그림에서 그녀는 노란 날개를 가진 천사를 그린다. 이 이미지가 그녀의 목소리 그리고 그녀의 영적 수행에서 연상할 수 있는 에너지가 될 수 있을까?

몇 주가 지나면서, 그녀는 자기가 얘기를 하면서 폴리머 클레이(polymer clay)[4]로 무언가를 만드는 느낌을 즐기는 것처럼 보인다. 그녀는 자신의 이야기를 하는 것을 좋아했고 오늘도 그녀는 자신의 말을 쏟아 내면서 작은 그릇을 만든다.

그녀는 자신을 학대하는 상대에게서 벗어나기 위해 스스로를 방에 가두고 있는 시간 동안 친구가 되어 줄 클레이 한 통을 가지고 갈 것이다.

나의 10대 내담자는 내가 학교 사례연구 집단에서 발표한 성공 사례이다. 마지막 회기에서 그녀는 자신의 불안이 사라졌고 자기는 행복하다고 말했다. 그녀가 자신의 만다라들에 그린 얼굴은 활짝 웃고 있다. 우리는 지역 고등학교에서 떨어진 우리의 작은 사무실에서 함께 점심을 먹는다. 나는 그녀와 나눠 먹으려고 건강에 좋

4) 합성수지로 만든 찰흙—역자 주

은 샐러드를 가져왔다. 그녀는 영양소에 관해 물었고, 자신은 인터넷에서 불안과 영양소의 상관관계에 대해 조사하고 있다고 말한다. 나의 슈퍼바이저는 내게 경고한다. "그녀는 당신에게 애착을 갖고 있어요." 나를 특별히 모성적이라고 보지는 않지만―나는 55세지만 자녀가 없다―여전히 그는 다음과 같이 주장한다. "당신은 그녀에게 어머니와 같은 존재입니다."

나는 대부분 그녀가 나의 반응을 건너뛰며 참을성 없이 이야기하고 질문하더라도 들어 준다. 그녀는 더 많이 듣고자 한다! 나는 그녀의 선천적 욕구가 치유되도록 허용하고, 그 표현을 발견해 내는 것이 발전되도록 관찰하고 침묵하는 법을 배우고 있다. 나는 우리 사이의 테이블에 둥근 원이 그려진 종이 한 장을 비치하고 그녀가 말을 할 수 없을 때는 선들, 색채들, 적어 놓은 말로 조용히 반응할 수 있게 한다.

충분한 것, 충분히 아는 것, 가치 있는 것을 제공하는 것에 대한 내가 가진 불안을―물론 이것들은 때때로 나를 더 나아지게 하지만―천천히, 아주 천천히, 나는 조용한 호기심에 굴복하고 내담자가 가진 그들의 지혜를 신뢰한다. 매주 그녀가 도착할 때면 내가 거기에 있어야 함을 마음속에 상기한다. 즉, 나는 그녀를 치료하고 전적으로 그녀를 위해 있으려 노력하는 그런 사람이다. 나는 그 모든 것이 그녀에게 중요한 것인 성장을 위한 그릇과 같은 증거로 본다. 아마도 나는 그녀의 두려움과 좌절감에 조용히 주의를 기울이는 유일한 어른일 것이다. 나는 그녀가 자신만의 시선으로 바라보고 그것을 도화지 위에 펼쳐 놓을 수 있는 안전한 장소를 갖는 것이 핵심적이라는 점을 이해하고 있다. 나는 내담자가 응할 수 있는 지시문을 선택하는 방법을 알아차리고, 그녀를 위해 단순하고도 예측 가능하며, 반복적인 만다라 원을 지속적으로 제공하면서 매주의 회기에서 편안함을 제공한다.

나는 그저 그녀가 자신을 좀 더 다르게 보기를 희망한다. 그녀의 그림철은 점점 더 두꺼워지고 있는데 그녀가 개선되고 진전하고 있다는 증거이다. 미술은 그녀가 도착하여 안주할 구체적인 장소를 제공한다. 이미지들의 철은 시간이 흐른 후에 우리가 함께한 시간을 돌이켜볼 때 그녀에게 유용하게 될 것이다. 이것은 미술치료의 선물들 중 하나이며 미술이 정신세계를 장악할 수 있는 부적응적 패턴의 무게에 대항하는 치유의 대안적 증거로서 작용한다. 내가 틀리지 않기를 바라는데, 그녀는 치유적 방향으로 향하는 것을 선택하고 있는 것처럼 보인다. 그리고 그녀가 자신의 시각적 헌신을 스스로 창조하고 검토하는 것이 치료에서 중대한 효과를 미친다고 생각한다. 그녀는 미술작품을 살펴보며 미소 짓는다. 그녀가 비록 말을 한 것은 아니지만, 그녀의 이미지들과, 내가 그녀의 작품들 안에서 주의 깊게 모아 놓은 것에서 기쁨과 안정을 취하는 것을 본다.

우리가 함께 그녀의 작품을 되돌아볼 때, 비록 그림 속의 입의 형태들은 그릴 당시의 그녀 기분에 따라 바뀌었지만, 원래 만다라에 그렸던 커다랗고 겁먹은 눈은 우리가 함께한 몇 달 동안 일정하게 유지되면서 토론의 시작점을 제공했다는 것을 알 수 있었다. 만다라 밑그림들은 우리 사이를 그저 스쳐 지나가는 것처럼 보였지만, 나는 그녀가 나와의 연결을 찾기 위해 고군분투하고 있다는 것을 알았다. 그녀는 예전에 내 질문에 대한 답을 쓸 때 그것들을 뒤집어서 썼었고, 그 응답은 그녀 자신과 나로부터 멀어지는 것을 지향하고

있었다. 매주 진행한 만다라들은 그녀의 발전에 대한 기록물이자
예측이 가능한 하나의 의례, 변화하는 대상이 되었고, 그녀의 진전
을 보여 주는 기록물이 된다. 함께하는 시간이 쌓이면서 나는 그녀
가 좀 더 편안해지고 불안이 진정되었음을 안다. 어떠한 위협에 대
비해 세상을 샅샅이 뒤져 보는 방식으로 스스로를 쇠약하게 만들던
충동이 완화된 모습을 보였고, 건강한 식사 및 운동의 증가로 초점

[그림 4-8] 방어된

이 옮겨 갔으며, 갖고 있는 질병이 아닌 자신의 치유에 대해 토로하기 시작한다.

  우리의 마지막 회기에서 그녀는 자신의 초기 작품을 살펴보며 자신이 성취한 것에 대해 만족하는 것처럼 보인다. 그녀의 초점은 이제 이 나라 여기저기에 살고 있는 친척들을 보기 위해 여행하는 것에 대한 열정으로 옮겨 가고 있다. 회기가 끝날 무렵, 그녀는 마치 날개 속에서 관심을 기울여 주기를 기다리며 결코 멀리 떠나가지 않는 힘든 친구 같은 모습을 보인다. 그녀가 표현했던 "나의 불안"이라는 것으로 다시 되돌아오는 것을 바라본다. 나의 슈퍼바이저는 종결에서 최초의 증상이 돌아오는 것은 자연스럽고 예상 가능한 것이라고 이야기했었다. 그렇지만 나는 걱정이 된다. 너무 어린 시절 사망한 그녀의 어머니가 남긴 공허한 테두리 안에 그녀의 불안은 언제까지나 존재하는 것 같다. 한 학년을 마칠 무렵 우리가 마지막 회기를 함께 하면서, 나는 그녀가 이전에 감염되었던 것처럼 그때와 똑같은 손의 붉고 둥근 점을 목격한다. 그녀는 자신이 예전에 아동보호관리국에 전화를 한 것을 시작으로 계속된 갈등 때문에 아버지와의 관계가 망가진 것에 대한 죄책감과 싸우고 있다고 얘기한다.

  나는 그녀의 손에 있는 붉은 점에 대해 물었다. 그녀는 내가 그것을 알아챈 것에 대해 미소 지으며 기뻐하는 것 같았다. 나는 우리가 함께한 시간이 끝나는 이 시간에 나타난 이 흔적이 의미하는 것은 모든 것이 좋은 것이 아니라는 신호일까 봐 걱정한다. 나는 그녀가 자신의 분노를 스스로에게 돌리고 있는 것이 아닌가 생각했고, 그녀가 떠나도록 놔두는 것이 맞는지 걱정이 된다. 나는 그녀에게 아동보호관리국에 전화를 한 것이 잘못이 아니라는 점을 부드럽게 상기

시켜 보지만, 그녀는 그것을 반추하는 것에 사로잡혀 있다. 그녀의 만다라는 웃음과 찌푸림 사이에서 사로잡혀 있는 것으로 보이는 얼굴이고 눈에는 작은 검은 점이 있다. 그녀는 아버지를 치료실에 데려오려 하는 나의 노력을 거부했으며 여기서 내 치료적 진전은 발이 묶였다.

나는 그녀가 다가오는 몇 개월간 그녀 자신에게 무엇을 가져오기로 선택할지 가을에 학교가 다시 시작되면 함께 미술치료 작업을 이어 갈지의 여부가 궁금하다. 나는 그녀가 첫날 이 방에 들어올 때의 모습과 그리 다르지 않은 뻣뻣한 모습으로 방을 떠나는 것을 지켜본다. 그녀는 내가 안전하게 보관하도록 자신의 만다라들과 시, 목록을 남겨 두고 떠난다. 나는 작은 회의실에 홀로 앉아 그녀의 작품 더미들—우리 사이에 주고받은 시간과 감정, 은밀한 메시지의 증거—을 다시 한번 살펴본다. 나는 이 그림들 덕분에 그녀의 훨씬 더 많은 것을 보았고 그녀도 어느 정도는 이를 알고 있다. 이 작품들은 그녀 자신이 거의 인정하지 않았던 아버지에 대한 두려움을 보여주었고, 희망 목록을 열거하며 자신의 감정을 확인하려 고심하게 했다. 결국, 그녀는 스스로 가로질러 간 영역을 작품 속에서 볼 수 있었고 자신의 자기 치유에 대해 감동하였다고 생각한다.

봄

맥스는 미술치료가 "최상의 것"이라고 말했고, 나도 기꺼이 그에 동의한다. 내가 나 자신의 치유 여정에서 예술을 용이하게 사용하는 것이 미술치료 회기에서 현재 내가 수행하는 것에 항상 부합되지는 않았다. 미술치료 내담자들에게 미술작품을 만들게 하는 것은 더 힘든 일이다. 나의 내담자들은 직업 화가들이 아니므로 내 요청에 일반적으로 편안하지 못하다. 그들은 자신들에게서 진행되고 있는 것을 나에게 말로 하기보다는 작업으로 보여 달라는 내 요청을 거북해한다. 심지어 그들이 단순한 이미지를 본 경험이 있고, 이를 통해 회기의 전체적 전개를 예측한다 해도 그들은 여전히 다음 회기에서 미술 작업하기를 주저한다. 이와 같은 상황에서도 나는 그들에게 무엇인가를 만드는 데에 재료를 사용해 보도록 그들을 초대한다.

　아마도 그것은 미술이라는 것이 그들이 회피하려 하는 것을 드러내도록 할 수 있다는 경험을 했기 때문일 것이다. 어떤 수준에서는 그림이 다양한 면에서 그들을 취약하게 만든다고 느끼는 것 같다. 미술치료는 미술이 아니라 이미지에 대한 것이라고 여러 차례 확신한다 하더라도 대부분의 사람들은 무엇보다 '미술'을 부적절하다고 느낀다. 아마도 우리는 '미술치료'라는 명칭을 바꿔야 할 것이다. 이것이 혼란스러운 것인가? 우리가 이러한 요구에 따라 특수성을 완화하고 확대하기 위해, 수행 불안을 흐트러뜨리기 위해 "표현예술(expressive arts)[5]이라는 용어를 채택해야 하는가? 명칭을 바꾸면 도움이 될까? 아니면 맥스가 말한 것처럼 수행 불안이란 자연스러운 저항의 징후일까?

---

[5] '표현예술'이라는 용어는 일반적으로 치료의 시각예술과 함께 춤, 동작, 음악과 같은 다양한 예술을 나타내는 데 사용된다. 일부 미술치료사(예: 맥니프, 로빈스)는 자신을 '표현'치료사로 지칭한다. 또한 미국미술치료학회와는 다른 '표현예술협회'라는 국가 전문 조직도 있다.—원서 편집자 주

나는 내담자를 두꺼운 수채화 종이로 안내한다. 그녀는 처음에는 겨우 보이는 정도의 지저분하고 구불구불한 흰색 선으로 채운 이후, 중심에서 오른편에 나선형 표식을 하기 시작했고, 그 흐름으로부터 강렬한 색상이 나오기 시작한다. 그녀는 페이지의 중앙을 향해 길을 내는 것처럼 붓질하면서 붓들을 마르게 하고 있다. 그녀는 작업하는 동안 술술 풀려나오듯 이야기를 했으며, 아마도 손이 움직이는 동작과 화면 위에 생겨나는 형상들을 만드는 즐거움으로 위안을 얻는 것 같다.

나의 내담자는 최근 의사와의 예약에 대해 무심하게 설명하고 있지만, 이와 별개로 그녀의 고통과 수치심은 말없이도 전해진다. 결국, 그녀는 아동기에 겪은 성폭행으로 인한 트라우마와 이번 주의 외과적 시술 사이의 관련성을 알아보았고, 흥미롭게도 그녀는 이를 과거 트라우마의 재연 및 치유로 보게 되었다. 그녀가 그렸던 나선형은 화지의 중심으로부터 치료실로 이야기를 옮겨 오며, 그녀는 얼룩진 하얀 하늘 위에 서 있는 창백하고 푸른 색조의 하트 모양 시계를 그린다. 그리고 그것에 '균형잡기'라는 제목을 붙인다.

다음 회기에서 그녀는 질감이 두드러진 종이에 능숙하게 물의 형태를 그린 후, 우아한 수선화가 나타날 때까지 밝은 오렌지색과 노란색의 액체로 채워 간다. 곧 빛나는 푸른 하늘을 배경으로 다양한 꽃이 기대고 있는 뛰어난 정원으로 한 장이 채워졌다. 그녀의 삶에서 알지 못하는 문제에 대처하고, 강렬한 변환을 가져오는 전형적인 방법은 바로 눈앞에 닥친 트라우마로부터 벗어나기 위한 시도로 자신을 창조하고 움직이고 가꾸고 묘사하고 활력을 불어넣는 것이었다. 자신이 그린 수채화의 아름다움에 빠져들면서 그녀는 인생의 복잡함을 견딜 수 있는 기회를 얻게 된다. 그녀는 자신의 활동 아래에 있고, 그녀의 에너지를 우울증으로 끌어들이는 양상과 지나간 사건들이 조용히 떠오르는 것을 볼 수 있다.

그녀가 치료실을 떠나던 날, 그녀는 자신이 가지고 있는 수선화 사진들을 보여 준다. 그녀는 고통의 시간 속에서 자연스럽게 아름다움을 향해 움직이고 있다. 우리의 미술치료 회기에서 미술작업을 하면서 그녀의 회복력이 키워졌다.

"저는 정말로 이 미술이라는 것을 믿어요." 그녀는 다음과 같이 말한다. "저는 이게 이렇게 강력한 것인지 몰랐어요." 회기에서 그녀는 여러 층을 이루고 있는 하트를 그렸다. 무지개의 굽은 가장자리가 하트의 경계를 이루었고 붉은 자주색 중심이 이 두껍게 색칠된 선에 안전하게 둘러싸여 있다. 하트의 윤곽선 주변은 밝고 쾌활한 노란색이다. 그녀는 오른쪽 아래 모서리를 칠하지 않는다. 그곳은 회색과 청색 부분으로 배경을 완성한다.

그녀는 자신이 기억하지 못하는 무서운 일을 했다고 말하고 울기 시작한다. 나는 그녀의 이야기를 듣고 있었고 그녀가 종이 위에 갑옷을 입은 하트를 그리는 것을 지켜본다. 그녀가 내게 하는 말을 분명하게 아는 것은 아마 시간이 흐른 뒤에도 어려울 것이다. 내가 그녀의 이야기를 진정으로 받아들이지 못할 것을 알기에 나는 그것들을 믿을 필요도 없고 또 믿지 않을 필요도 없다.

나는 내담자들에게 끔찍한 일을 많이 들었는데, 이러한 끔찍한 일들은 내 안에서 어디로 '가는지' 궁금하다. 나의 가슴에 긴장감이 퍼지면서 숨을 쉬기 어렵다는 것을 알게 된다. 나의 내담자는 일시적 장애 상태를 신청했고 나는 그 신청서로 인해 내 사례 노트를 다른 기관들과 공유해야 하는 것인지 궁금하다. 비밀 유지에 대해 정말 이해해야 할 많은 것이 있다. 이러한 생각을 하자 내 눈에 긴장이 더 해졌고 침을 꿀꺽 삼키기 시작한다.

내게 지식이 부족하다는 것이 계속 짜증 나며 익숙한 자기비판이 나를 엄습해 온다. 나는 이런 으스스한 느낌을 너무 잘 알고 있다. 불안은 무지에 대한 자각으로 만들어진다. 나는 더 많이 알아야 하고 더 많이 해 나가야 한다! 나는 좀 더 깊게 숨을 들이쉬고 고조되는 내담자의 극적인 줄거리로부터 나를 분리하기 위해 이러한 사고방식에 대한 경각심을 일깨웠다. 그녀가 내게 말하는 것을 믿으려 하는 욕구와 동시에 믿지 않으려는 욕구가 내 속에서 대립하고 있었고, 뭐라도 좀 기분을 전환해서 두 가지 선택지 모두를 모두 씻어 내고 싶은 욕망이 있다. 그래서 나는 커피 한 잔을 더 마시러 간다. 고가의 이탈리아 에스프레소 기계는 이 기관에서 주는 가장 좋은 혜택이었고 우리는 먹고 싶은 커피를 모두 무료로 마실 수 있다.

그러나 나의 가슴은 더 조여 오기 시작한다. 그녀가 색칠한 무지개 층으로 꾸며진 선들은 내 마음 가장자리에서 금속 밴드가 되었다. 나는 다시 호흡을 하며 밖으로 나가 치료실 창문에서 멀리 떨어져 건물 주변을 산책한다. 나는 바람이 잎사귀를 뒤흔들어 오리나무가 떨리고 있는 것을 응시한다. 그리고 흐려지는 하늘이 나의 맨 피부를 오싹하게 한다. 여름의 시작처럼 느껴지지 않는다. 나는 내 작은 자아가 숨을 쉬도록 도와주기 위해 땅의 에너지를 불러내어 오고 하늘의 에너지를 끌어내린다.

오후 늦게 두 명의 아동 내담자들이 왔고, 나는 그들의 생각과 감정의 언어를 배우려고 노력한다. 때때로 그들은 나와 함께 드로잉

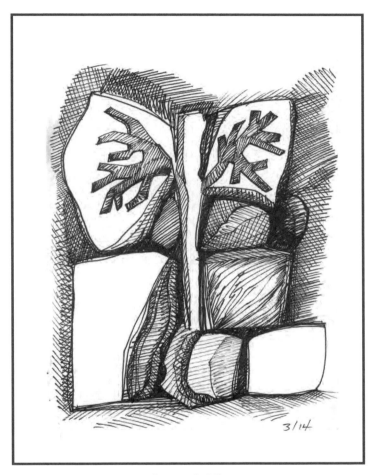

[그림 4-9] 호흡

하거나 모래놀이 상자[6]에서 장면을 만들어 낸다. 어느 날은 작은 소

---

6) '모래상자' 혹은 '모래놀이'는 아동의 놀이치료와 유사하다. 그것은 융의 이론에 기초하고 있으며, 비언어적 · 상징적이다. 치료실에서 모래가 가득한 상자 속에서 소형 인물상들을 놀기에 유용하다. 물이 첨가될 수 있다. 칼프(Dora Kalff)는 모래놀이의 창시자로 알려져 있다. 아동만을 위한 것은 아닐지라도, 모래상자는 아동 내담자를 대상으로 많은 치료실에서 사용된다. 미국에서 모래놀이의 최초 지지자들의 일부는 북서 태평양 지역에서 모래놀이 기법 워크숍을 개최했다.

년이 신중하게 무지개를 그렸다. 이 아이는 평소와 같이 큰 종이 두 장을 달라고 했고 내가 제한을 둘 때까지 계속해서 종이를 요구했 다. 나는 그 아이가 그린 무지개에 충격을 받았다. 그 무지개는 아 래쪽 가장자리가 열려 있었고 산 같은 모습이었다. 또한 그 아이는 안에 덪이 있는 동굴을 만들었다.

이 아이는 여기저기 떠돌면서 다니는 동안 발생한 불안을 고치기 위해 치료실에 오게 됐다. 이 아이는 때때로 자기의 삶에 대해 설명 한다. "아빠는 나쁜 녀석들을 20명이나 잡았어요."라고 말한다. 그 러면 나도 "진짜 나쁜 놈들이다." 하고 말한다. 이 내담아동은 처음 몇 회기 동안 내가 너무 많다고 할 때까지 모래상자에 물을 부으며 보냈다. 한계? 이 아이는 모래의 포화 지점을 실험했고 내가 그 나 무 상자가 웅덩이가 되도록 내버려 둘지를 시험했다. 이제 우리는 축구공을 주고받기를 했고 아이는 내가 "나는 너무 힘들어."라고 말 할 때까지 공을 찬다. 나는 소녀가 된 것처럼 그 아이를 바라보고 내 담아동은 자주 바뀌는 우리의 축구 게임 규칙을 정한다.

나는 아동들을 볼 때면 '미술치료를 하고 있는지'의 여부에 대해 정말 모르겠다고 임상실습 회의에서 불평한다. 나는 20년 동안 초 등학교에서 모든 학년의 학생에게 미술을 가르쳤지만 그럼에도 불 구하고 발달단계에 대한 나의 이해에 불안감을 느낀다. 나는 "내담 자는 감정을 물리적으로 표현하기 위해 움직임을 사용하고, 자신이 경험한 의미를 규정하기 위해 은유적 놀이에 참여한다."와 같이 놀 이의 심리적 등가물을 참조하는 임상노트 사례를 연구한다. 그렇 다. 이것은 도움이 된다. 이러한 사례는 아동의 메시지를 이해하고 돌봄을 만족시켜 두 가지 모두를 탐구하는 합법적인 성인의 언어이다. 그 후 나는 임상노트라는 요령에 매달리기 시작했다.

여름

한 실습생이 "연구에 따르면, 치료사들은 실습 단계의 3년에서 5년까지는 유능하다는 느낌을 갖지 못한다."라고 말한다. 나는 이것에 두려움과 위안을 느낀다. 내 슈퍼바이저는 "이 일을 잘 해내는 데에는 오랜 시간이 걸리니 내담자와 함께 있으십시오."라고 상기시켜 준다. 나는 내 슈퍼바이저가 절차보다 실재를 우선시하는 것에 감사한다. 필요한 서류작업을 함께 해내는 것은 경청하고 성찰하는 것과 병행하는 과정으로서 내게는 실력이 쌓이기 오래 걸리는 기술이다.

최근, 나보다 치료실에서 임상을 먼저 시작한 다른 실습생의 노력에 대해 들었을 때 안도감을 느꼈다. 이제 곧 6명의 새로운 신입 실습생들이 들어와 이 작은 기관을 가득 채우고, 치료실을 사이에 두고 경쟁하며, 우리가 헤쳐 나가야 할 이 작은 건물에 흥분과 불안을 가져올 것이다. 나는 잠시 멈춰서 이들과 함께 출근하고 차트를 작성하여 임상사례 노트를 기록하고 일정 문제를 처리하는 데 도움을 주는 경험자가 될 것이다. 내가 졸업 이후에 정식 치료사로서 여기에 계속 있기로 선택했을 때 그것이 어떻게 될 것인지를 깨닫기 시작했다. 몇몇 치료실 직원은 새로운 에너지가 계속적으로 유입되어 흐르게 하는 닻을 쥐고 있다.

나의 담당 사례는 내담자 미술작품 보관철들을 계속 뒤에 쌓아 가면서 진행되고 있다. 나의 포트폴리오는 회화와 소묘들로 채워져

있고 때때로 진행되는 가면 작업들로 부풀어 오른다. 나는 다음 내
담자를 기다리면서 이 이미지들을 휙휙 넘겨본다. 내 치료실의 창
문은 작은 주차장을 마주하고 있어서, 나는 건물 앞에서 그녀가 주
차하고 천천히 현관 로비로 걸어 들어오는 것을 본다. 내가 눈에 띄
지 않는 상태로 그녀를 살펴볼 때면 약간 관음증 같은 것을 느낀다.
그러나 나는 내 자신에게 지금 유용한 데이터를 수집하는 중이라고
말한다. 나는 그녀의 느린 걸음걸이를 볼 수 있는데 그녀는 약간 흐
느적거리며 걸어온다. 그것을 보면서 뜨거운 감촉의 액체가 슬그머
니 내 배에 떨어지는 것을 느끼고 그녀의 일상 경험이 어떨지 상상
함으로써 구역질이 난다는 것을 깨닫는다. 그녀는 항상 아픈 것인
가? 그렇다면 그것이 그녀에게는 어떤 것이어야 할까? 나의 공감 수
준이 방어선을 넘어서는 정도로 뻗어 나가면서 처음에는 짜증의 경
고가, 그다음에는 부정적 분노의 경고가 울리고, 그녀가 로비에 들어
와 서명을 할 때 즈음에는 호흡을 고르며 나를 추스른다.

　나의 치료실은 내게 신성한 장소가 된다. 나는 내가 일하는 공간
을 치유 과정의 중요한 협력자로 간주한다. 미술치료사 숀 맥니프
(Shaun McNiff)는 미술 재료, 치료를 담아내는 그릇을 유지할 수 있
는 리더로서의 능력과 함께 치료실 공간이 치료 과정의 핵심적인
요소라고 하였다. 맥니프는 "처음에 증상이 있었다."라고 말하는
창세기적 신화 같은 것보다는 오히려 "미술치료는 '한 처음에 공간
이 있었다.'는 비의학적인 관점으로부터 상상하려고 노력하는 것"
(McNiff, 2004, p. 26)이라고 기술한다.[7]

---

7) McNiff, S. (2004). *Art heals: How creativity cures the soul*. Boston: Shambala.

[그림 4-10] 구조들의 내부

이전의 미술치료사는 치료실을 정성스럽고 아름답게 꾸몄다. 나는 그녀가 연구소를 떠난 직후, 항상 공간이 부족한 기관 내에서 치료실을 찾는 것에 절망하는 직원과 실습생들로 인해 침해당하는 위협을 즉각적으로 느꼈다. 이것은 나의 독특한 미술치료사로서의 정체성을 수용하고 지속되고 있는 이 부족한 유산의 책임에 함께하는 나의 첫 번째 공개적 행위였다. 나는 나의 어머니의 작업실에서 안

락한 퀼트 직물들을 빌렸고 사람들에게 이를 설치하는 것에 대해 동의와 의견을 구하러 갔다. 기관 직원들이 나의 '설치안'에 대해 의견을 냈고 나도 거기에 동의했다. 이 공간은 미술치료사들과 실습생의 전용 공간이어야만 한다.

내 내담자는 특히 공간의 미학에 내적 상태를 맞춘다. 그녀는 어떤 이불의 우중충한 색상과 자신의 오른쪽에 걸려 있는 즉흥적이고 혼란스러움이 가득한 캔버스에 대해 불평한다. 그녀는 이전 집의 정돈된 밝은 색상에 익숙하며 태평양 북서부 지역의 매우 다른 포레스트 그린색과 회색의 조합에 적응하기 힘든 시간을 보내고 있다.

이것은 그녀가 자신도 모르는 무서운 방식으로 행동하는 다른 부분들을 갖고 있다고 말한 이후로 진행된 나와의 첫 번째 회기이다. 그녀는 그런 일이 계속 일어날까 봐 두려워하며 가족에게 준 고통에 대해 죄책감을 느낀다. 특히 그녀의 남편은 그녀를 갉아먹고 있다. 그녀는 자신이 하는 모든 일에 있어 완벽주의적인 접근을 유도하는 죄책감과 싸우고 있다. 그녀는 우울하면서도 또 부자연스러울 정도로 열정적으로 보였고 그녀가 자녀와 자신을 위해 힘들게 하는 많은 양의 활동에 대해 계속 설명하고 있다. 나는 그녀가 이 일들을 어떻게 관리하는지 궁금하다.

내가 그래야 하는지에 대해서는 의문이 있었지만, 그녀가 회기에 제 시간에 도착하지 않았을 경우 전화를 하는 것이 연구소의 관습이었으므로 나는 이 지침을 따랐다. 전화를 받는 그녀의 목소리는 마치 나를 모르거나 내가 왜 전화하는지 모르는 사람처럼 밋밋하다. 나는 그녀의 이상한 목소리가 자기가 약속이 있는지 아니면 자고 있었는지를 기억해 내려고 지체하는 것을 드러내는 게 아닌가 생각한다.

오늘 그녀는 밝은 기분으로 조금은 미안해하며 활기찬 목소리와 함께 생기 넘치게 치료실에 도착한다. 나는 테이블에 원이 그려진 종이를 내려놓았고, 그녀는 "왜 원이 있나요?"라고 묻는다. 나는 원을 산스크리트어로 '만다라'라 한다고 응답한다. 그리고 만다라는 자아의 총체성뿐만 아니라 이미지의 그릇을 나타내지만 선 안에 머물러 작업할 필요는 없다고 말해 준다.

최근에 융에와 나누었던 많은 대화의 결과로, 나는 내담자들에게 무엇이 진행되고 있는지를 내게 보여 주기 위하여 만다라를 그리라고 그들에게 (요청하기보다는 차라리) 지시하고 있다. 나는 저항과 불평을 무시할 만큼 좋은 기질을 타고났다. 나는 칼 융의 작업을 바탕으로 색과 상징이라는 맥락 안에서 내담자들의 전체적인 이미지를 식별하고, 'MARI[8]'라는 렌즈를 통해 내담자가 그리는 만다라를 바라보며 변화의 단계에 따라 정리한다. 융에는 각 회기의 작업을 내담자의 이미지에 집중하도록, 회기의 자연스러운 전개를 통해 후속 이미지를 결정하여 결과적으로 치료가 더 깊이 진행될 수 있도록 격려했다.

나의 내담자는, 먼저 만다라 원의 경계에서 내부로 향하는 작은 나선으로 시작한다. 그 후에는 외부로 움직이는 나선을 그려 나간다. 나는 그녀의 첫 그림이 안과 밖을 번갈아 가며 움직이는 더 큰 나선형이었던 것을 기억한다. 그녀는 2개의 오일파스텔을 들고, 원의 안팎으로 이동하는 이중선의 스프링 형태를 그리며 전체 표면을

---

8) 'MARI'는 1980년에 켈로그(Joan Kellogg)가 만든 만다라 평가 연구 도구 (Mandala Assessment Research Instrument)의 약자이다. Kellogg, J. (1984). *Mandala: Path of Beauty*. Belleair, FL: ATMA, Inc.

채웠다. 그녀는 일반적으로 무지개색만을 사용하지만 이번 그림의
경우에는 새로운 색상을 조합했다고 말한다. 우리가 공동 작업을
다시 시작했던 몇 달 전, 그녀가 첫 번째 이미지들을 만들어 내기 위
하여 손으로 2~3개의 파스텔을 잡았던 것을 기억한다. 나는 MARI
평가에서 변화의 단계들을 검토해 보고 있는데, 나선형은 개시, 활
성과 연결되어 있다고 한다. 그녀는 자신의 드로잉을 '스프링들'이
라고 명명한다.

나는 관련 연구 저서들에 기초한 복합적인 해석을 가지고 그녀의
이미지를 판독하는 한 사람의 형사가 된다. 나는 이러한 어려운 상
황에 접근하는 방법을 갖게 된 것에 흥분을 느낀다. 이러한 연구물
들은 미술이 무의식의 상태를 환기하는 데 특별히 적합하며, 자아의
여러 측면에 접근할 수 있는 안전한 방법을 제공한다고 말한다. 또
한 미술치료는 균열된 자아의 증거들을 제공할 수 있다. 그리고 내담
자 자신의 이미지를 이용하는 것은 그녀에게 통제감을 줄 수 있다.

나는 병리학적 측면을 확고하게 하고 이를 해결하려 노력하는 데
에 중점을 둔 접근을 생각할 때 흥분된다. 맥니프는 미술을 단지 병
리적인 것을 해독하는 투사적인 도구로만 이용하는 것은 환원주의
적이며, 파괴적이라고 주장한다(McNiff, 2004, p. 32).[9] 나는 그림 속
스프링들이 그녀의 진단을 제자리에 고정하는 정적인 형태로써 그
녀를 붙잡기보다는 자유롭게 튀게 하는 것에 대해 고려한다. 나는
항상 치료에서 병리적 측면을 찾으려 하는 충동에 저항하고 있다.
나는 정말로 이미지의 힘을 내담자 자신이 가진 지적 자기 치유를

---

9) McNiff, S. (2004). *Art heals: how creativity cures the soul.* Boston: Shambala.

촉발하고, 또 이것의 증거로 드러난다는 것을 신뢰하는가? 한 회기에서 여러 개의 이미지를 만드는 것이 어떻게 변형을 가능하게 하는지 바라본다. 여러 이미지가 물처럼 흐르고 흐르면서 정화된다.

그녀는 그림을 완성한 이후에 자신이 갖고 있는 죄에 관해 이야기하기 시작한다. 나는 그녀에게 죄가 자신의 신체에서 어디에 있는지 물었고 그녀는 자신의 손을 가슴에 얹는다. 나는 그녀에게 가슴으로 들어가 보라고 요청했고 그녀는 울기 시작한다. 나는 그녀가 이전 회기에서 드러냈던 것들을 다시 확인해 주고, 그녀가 자신의 자아 전체를 여기에, 그림에, 이 방에 옮겨 올 수 있다고 확언한다. 그녀는 "여긴 저에게 너무 좋은 곳이에요."라고 말한다. 그녀는 안도감을 느끼는 것처럼 보인다. 그녀의 말은 느려졌고, 그녀의 몸은 좀 더 편안해 보인다.

나는 배워야 할 것이 많다. 즉, 나는 내가 읽은 것을 가지고 나의 내담자를 객관화하는 것이 걱정된다. 나는 그녀를 증상과 진단명의 특성으로 환원하고 있는가? 한편으로는, 중요한 것을 알고 있다는 감각을 얻기 위해 엄밀한 단어들을 중심으로 가까이 다가가 해부해 보려고 하는 과학자의 흥분을 느낀다. 또 다른 한편으로, 나는 다른 방향, 이미 만들어지는 과정에 있는 것이 이미지의 광활함을 통해 변형되는 신비를 향해 가고 싶다. 활성화되고 방출되는 것에는 많은 에너지가 있다. 나는 새로운 형태로 옮겨 갈지도 모르는 질환에 대한 설명에 얽매이고 싶지 않다. 심지어 그것을 질환이라고 부르는 것은 방어라는 훌륭한 지혜를 부인하는 것일 수 있다. 내가 제공할 수 있는 것은 미술 재료와 변화의 공간이다. 이것이 내가 흥분하게 되는 것들이다.

하루가 힘들게 시작되었다. 나는 처음부터 걱정이 앞선다. 이 회기는 나의 슈퍼바이저가 휴가에서 돌아온 이후 첫 번째 슈퍼비전 회기였다. 기대에 대한 나의 두려움이었나? 나는 때때로 감추는 것에 사로잡혀 있다고 느낀다. 나는 나의 일반적인 불편감을 직원이나 나 자신에게 표현하는 것이 나의 자존감을 약화시키며 나를 덜 유능하게 보여 줄 뿐이라고 배웠다. 사례의 세부사항으로 들어가는 것이 좀 더 도움이 될 것처럼 보인다. 나는 슈퍼바이저에게 "오늘 모든 것이 겁이 나요."라고 말하는 대신, 내가 참여했던 회기의 녹음을 재생한다. 소리가 계속 나오면서 두려움이 일어났고 나의 슈퍼바이저는 "그래서 이에 대해 도와주기를 원해요?"라고 말한다. 테이프의 내담자는 외견상으로는 끔찍한 경험을 하나가 끝나면 다음 것으로 끊임없이 계속 말한다. 나는 그녀의 이야기를 혼자 견디기를 원하지 않았기 때문에 테이프를 재생한다. 내가 슈퍼바이저의 얼굴을 지켜보며 그가 자신이 듣고 있는 것에 완전히 몰입해 있다는 것을 안다. 나는 그가 나 혼자 이를 견뎌 내는 것이 얼마나 어려운지 알아주기를 바랐지만, 그는 나의 세계가 아니라 내담자의 세계로 발을 들여놓았으며 나에게 접근방법을 제시할 것이다. 그는 다음과 같이 말한다. "그녀와 너무 많은 것을 하고 있네요. 좀 더 느긋해지세요." 그러고는 "정말 강하게 살아남았군요." 혹은 "느끼는 것이 무엇이죠?"와 같은 간단한 질문을 던진다. 그는 이전에 내게 했던 것과 동일한 조언을 한다. "당신은 자신이 내담자들을 너무 걱정하도록 내버려 두고 있어요. 그건 내담자들에게 도움이 되지 않아요. 당신이 분리하는 법을 배우지 않으면 치료사로서 계속 버텨 낼 수 없을 겁니다."

이 여성은 우리 회기에서 많은 이미지를 만들었다. 그녀는 미리
원이 인쇄되어 있는 만다라 종이를 주로 선택한다. 그녀의 이미지
는 때때로 새들로 변신한다. 그녀가 마지막에 그린 눈은 그녀의 말
에 따르면 경찰관의 눈이었다. 그런 다음 이상하게도 이것은 부드
러운 깃털이 있는 새의 머리가 되었다. 이전에 한 번 그녀는 날개가
하나 있는 작은 점토 그릇을 만들었다. 오늘 그녀는 자녀를 자신의
어머니 집에 데려다주고 자신은 삶에서 멀리 날아가고 싶다고 말
한다.

나는 오늘 파도가 일렁이는 물에 홀로 작은 보트를 타고 있다가
작은 섬에 상륙한 것처럼 느낀다. 나는 미술치료실로 걸어 들어가
서둘러 테이블에 재료들을 올려놓고 잠깐 숨을 돌린 뒤, 들어오는
시간을 정확하게 맞출 수 있을 때까지 시계를 지켜보고 내담자를 우
리의 섬에 초대한다.

임상실습을 시작한 지 8개월이 된 나는 좀 더 느긋해지고 좀 더
호기심이 많아지게 되었으며, 어떤 일이 일어날지 혹은 어떤 일이
일어나기를 원하는지 내가 알 수 없음을 받아들인다는 걸 느낄 수
있다. 나는 저항에도 불구하고 미술 작업이 일어날 것이라고 추측
할 수 있고 그 결과로서 나는 이 저항을 덜 경험하고 있다. 이번 주
에 나는 특별히 콜라주 재료를 꺼내 놓는다. 여러 이미지, 사람, 풍
경 그리고 내 시선을 사로잡는 사물이 있는 사진들을 잡지에서 찢어
내어 다양한 종류의 이미지가 있다는 것을 확인시킨다. 나의 선택
으로 협업이 시작된다.

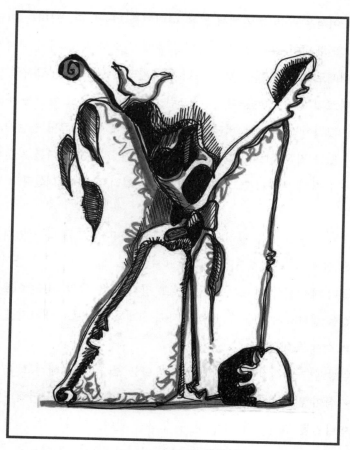

[그림 4-11] 소진과 희망

　자신의 삶에 관한 관심을 지속하려고 노력하는 중년 여성이 자신의 두 번째 회기에 들어온다. 그녀는 독특한 조각을 만들기 위해 목재를 수집하고 있다고 말했다. 그녀는 자신의 다 큰 아들을 보호하며 그가 안전한지를 걱정한다. 그녀는 아들로부터 자유로워지기를 원하지만 여전히 아들이 자신의 곁에 있기를 원한다. 그녀의 남자친구가 최근에 떠나서 그녀의 가슴은 멍들었으며, 이 모든 것의 무게는 죽음만이 그녀에게 평화를 가져다줄 것이라고 상상하게 만들었다.

그녀는 콜라주 이미지들이 들어 있는 나의 상자를 보고 흥분했다. 내담자가 그림 그리기를 환영하는 일은 상당히 드물기 때문에 내가 마음속으로 낯설게 느꼈지만 '이걸 편하게 생각한다면 좋겠다!'라고 생각했다. 내담자는 "나는 콜라주가 좋아요! 내 침대 곁에 여러 권의 잡지가 있어요!"라고 탄성을 지른다. 내가 "언제 콜라주를 마지막으로 만들었나요?"라고 묻자, 그녀는 "5년 전이에요."라고 대답한다. 그녀는 좋아하는 것을 나와 공유하면서 이미지의 배치와 붙이는 것을 결단력 있게 분류하고 사진을 선택하면서 그들을 떠올린다. 나는 풀칠한 사진들 사이에 공간이 없음을 보았지만 말하지 않았다. 그녀는 "흰 공간을 남기고 싶지 않아요."라고 말한다. 그녀는 콜라주를 만드는 동안 자신의 삶을 공유하며 웃는다. 그녀의 눈은 반짝거리지만 잡지 조각들 중 하나에서 슬픈 이야기가 나오자 눈물을 글썽였다. 내가 가진 접착제 통은 망가졌고 치료실에는 딱풀이 없었다. 그러나 그녀는 잘못된 윗부분을 제거하여 솜씨 좋게 각각의 찢어진 이미지에 다시 풀을 발라서 다른 종이에 고르게 펼쳐 놓는다. 그녀는 쉽게 좌절하지 않는다. 그녀는 이 과정을 잘 해낼 수 있고 결함을 해결하는 타이밍을 거의 놓치지 않는다. 내가 이 점들을 지적해 얘기해 줄 수 있었다는 것을 나중에야 깨닫는다. "모든 것은 의미가 있다."는 융에의 함축적인 슬로건이 나와 함께 있으며, 이 문구는 내가 준비되지 않았거나 일이 원활하게 진행되지 않아 곤란한 순간을 내담자가 어떻게 그 어려움을 처리해 나가는지 발견할 수 있는 살아 있는 기회로 만들어 준다. 그녀는 이 미술작품 제목을

아직 생각하지 못해서 다음 주에 더 이야기하기로 동의한다. 그녀
는 이 작품을 내 곁에 남겨 두고 싶어 한다.

나의 10대 내담자는 지난주에 드디어 마음을 터놓았다. 그녀가
잡지와 달력들을 보았을 때 뭔가가 그녀 안에서 살아나는 것 같았
다. 그녀는 바닥에 앉아서 이미지를 찾고 선택한 다음 제자리에 갖
다 놓았다. 내가 "사진을 좋아하니?"라고 묻자, 그녀는 자신의 핸드
폰에 있는 최근 여행의 모험을 담은 사진들을 차례로 보여 주었다.
나는 사진의 질감과 광원에 대한 그녀의 감수성, 이미지가 어떻게
전경에서 중경을 거쳐 원경으로 움직이는지에 대해 이야기한다. 그
녀는 미소를 지으며 몇 마디 말을 덧붙여 사진의 맥락을 말한다. 거
기에는 스케이트보드와 슈퍼히어로의 이미지도 있는데, 그녀는 자
기 삶의 타임 라인과 함께 그녀가 연필로 주의 깊게 그린 많은 움
직임을 기록하고 있다. 나는 그녀의 손에 찍혀 있는 작고 동그란
상처를 목격한다. 그게 담뱃불 화상일지 궁금하지만 그녀에게 부
담을 줄까 봐 묻지 않는다. 나는 이 결정에 대해 일주일 내내 고민
한다.

이번 주에 나는 선홍색의 작게 긁힌 상처를 더 열심히 바라본다.
그녀가 콜라주 상자를 천천히 분류하기 때문에 그녀의 손을 지켜
볼 시간을 많이 가질 수 있다. 그녀가 좋아하는 어떤 것들을 찾기 어
려워 보일 때면 나는 더 많은 이미지를 주고자 일어나는 충동을 억
제한다. 나는 상대가 불안해하는 것에는 정말 편안하지 않은 것이
다! 불편함을 견디면서 그녀가 어떻게 작업하는지 지켜본다. 마침
내 그녀는 자신이 좋아하는 세 가지의 콜라주 사진—회중시계, 어
두운 방 안의 아래편에서 얼굴에 빛을 비추는 2명의 아이(그녀는 이

것을 "내 마음속에서 계속 진행하고 있는 '유령 이야기'예요."라고 설명한
다), 검은 우주로 떠다니는 우주 비행사의 뒷모습—을 골랐다. 처음
에 선택했던 짙은 갈색 톤의 술 선반 사진은 나중에 다시 꺼내기 위
해 한쪽으로 두었다. 커다란 기둥 옆으로 통과하는 사이클 선수들
사진은 다른 사진들을 계속 추려 낸 이후에도 남아 있다. 그녀는 검
은 종이를 달라고 했고 상자에서 고르는 작업을 계속한다. 그녀는
이미지를 재분류하고 다시 제자리에 갖다 놓은 다음 다시 선택하고
새로운 사진을 추가한다. 그녀는 한 번에 몇 장씩만 고르고 있다.
우리는 조용히 앉아 있다. 한번은 내가 도저히 참을 수 없어 내
생각에는 10대들에게 좀 더 흥미로운 이미지라고 생각하는 사진이
들어 있는 두 권의 잡지를 앞에 내놓았다. 그러나 그녀는 이를 무시
했다.

그녀는 손가락으로 이미지들을 천천히 움직여 검은 종이 위에 놓
는다. 그녀는 각 사진의 테두리를 신중하게 오려 내며 회중시계에
달린 작은 체인들 사이로 보이는 배경인 타원형들을 잘 오려 내 보
려고 시도한다. 그러나 그렇게까지는 할 수 없다는 것을 알게 되자
미소 지으며 당황하지 않고 체인을 몽땅 잘라 낸다. 나는 이 회기에
시간이 얼마나 남아 있는지 확인하자고 한다. 그녀는 자신의 구성
요소들을 접착제로 붙이는 대신에 내게 집게를 달라고 했다. 그리
고는 자신이 선택한 것들을 조심스럽게 쌓아서 검정 판지에 클립으
로 고정한다. 우리는 다음 주에도 계속 이어서 작업하는 것에 동의
한다.

나는 그녀의 인내심과 고집에 감명을 받았다. 그녀의 미학적 감각
이 대단히 세련되어 보였기 때문에 그녀가 어떻게 이런 감각을 개

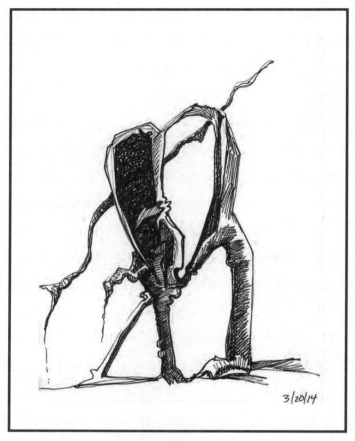

[그림 4-12] 열림

발했는지 궁금하다. 그녀는 이미지, 질감, 패턴에 대한 열정을 갖고
있다. 또한 나는 그녀의 상처도 발견한다. 그녀는 아마도 자기 스스
로 아니면 다른 사람으로부터 상처를 입었을 것이다. 나의 내담자
는 최근에 폭력적인 감정 폭발로 입원 치료를 받았다. 그녀가 콜라
주 과정에 참여한 이후로 나는 그녀의 격노에 대해서 어떠한 조짐도
보지 못했다.

나는 이 내담자의 어머니를 만났고, 그녀는 나에게 자신의 이야기를 들려주었다. 나의 느낌은 그녀 역시 트라우마 이력이 있다는 것이다. 나는 트라우마가 얼마나 나아질 수 있는지 의문스러웠고, 그녀에게 만나는 치료사가 있는지 부드럽게 물어보았다. 그녀는 만나는 치료사가 없다고 말했는데 이 사실이 나를 걱정스럽게 만들었다. 그녀는 반응성 애착장애가 있는 것으로 예상되는 자기 자녀를 위해 많은 가족 구조를 만들어 주려 한다고 말했다. 회기가 끝난 이후에 이 어머니는 나에게 가끔 전화를 해서 나는 전화 연락에 제한을 두어야만 했다. 나의 슈퍼바이저는 내담자의 어머니와 더 나은 애착관계를 갖도록 촉진을 시도하기보다는 내담자의 정체성을 발전시키는 작업에 집중하라고 조언했다.

그녀는 매주 새로운 드로잉을 가져온다. 이것은 그녀가 나를 즐겁게 하려고 이러는 것일까? 그것이 괜찮은 걸까? 그녀는 자신의 음악, 디지털 이미지 그리고 노래를 나와 공유한다. 이 내담자는 창조성으로 터질 듯하다. 원래 말수가 적기는 하지만 아직도 자신의 감정을 논하려고 하지 않으며 내 질문을 대수롭지 않게 여긴다. 그녀가 신중하게 명암 처리한 아이돌의 초상, 만화 그리고 잘 찍은 사진들이 우리의 시간에 함께 존재하고 있다.

늦여름

30세의 인도 여성은 최근 파산으로 인해 고군분투하고 있었고, 20대의 행동에 머물러 있는 것처럼 보인다. 이번이 10번째 회기인데 그녀는 호전되지 못하고 있는 자신의 우울증을 염려하고 있다.
그녀는 자신의 예전 동거인을 매일 만난다. 그녀는 작은 마을에 살
고 있었고 둘 모두 여전히 친밀한 친구들의 모임에 끼어 있다. 나의
내담자는 연애 문제에 대해 자신을 책망하고 있으며, 자신이 성장하
는 데에 도움이 될 수 있도록 경계를 정하려 애쓰고 있다. 그녀는 자
기가 원하는 가족에 대해 이야기하고 있으며 나는 그녀에게 그 모습
을 그려 달라고 요청한다. 그녀는 미소를 지으며, "그리고 싶지 않
아요. 하지만 거절하는 것이 너무 어려우니 그렇게 할게요."라고 말
하며 소파에 등을 기댄 채 마커가 놓인 종이 위로 몸을 구부린다. 그
녀는 내가 적절해 보이는 색을 골라 달라고 해야 겨우 시작할 수 있
다. 나는 그녀가 무엇을 그리고 있는지 볼 수 없다. 그녀는 자신이
끝내려 하는 관계의 고통에 대해 계속해서 조곤조곤 이야기한다.
그녀의 혼란과 양가감정은 익숙한 장소에서 위안을 찾고자 하는 거
부할 수 없는 끌어당김으로 서로 계속 만나면서 강화시키고 있다.

　회기가 끝날 즈음, 나는 그녀의 이미지를 보자고 한다. 그녀는 작
은 형상을 그렸다. 그 머리는 중심에 긴 틈을 가진 원이며 뒤를 돌아
보고 있다. 신체는 짧은 막대 모양의 선들로 이루어져 있다. 두 선
들은 머리의 틈 사이에서부터 길게 늘어져 있으며 큰 노란 꽃의 형
상을 드러내기 위하여 'v'자 모양으로 열려 있다. 이것은 그녀가 부
분적인 얼굴로 자신을 보여 준 두 번째 작업이다. 나는 이 그림의 어
느 부분이 그녀인지를 물었으며 그녀는 그저 뒤를 돌아보는 작은
형상이라고 주장한다. 그녀는 자신의 그림에 붙일 제목이나 이야
기도 없다고 한다. 나는 우리가 이것을 다음 주에 시작하자고 제안
했다.

이 여성은 집산주의자(collectivist) 문화에서 성장했고 엄격한 성역할을 준수할 것으로 기대되었다. 그녀는 자녀를 보호하기 위해 대항하지 않았던 그녀의 부모보다 더 위력적인 사람에게 10대 시절에 성폭행을 당했다. 그녀는 미국에서 자유를 발견했고 한 남자와 결혼한 후 이혼한 상태이며 현재 어린 아들을 기르고 있다. 그녀는 자신의 정체성을 확립하기 위해 애쓰고 있다. "안 돼."라고 말하거나 그녀 자신의 길을 정하는 것은 그녀가 경험한 어린 시절의 문화적 훈련에 반하는 것이었다. 그녀는 상태가 너무 나빠질 때 떠나는 방법은 알지만 어떻게 현재에 머무르며 자신의 요구를 말하는지는 알지 못한다. 그녀의 그림 속 형상은 얼굴이 없다. 아마도 그녀는 얼굴을 잃어버렸고 자신이 누구인지를 아직도 모르고 있는 것 같다. 또 다른 최근의 그림에서 그녀는 원의 바닥에 견고하게 뿌리내린 대칭형의 나무 형태로 만다라를 채웠다. 우리의 회기는 이제 '과거의' 것에는 덜 관여하고 있으며 그녀는 자신의 미래를 상상하기 시작했다. 가장 최근 만다라의 색채는 그녀의 눈이 그렇게 되어 가고 있는 것처럼 강렬하고 분명하다.

내 10대 내담자 중 한 명은 16세 소녀인데, 나는 그녀를 세 번 만났고 그때 그녀는 나를 위해 만다라를 그렸다. 내가 이미 가지고 있는 배경 지식을 가지고 그녀가 그린 이미지의 구성 요소를 확인하기 시작하고, 어머니와 관련한 문제와 분리에 대한 문제를 시사하는 색상과 관련 자료를 본다. MARI 평가는 방어적인 청소년기의 냉담과 관련해 내가 보는 것보다 더 심각한 상처가 그녀에게 있다는 것을 지적한다. 그녀의 하품과 지루해 보이는 곁눈질은 정신질환이 있는 어머니로부터 버림받은 삶을 감춘다. 이 평가는 처음이지만 그녀가 선택한 색과 그녀가 그린 형상이 내가 이미 알고 있는 이슈를 모두 드러내어 주며, 내가 아직 이해하지 못하는 부분에 대한 추가적 탐구까지 제안하는 것에 놀란다. 그녀의 이미지는 자신을 부양해야 했던 사람을 가리키고 있으며 이것은 그녀임이 분명하다. 나는 이러한 미술치료 평가 체계가 내담자의 비언어적 의사소통을 해석하는 데 도움을 줄 수 있다는 점에 고무된다.

갑자기 나는 내가 빠져 있다는 것을 미처 깨닫지 못했던 안일함에서 깨어난 것처럼 느낀다. 내가 근무하는 지역사회 정신건강 체계가 인간적 능력 내에서 가능한 한 많은 사람에게 서비스를 제공하도록 요구한다는 사실을 깨달았고, 이 영웅들은 "당신은 록스타입니다!"와 같은 문구로 보상을 받을 뿐이다. 맡은 내담자에 대해 성찰하고 계획을 세우는 시간은 제한되어 있고, 이는 직접적인 내담자와의 만남만큼 필수적인 것으로 간주되지 않는다. 나의 주간 슈퍼비전에서는 일반적으로 내가 맡은 15명의 내담자 사례 중 한두 명의 내담자로 제한되기 때문에 많은 질문을 하지도 또 답변을 듣지도 못한 채 남겨지곤 한다. 나는 지역사회 정신건강센터에서 흔하게 보이는 노쇼(no-shows)[10] 사이에서 필요한 시간을 만들어 가능한 한 많은 약속을 잡도록 한 기관에 주 3일을 머문다. 지금은 여름이라 갑자기 일정이 변경되어 아동 내담자들이 오지 않고, 성인 내담자들은 날씨가 따뜻해지면서 기분이 좋아져 휴가로 관심사가 바뀐다. 새로운 내담자를 받고 싶다는 유혹에 대해 불규칙한 내담자를 위해서 공간을 열어 두어야 한다는 필요가 맞서고 있다. 나는 퍼즐 같은 내 스케줄과 함께 매일 시간을 보낸다. 포스트잇 종이들은 나의 일

---

10) 사전 통보 없이 결석하는 경우—역자 주

일 계획표 위에서 시간의 격자판을 이리저리 이동하다가 온라인상
의 컴퓨터에서 마무리된다. 여전히 사람들은 아무때나 멋대로 도착
하고 아예 오지 않는 경우도 자주 있다. 나는 내 시간을 효율적으로
쓰기 위해 재빨리 기어를 변속하면서 취소된 회기 시간 동안 임상일
지를 완성하고 싶은 유혹을 받는다. 미술 재료들은 기다리고 있고,
내면과 외부의 준비물들도 여전히 대기 중에 있다. 내담자들이 계
속 도착하고 우리가 함께 작업하는 것이 담길 수 있는 시간은 아직
남아 있다. 우리 회기의 15분이 지나면 나는 결석한 내담자에게 전
화해 회기에 대해 상기시키고 다시 일정을 잡을 것이다.

　효율성을 높이기 위해 임상일지 프로그램을 열어 두고 아직도 오
지 않는 내담자를 기다리며 앉아 있는 일 대신 또 다른 삶에 참여하
는 것은 너무 느닷없고 나 자신이 아닌 것 같다. 나는 융에가 연락
없이 오지 않는 내담자와 이 상황을 "여기에서 무슨 일이 일어나고
있는가?"를 이해하는 회기로 바라보도록 용기를 북돋아 줄 거라는
점을 알고 있다. 내담자가 없는 이 공간에서 나는 반응 그림 한 점을
제작한다. 거부(나인가? 지난주에 내가 뭔가를 잘못했나?), 희미해지는
기대감과 함께 실망으로 바뀌어 앉아 있는 이 느낌을 탐색하는 것
은 어쩌면 그 사람의 고통과 힘든 삶을 이 시간에 피할 수 있다는 대
리 휴식의 안도감일 수도 있겠다. 졸업에 필요한 임상을 쌓는 것에
서 빗나간 시간에 대한 짜증, 이 내면 역동의 바탕에 깔려 있는 스트
레스는 대면하지 못한다는 것이 학점을 채우지 못한다는 것과 같다
는 것에 있을 수 있다. 이런 특별한 기관에서 생존하기 위해 대학원
생들이 바쳐야 하는 엄청난 양의 무임금 노동도 이 중 하나이며, 이
를 나의 개인적 사회정의 프로젝트로 재구성할 수도 있을 것이다.

그러나 내담자가 도착하지 않을 때 각 회기 일정에 필요한 준비, 효용성 및 후속 조치까지 모두 무용지물이 되는 것은 나에게 비합리적인 스트레스를 더한다. 취소된 약속의 기록을 통해 내가 내담자에게 잠재되어 있는 것을 면밀히 조사하는 과정에서 이러한 역동은 치료적 관계로서 여과된다. 나는 마지막 분기에 접어들고 누적된 시간과 졸업 날짜를 세어 가면서 회기에 더 철저하게 된다. 임상실습이 끝날 때에는 이런 고민에서 벗어나기를 기대한다.

가을이 돌아오다

여름이 지나가고 대학원 사례연구 수업도 마지막을 맞이했다. 이 3시간씩의 수업을 통해 기초가 세워지고 성장했다고 느꼈다. 다른 실습생들이 현장에서 나오는 다른 내담자들과 함께한 경험담을 듣고, 또 다른 슈퍼바이저들과 다른 기관들이 어떻게 우리 분야의 일을 지휘하는지 배우게 되었다. 이러한 만남은 우리의 개인적 사례연구를 통해 드디어 이론이 현장에 스며든 성역과 같았고, 진정한 고통과 트라우마 그리고 우리가 실제로 어떤 일을 겪었는지를 깨달았다. 나는 특히 동료들과 내가 실습을 시작하는 것에 대해 보고 듣는 방식을 경험하며 감동을 받았다. 미술치료사가 된 첫날이었고 우리는 서로의 꿈이 실현되는 것을 목격했다. 나는 기쁨과 깊은 공감, 우리의 시도와 실수에 대한 웃음, 특히 서로를 위해 품었던 존재에 대한 너그러움뿐만 아니라 좌절의 눈물에 관한 우리의 기억을 잘 간직할 것이다. 그리고 다시는 이런 초심자로 돌아가지 않을 것이다.

가방에 내 책들을 집어넣을 때 교실의 세부적인 것들이 초현실적으로 생생하게 느껴졌다. 내가 남겨 두게 될 모든 것을 잃어버린다는 자각을 억누를 때 나는 살짝 목이 메었다. 내 뒤에서 문이 닫히고, 내가 마지막으로 떠나기 위해 건물을 통과해 지나갈 때 주변에 다른 학생들의 잔잔한 대화와 나의 발걸음 소리가 합쳐져 증폭되는 것을 듣는다. 차에 타자 나의 마음은 새로운 방향을 향하며 더는 학생과 실습생 사이의 신분으로 끌려가지 않는다. 나는 임상실습을 했던 기관에 고용되었고 거기서 미술치료가 자리 잡도록 앞으로 전진해 가야 할 책임을 느낀다. 그리고 나는 내가 1년 전 카페에서 만났던 그 여성처럼 되었다는 것을 알아차린다. 그녀처럼 나도 새로운 미술치료 실습생이 커피를 들고 와서 도움을 요청하는 사람이 될 것이다.

후기

내가 졸업생으로서 처음 했던 일은 대학 갤러리에서 지난해에 수행했던 드로잉 작품들을 전시하는 것이었다. 나는 예술가이자 새로운 미술치료사로서 길을 떠난다. 미술치료사라는 나의 성장과정에 대한 타임라인은 곡선 벽면을 따라 거의 100개의 펜과 잉크로 그린 드로잉을 눈높이 위치에 걸기 위해 큐레이터와 함께 한다. 각 이미지는 내가 기관에 입사하기 전주부터 시작해 정규 직원이 된 날까지 임상실습의 특정 시간의 기록이다. 하늘에 떠가는 구름처럼 각각의

[그림 4-13] 성장

이미지들은 내 자아와 환경의 정점을 보여 준다.

빛과 어둠은 전경과 배경 사이를 이동한다. 추상적인 형태가 다른 형태로 변형되고 패턴이 나타난다. 나는 내 전시 오프닝에 온 동료에게 이야기를 건넨다. 그녀는 특히 무질서하고 극적으로 보이는 한 그림에 대해 추측하면서 그것이 기관의 어떠한 특정 사건에 해당하는지를 궁금해한다. 나 역시 그 점이 궁금하다. 졸업함으로써 나

는 풍부하지만 유동적인 수업 및 교과과정, 마감과 학점이라는 세계
를 벗어나면서 고유한 드라마와 반복적인 일상이 있는 새로운 미술
치료 공동체에 들어가게 되었다. 이제 나는 준비가 되어 있다.

05

미술치료 학생의 이야기:
우리가 생각하는 것과
우리가 느끼는 것

학생들을 위한, 그리고 학생들에 관한 저서는 미술치료를 공부하는 학생들의 목소리 없이는 완성되지 못할 것이다. 이 장은 '미술치료 학생의 이야기'가 담긴 장이다. 우리는 전국의 대학원 과정 학생들에게 그들의 최고와 최악의 경험을 묘사해 달라 하고 그들의 본보기가 되는 사람들과 그들이 보이는 중요한 특질들에 관하여 우리에게 알려 달라고 요청했다. 우리의 질문에 대해 사려 깊은 수많은 응답을 받았으며, 자신의 소중한 시간과 노력을 들여 질문에 대답해 준 학생들 그리고 그렇게 하도록 허용해 준 임상지 관련 감독관들에게 특히 감사를 드린다.

다음의 글들은 미국의 다양한 지역에서 다양한 미술치료 과정의 학생들이 보내 온 글들이다. 내가 수년 동안 공식적인 미술치료 과정에서 가르치지 못했지만, 이곳에 담긴 이야기가 내가 여러 번 알고 들어왔던 내용이라는 것을 알아차리고서 놀랐다. 나는 이 이야기가 어떤 곳의 특정한 내용이라기보다는 미술치료를 공부하는 학생의 여정에 대한 보편적인 고민이라고 생각한다. 제출된 원고들을 모아 편집했으며 특별한 프로그램이나 교수진을 나타내는 정보는 개인정보 보호를 위해 변경하였다.

주석 없는 인용문

당신에게 최고의 경험은 무엇입니까

"시간제로 학교에 다니는 것이 내 시간 관리의 핵심이었지만, 나의 일, 수업, 프리랜서 직업, 임상실습 과목[1], 슈퍼비전, 나의 가족 사이에 존재하는 스케줄과 균형을 맞추기 위해 아직도 노력하고 있다."

"나의 임상실습은 부모나 형제자매를 잃은 슬픔에 잠긴 아동들을 위한 프로그램을 운영하는 비영리단체에서 이루어졌다. 각 아동에게는 같은 성별의 실습생인 '빅 버디(Big Buddy)[2]'가 배정된다. 나는 내 주변의 모든 세계가 흥미롭다고 느꼈다. 그것은 내가 대학 1학년에 미술치료를 처음 발견했을 때 느낀 것과 같은 느낌이었다. 심리학을 전공할지 순수미술을 전공할지의 딜레마에 빠졌을 때, 나의 심리학과 101 교수는 나에게 미술치료에 관해 알려 주었으며, 그로 인해 내 미래로 향하는 마술적인 문이 열리는 것 같았다. 미술치료라는 세계가 연결자, 공동체를 만들어 내는 건축가 같았고 이러한 명료함과 통일감의 순간이 내 경력 내내 지속될 것처럼 보였다."

---

1) '현장실습 과목(practicum)'과 '현장실습, 임상실습(internship)'이라는 용어는 상호 교환하여 사용된다.
2) 친구 같은 멘토—역자 주

"마음이 맞는 동료들 그리고 교수와의 관계를 발전시키는 것. 나는 내 학급 친구들과는 그렇게 가까워지는 것을 기대하지 않고 있었다……. 그러나 내가 대학원에서 만났던 여성들은 나를 변화시켰다."

"미술치료사가 된다는 것의 의미에 대해 내가 믿는 대로 성장하고, 내가 그 역할 안에서 노력하면서 편안함을 피부로 느끼는 것은 도전적이고 무서우면서도 매우 신나는 경험이었다. 내 최고의 경험은 수업, 독서, 임상실습 그리고 나 자신의 치료 과정을 통해 나 자신을 알게 되었던 것이라고 생각한다. 나는 감정을 가지고 앉아 삶의 '회색' 지대에서 사는 것이 무엇을 의미하는지 배우고 느끼며, 지금 앉아 있는 나 자신의 어려움을 이해하는 가운데에서 성장했다. 즉, 이는 '참'이나 '거짓'이라는 대답 없는 정서적 · 정신적 공간에 **존재하는 것뿐만** 아니라 그 공간을 차지하고 **번영해 나가는 것**을 의미한다."

"내가 나 자신에게 투자하면서 이 세상에 기여하기를 원하는 것들과 관계 맺고 소속되어 있다는 느낌이며 미술치료 과정 안에서도 소속감을 느낀다. 나는 내가 의미를 담는 방식으로 관계를 맺고 이바지하며 봉사하는 나의 필요를 이뤄 가고 있다고 느낀다. 마침내 나는 내게 적합한 장소를 발견했다!"

"나는 몇 가지의 훌륭한 자아실현을 이루었다……. 나는 내 감정에서 얼마나 멀리 떨어져 있는지 타인이나 나 자신에게서 경험한 감정을 사고로서 지성화하기 시작했다. 이것은 고통스러웠지만 나를 매우 자유롭게 만들었던 정서적 재결합이라는 여정으로 이끌었다."

"내가 3년 전에 있었던 곳을 바라보면서 나는 '맙소사, 나는 나 자신에 대해 아는 것이 거의 없었구나!'라고 생각한다. 나는 미술치료사, 정신건강 종사자, 공감적 청취자, 담아 주는 그릇, 공간의 소유자, 추진자, 견인자, 수용자, 자매, 딸, 친구 그리고 나 자신으로서 내가 성장하는 데 있어 비록 부족함이 있다 하더라도 나의 대학원 과정이 구조나 '발판'을 제공했다고 느낀다."

"내게 최상의 경험은 누군가와 함께 앉아 미술치료를 통해서 이루어지는 발견을 목격하는 동안에 항상 일어난다. 내 실습 과목과 임상실습은 주로 남성들로 구성된 4~10명의 집단으로 이루어진다. 일반적으로 미술은 그들에게 삶의 일부가 되지 못했었다. 사실상 그들 대부분이 미술 재료를 마지막으로 이용한 것은 어린 시절 학교에서였다고 회고한다. 처음에는 드로잉 도구들을 사용하는 데 망설임이 있었지만 각자 내면에서 이루어지는 창조 과정 안에서 이야기가 나타난다. 나는 그것들을 보고 듣는 첫 번째 인물이 된 것을 특권이라고 느낀다. 그 순간의 경험으로부터 나 또한 성장한다. 이 분야는 이처럼 보상이 있는 일이다."

"대학원 과정 중에 내게 가장 영감을 주는 경험은 미술치료 임상실습이었다. 두 번에 걸친 나의 현장 경험을 통하여 나는 치료에서 창조적인 미술을 이용하는 특별한 힘을 직접 목격하는 기회를 얻었다."

"미술치료의 모습은 지금까지 함께 일해 본 내담자들만큼이나 다양했다."

"일부 내담자들은 자신의 미술 작업이 드러내는 의미에 대해 대단한 통찰력을 보였다. 섭식장애를 극복하기 위하여 함께하던 한 젊은 여성 내담자는 회기에서 자신의 신체에 관해 투쟁하고 있었던 복잡한 감정을 광범위하게 말했다. 나는 그녀가 자신의 감정을 그려 보고 싶은지를 물었는데, 그녀는 강력한 이미지를 드로잉하기 시작했다. 그 이미지는 그녀 자신의 축소판을 그린 커다란 손이었다. 손에 붙은 끈은 그녀가 외부 세계에서 가늘게 느껴지는 압력을 나타냈다고 말했다. 그 이미지는 그녀가 자신의 경험에 대해 말했던 것을 형상화했고 그 경험에 대한 하나의 비유로써 작용했다. 내가 함께 작업했던 또 다른 내담자는 언어적으로 제한이 있었다. 나는 그녀가 미술 작업 속에 안주하는 고요한 상태를 목격하는 기회를 가졌었다. 나는 이 작업을 통해 내적 경험을 반영하고 치료 과정을 안내할 수 있는 미술치료의 잠재력을 끊임없이 상기한다."

"내게 있었던 최고의 경험은 미술치료 교육 중에서 이번 첫해에 일어났던 내면적인 성장이라 할 수 있다. 내가 누구인지 내가 얼마나 미술치료사가 되기를 원하는지를 실제로 보고 이해할 기회가 나에게 주어졌다. 이 여정을 좀 더 특별하게 만든 것은 나는 혼자가 아니라 내가 속한 학급의 25명 학생의 도움이 함께한다는 점에 있다."

"자신 안에 열정이 살아 있는 교수가 있다면 그건 정말 멋진 일이다."

"내가 배운 가치들? 좀 더 유연해지고 내가 항상 상황을 조절하지 못하더라도 괜찮다고 느끼는 것이다. 성실하고 연민 어린, 돌봄의 귀를 빌려주는 것이 긴 여정을 가게 하는 방법이며, 때로는 아무 말도 하지 않는 목격자가 되는 것이 매우 강력할 수 있다는 것을 배웠다. 또한 실제로 내담자들에게 귀를 기울이며 그들과 함께 있는 법을 배웠다. 나는 개인적인 개방이 적절할 수 있다는 것을 알았으며, 이 자기 개방의 욕구가 나 자신의 필요 때문에 나오는 것인지를 분간하기 위하여 어느 정도 직업적 최소 거리를 설정하는 것의 중요성도 배웠다. 나는 나 자신의 욕구를 없애고 다른 방법을 찾았으며, 사람들 역시 각자의 목표를 향해 나아가는 법을 배웠기를 바란다. 나는 아무것도 돌려받을 필요 없이 주는 법을 배웠다."

"내 최고의 기억은 집단 심리치료 수업시간에 이루어진 한 실험이었다. 수업에서 우리는 집단 치료 이론을 공부했으며, 집단 치료 트레이닝 그룹에도 참가했다(이를 구성하는 그룹은 가장 축복받은 반과 가장 미워하는 반으로 묘사하도록 되었다). 교수는 꿈을 그려 보는 것으로 우리를 이끌었는데, 나는 22명의 학생 중에서 작품들에 관한 토론을 위해 더 작은 그룹으로 선별된 여섯 명 그룹에 속했다. 토론이 진행된 후에 우리는 사이코드라마 기법으로 재현할 드로잉 하나를 골랐는데 우연히도 내 그림이었다. 내 꿈은 갑옷을 입은 고대의 전사들이 물에서 끌어낸 통나무 그리고 통나무가 큰 로봇 전사로 변신해 떠나는 내용이었다. 꿈속에서 나는 지중해가 바라보이는 그리스풍의 원형극장에서 이 광경을 보며 풀밭 뒤에 숨어 있었다. 우리 여섯 명은 각자 시행할 역할을 골랐는데, 한 사람은 변신한 전사였고 다른 사람들은 통나무를 물에서 끄집어낸 전사들이었다. 그리고 소수의 몇 명은 출렁이는 물이었다. 나는 꿈속에서처럼 교실의 구석에서 보고 있었으며 '감독' 역할을 했다. 이 실험적인 수업은 미술치료사가 되려는 나 자신의 전환 그리고 관찰자로서 나의 역할에 대한 통찰력을 길러 주었다. 이러한 자아탐구 과정은 집단에 의해 목격된 경험과 연극적인 사고방식에 종사해 보는 경험이라는 측면 모두에서 놀라울 정도로 기쁘고 즐거운 과정이었다."

"내가 가졌던 최고의 경험 중 일부는 나의 학위과정의 끝을 향해 가는 세 번째 및 마지막 실습 과목 중에 있었다. **최고였던 한 가지로** 명명하는 것은 어렵지만, 매우 보람이 있었던 것은 최종적으로 내가 **미술치료사가 되었다는** 느낌을 갖는 것, 즉 지식을 응용하여 그것을 내 것으로 만들 수 있었다는 것이다. 내 실습 과목 해당 과정의 마지막 주에는(나는 입원환자 재활병원에서 일하고 있었다.) 넘어져 고관절 골절을 당한 이래로 2년 동안 그림을 그리지 않았다고 말하는 90세의 여성과 함께 작업했다. 이전까지 그녀는 수년 동안 작업해 오던 화가였다. 나는 그녀에게 수채화 물감을 제공했다. 그녀는 그 물감과 친숙하지 않다고 말했지만, 매우 설레어 하며 두 회기 동안에 걸쳐 열심히 그렸다. 그녀는 그 과정이 자신에게 얼마나 많은 의미가 있었는지 그리고 어떻게 다시 그림을 그리게 되었는지를 말해 주었다.

또 다른 심오한 경험은 같은 병원에 있는 89세 여성과의 작업이었다. 그녀는 한 해 동안 하나뿐인 아들과 손녀를 잃었고 남편 역시 그 전에 잃은 경험이 있었다. 그녀는 목뼈와 요추를 수술하고 심한 고통을 느끼고 있었다. 그녀는 커피 필터 위에 수채물감 마커들로 그림을 그렸으며 물을 부어 물감을 섞었다. 우리는 여러 번 공동 작업을 하였는데, 그녀가 상태가 매우 안 좋아 침대를 떠날 수 없었을 때는 그녀가 침대에서 그림을 그릴 수 있도록 마커를 가져다주고 이젤을 세워 주었다. 그녀는 심하게 쇠약한 상태였지만 그림을 완성할 때까지 15~20분 동안 소묘를 하고 그림을 그렸다. 나는 그저 말없이 지켜보는 목격자에 불과했다. 그녀는 무언가를 그려 낼 필요가 있었으며 그녀 자신을 표현할 필요가 있었던 것이다. 나에게는 그것이 매우 감동적이었다. 그녀는 몇 달 동안 미술치료 회기에 참가하였고 내가 그녀를 만난 지 채 6개월이 못 되어 세상을 떠났다. 나는 그녀를 결코 잊을 수 없다."

당신에게 최악의 경험은 무엇입니까

"나는 교과과정 중 연구 관련 부분을 통해 내가 연구를 할 준비가 되어 있지 않은지를 배웠다. 나는 호기심과 의지는 있었으나 의미 있는 결과물을 만들어 낼 기술이 없었다. 나는 미술치료 대학원 과정을 시작하기에 앞서 학부의 기본적인 연구 훈련을 경험하기를 바란다. 연구는 중요하며 내가 무언가에 기여할 수도 있었을 것이다."

"도전적인 경험 중 한 가지는 합법적이고 윤리적인 지침을 따르기 위하여 내담자의 기밀 사항을 깨뜨린 것이었다. 어색하고 불편한 상황이었지만 결국에는 내담자가 보호받는 것으로 느끼도록 도움을 주었고, 그녀로 하여금 과거 어린 시절의 학대에 관하여 처음으로 입을 열 기회를 허용했던 상황이었다."

"나는 교수에게서 극도의 엄청난 피로를 보았는데 그것은 의욕이 꺾이는 것이었다."

"책임과 무게를 느끼는 것. 때때로 뒤섞인 정보들을 받았을 때 어디로 향해야 할지 모르는 것."

"교실에서의 기밀 사항이 보호되지 않을 때 힘들다. 예를 들어, 학생들이 교실 밖에서 당신의 허락 없이 당신의 경험을 공유하는 일이다."

"나의 최악의 경험은 내 학위과정에서 문화적인, 또 성 소수자(LGBTQ)들에 대한 고려의 부족에 있었다. 나는 두 주제가 미래의 미술치료사 발전에 중요하다고 보는데 이것이 간과되었다고 생각한다."

"문화적 무능함과 시대에 뒤떨어진 정보."

"나는 학위과정의 프로그램이 내가 기대했던 학문적·전문적 엄밀성이 부족한 것으로 느꼈다. 비판적인 담론은 거의 일어나지 않았고 내 교육이 얄팍하고 피상적인 경험이었기 때문에 걱정되었다. 나는 미술치료 분야 전반에 대해 의문을 품기 시작했다."

"인터넷상에서 어느 유명한 미술치료사와 의견이 일치하지 않았었다. 그녀는 나를 막으려고 내 프로그램에 접속했다. 그 경험은 미술치료가 지지적인 환경이라는 내 생각을 완전히 바꾸었다."

"대학원에서의 경험에서 최악의 체험 중 하나는 첫 실습의 초반 몇 주였다. 나는 지역사회 기반 비영리 기관의 혼란에 완전히 압도 당하고 스트레스를 받았다. 내가 일할 수 있는 지정된 공간이 없었 고, 슈퍼바이저는 내가 구조를 요청했을 때 오랜 시간 동안 나타나지 않거나 도움이 되지 않았다. 나는 미술치료에서 어떻게 또는 무엇을 해야 할지 몰랐고 미술 교사와 같은 성향에 저항하려고 노력했다. 이 것 역시도 나중에는 중요한 큰 배움이었다는 것을 알게 되었다."

"나는 한 학기당 두 과목만 수강할 수 있었고 동시에 석박사 과정 을 이수했다. 결과적으로 내가 첫 실습을 했을 때 그 수업은 다른 학 생들에게 실습 과목 II였다. 나이가 더 많은 학생으로서 나는 적응 하기 위해 애썼다. 나는 다른 학생들보다 열등감을 느끼며 학기를 시작했고, 교수는 비록 이것이 나의 첫 번째 실습이라 할지라도 다 른 학생들과 마찬가지로 두 번째 실습으로 대할 것이라 나에게 말 했다."

"나는 퇴역 군인들과 함께 일하는 것이 간절했었기 때문에 노숙자 재향 군인을 위한 주거 프로그램에서 첫 실습을 할 수 있는지 물었 었다. 그런데 나중에 보니, 슈퍼비전이 별로 없었고, 다른 직원이 없 는 토요일에도 근무했기 때문에 첫 경험에 가장 적합한 자리는 아니 었다. 그리고 나는 아마도 그 사람들에게 정서적으로 너무 불안정 해 보였을 것이다. 직원들이 나를 이라크에서 사망한 해병의 어머 니라고 모든 사람에게 소개하였기 때문에 개인적인 경계가 정의되 지 않았고 나에게는 감정적으로 부담이 되는 사람들이었다."

"그곳에서 최악의 회기는 집단치료에서 나를 관찰하기 위해 교수가 내 임상실습지에 들어왔을 때였다. 나는 미리 신경이 곤두서 있었지만 집단치료가 시작되었을 때 나는 내적으로 완전히 얼어 있었다. 교수가 지적했다시피 나는 집단치료가 진행된 한 시간 동안 한 내담자에게 한 가지 질문만을 했다. 운 좋게도 나는 현장 감독관(미술치료사가 아닌 사회복지사)과 공동 지도를 했기 때문에 현장 감독관이 대부분의 이야기를 했다. 나는 이렇게 기술과 리더십이 부족한 모습을 보이게 되어 몹시 당황했다. 이것을 극복하는 데는 시간이 걸렸다! 나는 남은 기간 동안 그 실습지에서 미술치료를 계속했지만, 개인 치료를 대상으로 좀 더 많이 일했고 거기서 많은 것을 배웠다. 이후에 나는 밴듀라(Albert Bandura)의 저서를 통해 부분적으로 영감을 받아 자기효능감을 많이 향상시켰다."

"'최악의 경험'이라는 개념은 가늠하기가 어려운데, 왜냐하면 3년 동안의 대학원 과정에서 나는 대부분의 경험을 내 여정에서의 성장과 정보수집의 기회로 보았기 때문이다."

"나를 가장 낙심시켰던 경험은 4개 동으로 구성된 주립 의료원 정신의학과에서 성인 입원환자들을 대상으로 진행되었던 나의 첫 번째 임상실습이었지 않나 생각한다. 환자들은 만성적이며 심한 정신질환(조현정동장애와 물질 남용장애의 공존 질환과 같은)으로 고통을 받았으며, 많은 환자가 감금되었고 노숙자였으며, 여러 차례 병원에 입원한 경험이 있었다. 그들은 종종 안정을 찾는 데 몇 달(또는 몇 년)을 보냈고, 단계적 안정 프로그램으로 풀려났으며 약 복용을 멈추고 다시 때가 되면 병원으로 되돌아왔다. 내가 처음으로 정신과 의사들, 사회복지사들, 수간호사들과 주간회의에 참석했을 때, 나는 정신건강 상담가이자 미술치료사로서 우리의 작업이 이 집단에게 얼마나 무익한가라는 느낌이 들어서 믿을 수 없을 정도로 의기소침 해졌다. 환자 중 최소 90%는 적절한 보호나 지원 없이 대부분의 삶 을 정신질환과 싸우며 살았다. 이는 대부분 환자에게 크게 변화될 도움을 주기에는 너무 늦었다는 것처럼 느껴졌으며, 의사들, 간호사 들의 발언과 신체 언어에서도 환자들을 도와주려는 노력은 이미 거 의 포기하고 있다는 것이 분명했었다. 그 병원은 환자들이 제 발로 걸어가 자아실현을 위한 지원과 도움을 받는 공간이라기보다는 오 히려 환자들을 붙잡아 두는 탱크와 같다는 느낌이 들었다. 그곳에 서의 실습 기간 동안, 그들이 미술을 통하여 하나의 탈출구를 발견 하도록 한 번에 한 시간씩 환자들의 정서적 담음을 위한 공간이 되 어 주고 기분을 환기하도록 하는 내 역할을 발견했다."

"내 최악의 경험 중 일부는 나의 대학교와 그곳의 운영 방식과 관 계가 있다! 거기에는 정말 많은 좌절감이 있었다(필수 과목으로 너무 꽉 차 있거나, 수업이 취소되어 머리털이 뽑히는 것 같은 경험 말고도). 학 교는 재정 관련 질문에 대한 이메일에는 거의 또는 전혀 응답하지 않았다. 임상 현장과 관련해 실습지를 찾으려 하거나 자격증에 대 한 질문이 있을 때도 학교 측은 거의 도움이 되지 못했다."

"내가 학위과정을 시작하기 전에 나는 재정 지원처로부터 학장 장 학금(대학원생에게 주어지는 유일한 장학금 중의 하나)을 받았다는 전화 한 통을 받았다. 2개월 후에 나는 수령자가 아니라는 편지를 받았다. 무슨 일인지를 알아보려 전화를 했을 때, 내가 수령자라고 전화를 했던 그 남자가 실수로 나에게 전화를 한 것이라는 결론이 났고 나는 장학금을 수령하는 대상자가 아니었다. 나는 책임이 있는 사람들과 이야기해 봤지만 그들은 사과를 했을 뿐, 약속했던 금액을 상쇄해 주기 위하여 제공할 수 있는 것이 없다고 말했다. 그 대신 서점에서 사용할 20달러짜리 상품권을 주었다. 내가 받았던 교육과 경험에는 영원히 감사하는 마음이 있는 반면에, 내가 속한 분야에서 재정적인 지원 장치가 거의 없다는 점 그리고 대학 내에 구조적으로 부족한 점도 나를 슬프게 만들었다."

"내가 지난 2년 동안 경험했던 최악의 일은 내가 현재 겪고 있는 이별이다. 그 이별은 내 삶 속에서 심각한 3년간의 관계 문제였는데 최악의 마지막 경험이었다고 생각된다. 이 이별이 비록 미술치료 수업 과정과는 무관한 것처럼 보인다 할지라도 나는 밀접한 관계가 있다고 생각한다. 현재 대학원 수업을 통계 내 보면 우리 중 약 65%가 입학부터 졸업 사이에 결혼이나 이별 같은 관계에서의 주요한 신변의 변화를 경험했다. 이것이 단지 일부의 인구통계적 결과일 수 있지만(우리 대부분은 20~35세의 젊은 여성이다), 나는 훨씬 더 많은 것이 학위과정에서 우리에게 요구하는 것과 관련이 있다고 생각한다. 우리는 학문적으로 도전을 받을 뿐만 아니라, 일상적인 기반 위에서도 마찬가지로 정서적·지적 도전을 받고 있다.

우리는 사람들에게 기여하며 역동적으로 강인하고 도전에 맞선다. 내 동료는 이것을 가리켜 성찰과 자기 발견으로 가득한 '가파른

오르막 산행'으로 묘사했다. 우리는 내담자로서 그리고 치료사로서 치료 과정을 경험했는데 대다수의 학생에게 이것은 각자의 첫 번째 경험이다. 만약 의미 있는 다른 사람이 동등하게 헌신하거나 이러한 변혁을 위한 준비가 되어 있지 않다면 문제가 발생할 것이다.

　내 관계에서의 문제는 내가 남자친구에게 많이 의존하여 그에게 가해진 압박이 너무나 컸다는 것을 알아차리지 못했다는 것이었다. 이 여정 동안 나를 따라잡기 위해 그가 얼마나 힘들었을지 이제야 깨닫기 시작한다. 그는 환상적인 일을 했고 내 결혼 대상이라는 믿음을 강화했지만 실제로 그가 그것을 원한다고 말한 적은 전혀 없었다.

　결국 우리 둘은 점점 멀어졌고 각자의 일에 몰두했으며 우리의 관계는 피상적으로 변했다. 우리는 각자 저녁식사 때 마지못해 일상적인 몇 마디 대화를 할 뿐이었다. 그 관계가 2개월 전에 결국 끝났을 때 나는 황폐해졌고 죄의식에 시달렸는데 이별의 과정 중 그의 초연한 태도에 놀랐다. 그 후 나는 '냉각기'로 들어갔다. 내가 아파트를 골라 이사하는 데 3주가 걸렸으며 안타깝게도 그 기간 동안에 나의 치료사를 만날 수 없었다. 나는 지난 2년 동안의 일, 즉 학위과정, 개인 치료에서의 나의 일 그리고 앞서 얘기한 이별 등이 내 인생의 그 어느 때보다도 나를 더 많이 변화시키고 더 많이 가르쳐 주었다고 믿는다. 말하자면, 나는 나로부터 많은 군더더기를 벗겨 내고 다음 시기로 접어들고 있다. 즉, 나는 연약하고 과민함을 느끼고 정서적 취약성이 있음을 자각한다.

　나는 정말로 이 성장 과정에서 걸음마를 배우는 아기일 뿐이고 이 과정은 계속될 것임을 알고 있다. 나는 오랫동안 내담자들, 슈퍼바

이저들, 동료들, 친구들, 가족 그리고 심지어는 연인들에 의해 계속
만들어질 것이다."

**미술치료사가 되어 가는 과정에서, 어떤 사람이 의미 있는 본보
기들입니까 그리고 그들이 당신에게 중요한 어떤 특성들을 보여
줍니까**

"다행스럽게도 나는 개별적 방문, 전화 상담 그리고 이메일들을
통해 우리 분야의 선구자들과 만났다. 우리가 나눈 그분들의 지혜
그리고 학생인 나에 대한 그들의 진지한 관심에 감사하다. 내가 미
술치료 전문가로 성장했을 때, 내 경력의 길에 영향을 준 그들의 공
헌을 기억할 것이며 언젠가는 학생 누군가와 내 이야기를 공유할 것
이라는 점을 알고 있다. 또한 내 학위과정 안에서 그들의 지식을 공
유할 준비가 되어 있고 적합한 조언들을 주었던 교수들과도 가까이
에 있었다. 교수진은 미술치료사가 되는 길을 수행하기에 앞서 인
간을 이해하고 자기 돌봄을 경험하는 것이 얼마나 중요한지를 보여
주었다. 이것은 내가 배운 가장 큰 교훈일 것이다."

"나는 교육과정을 통하여 각자가 삶을 변형하는 여정에서 자신들
의 통찰력과 이해라는 선물을 나와 공유했던 그룹의 동료 학생들
에게 감사함을 느낀다. 이들은 내가 좋아하는 본보기의 일부일 것
이다."

"나의 본보기는 사회적으로 의식적인 삶을 영위하는 내 친구들이다. 그들은 내게 생각하는 법을 가르쳐 주었다. 고마워!"

"나의 학업과정에서 양육적이고 열성적인 힘을 보여 주었던 [A 교수]. 나를 그녀의 날개 밑으로 데려가 무조건적인 지지를 보내 준 [B 교수]. 이 분야에서 나에게 지혜와 심오한 지식을 나눠 주었던 [C 교수]. 미술치료에서 파급력 있는 열정을 나누어 준 [D 교수]. 미술치료에서 마술을 보도록 영감을 준 [E 교수]."

"내 주위의 교수, 학생들, 슈퍼바이저, 내담자들 그리고 내가 접촉했던 사람들 전부가 어느 정도 나에게 영향을 주었다. 그들과의 상호작용은 미술치료에서 나의 발전에 영향을 주었다."

"나의 선생님들, 내 개인 치료사 그리고 초빙 강사들이다. 나의 저명한 본보기인 그분들은 비슷한 연령대, 배경, 관심사로 인해 내가 가장 동질감을 느끼는 선생님이다. 그리고 동시에 시각예술에서 예술가로 활동하고자 노력하고 있다. 나는 또한 나의 다른 선생님들을 강력한 롤모델로 생각하지만, 이 특별한 선생님에 대한 세대 간의 친밀감과 유사한 세계관은 특별한 미술치료사의 유형으로서 나의 정체성과 자기 이해를 형성하는 데 많은 영감을 주었다."

"나의 선생님들과 동료 실습생들이 가장 도움이 되었다. 미술치료사 감독관이 있었으면 좋았겠지만 그런 경험은 없었다. 내게는 두 교수가 특히 도움이 되었는데 그들의 이해, 피드백과 제안이 매우 큰 도움이 되었다."

"나는 실습 과목 수업의 학급 동료로부터 그들이 미술치료 현장에서 사용하는 지시사항, 도전 그리고 그 도전에 응하는 그들의 행동이 무엇인지를 배웠다. 나는 또한 이번 봄에 훌륭한 두 동료와 공동 작업할 기회도 가졌었다. 그 친구들의 행동을 보는 것은 내담자들과 작업하는 나의 방식들을 명료하게 하는 데에 도움이 되었다고 생각한다. 나는 우리의 독특한 자질과 유형을 깨닫고 우리 모두가 실천에 옮겼다는 것을 깨달았다. 또한 훌륭한 현장 슈퍼바이저들과 직원들이 내가 편안함을 느낄 수 있도록 도와주었고 진단을 이해하도록 도와주었으며 시설에서 나의 역할을 지지하고 검증해 주었다."

"내 생각으로는 미술치료사가 되어 가는 동안 나의 본보기였던 사람들은 미술치료사든 요가 선생님이든지 간에 모두 유사한 특성을 공유한다. 내가 발견한 나에게 가장 많은 영감을 준 사람들은 가능한 한 진실한 삶을 살려고 노력하며, 또한 그렇게 함에 있어 자신들의 직업에 진정함, 동감, 공감과 열정을 가져온다. 이곳의 첫 여름 동안 내가 발견한 요가 스튜디오의 두 선생님은 우리 자신과 다른 사람들 내부의 빛을 존중하는 철학을 가르칠 뿐만 아니라, 매주 금요일 무료 수업을 제공하고 지역 자선 행사에 참여하며 지역 소방서에서 중위로 일하고 있다."

"한 교수는 매주 강의실 앞에 서서 내담자들에 의해 30년 이상 자신의 작업을 경험할 수 있도록 도와준 특권을 누렸던 고통, 기쁨, 치유에 대한 복잡한 이야기를 엮어 냈다. 그가 그 여정을 거치면서 사람들과 맺어 온 깊은 인연에 관해 이야기하는 것을 들을 때 그의 목소리 톤과 얼굴에는 기쁨이나 슬픔의 대목이 뚜렷이 드러나 있었다. [F 교수] 이분 또한 내 자아와 타인과의 작업에서 성취하고 이해하려 노력하는 진정성을 예시한다고 느껴지는 사람이다. 그녀가 가장 고통받는 사람들을 돕기 위해 자연과 인간이 만든 엄청난 황폐한 시기에 세계를 여행한 일은, 내가 그녀의 보조가 될 수 있는지 물어보기 위해 나를 그녀의 문으로 데려온 내면의 불꽃을 점화시켰다. 말 그대로 삶이 그들 주위에서 무너질 수 있는 사람들과 '참호 속에' 있다는 생각은 진정하게 그녀의 열정으로 인해 살아가는 누군가의 사례로써 장조의 밝은 화음을 울렸다."

"내가 대학원 과정에 대한 탐구를 시작했을 때, 현명한 한 친구는 비용 및 편의성에는 초점을 덜 맞추고 교수-학생의 관계성에 더 초점을 맞추라고 충고했었다. 만약 내가 칭송하고 존경하며 내 연구 동안에 그와 가까이서 작업하는 것을 내 목표로 삼을 만한 교수를 발견할 수 있다면, 나는 돈을 쓸 가치가 있는 것이다. [G 교수]는 나의 교수였다. 그녀는 나의 포트폴리오와 지원서를 검토하고 내 에세이에 관해 내가 개인적으로 마음을 다해 함께할 것을 선택한 것인지를 검증하는 방식으로 칭찬하며 인터뷰했다. 내가 학위과정에 들어간 이후 이 과정에서 그녀가 많은 측면에서 얼마나 적극적으로 관여하는지를 보며 영감을 받았다. 그녀가 수행하던 일에 대한 열정은 나에게로 옮겨 와서 나를 흥분시키고 그녀를 나의 멘토로 모시는 것을 영광스럽게 만들었다. 내가 처음에 깨닫지 못했던 점은 이 과정의 모든 교수 각자가 다양한 능력을 소유하고 있어서 그들에 대한 존경과 칭송이 점점 자라날 것이라는 점이다. 혁신적인 연구자들,

선생님들과 임상가들이 속한 집단의 일원이 되는 것은 하나의 기쁨
이자 특권이다."

"나는 서적들로 눈길을 돌려 다른 인물들 중에서 호나이(Horney),
리쾨르(Ricouer), 헤겔(Hegel), 하이데거(Heidegger), 메를로−퐁티
(Merleau-Ponty), 리타 샤론(Rita Charon)과 푸코(Foucault)의 책들을
읽기 시작했다. 나는 내가 놓친 부분을 철학자들이 알려 주고 있음
을 알아차리고 좀 더 원론적인 자료들을 독파하려고 시도함으로써
나의 이론적인 치료적 지향점을 발견할 수 있었다."

"동료 학생들은 나에게 멘토로서는 두 번째로 가까운 사람들이 되
었다. 나는 시간제로 등록했기 때문에 운 좋게도 하나가 아닌 다른
두 집단의 일원이 될 수 있었다. 각 집단은 고유한 에너지를 가지고
있으며 함께 배우면서 유사점과 차이점에 주목하는 것은 매혹적이
었다. 아마도 가장 중요한 수업은 '자신의 전투를 선택하는 것'이라
는 개념일 것이다. 언제 목소리를 높이며 내 의견을 말하고 내가 가
진 신념이나 스스로를 옹호하고, 언제 우아하게 다른 사람을 따를지
배우는 것은 어렵지만 중요한 여행이었고 분명 지속될 여정이 된 것
이다."

"이전의 직장에서부터 내가 계속 연락하고 있는 멘토."

"내가 공동체에서 함께 작업하고 있는 사람들."

"나의 미술치료 관점을 변하게 만들었던 대학의 한 선생님이 있었다. 그리고 입체디자인·조소 수업에서 나는 국제적인 재난의 상황에 대한 대응으로 미술치료를 하는 것에 영감을 얻었다. 미술 선생님들은 내가 미술을 바라보고 수행하는 방식을 변화시켜 주었다."

멘토

『웹스터 사전』[1]에 따르면 멘토는 "신뢰할 수 있는 상담가 또는 안내자"이다. 멘토의 역할을 한다는 것은 "누군가를 가르치거나 조언을 해 주거나 또는 안내하는 것"을 의미한다. 그리스 신화에서 오디세우스(Odysseus)의 친구인 멘토(Mentor)는 오디세우스가 트로이 전쟁을 위해 떠났을 때 아들인 텔레마코스(Telemachus)에게 책임을 맡겼다.[2] 오늘날 일반적으로 이 용어는 경험이 부족한 동료와 지혜나 지식을 공유하는 사람을 의미하게 되었다. 미술치료학과 학생에게 멘토는 대인 간의 우주 및 인간의 삶과 성격에서의 문화적 형질에 대한 그림을 확장하기 위한 지식을 가져다준다.

뉴월   때때로 학생들은 멘토를 통해 대학원 프로그램 외부에서 지원받을 수 있다는 사실을 깨닫지 못하고 때로는 자신이 지원이 없다

---

1) http://www.meriam-webster.com. 2014. 6. 28. 참조.
2) http://www.wikipedia.org. 2014. 6. 28. 참조.

는 사실 혹은 더 높은 수준에서 지원될 수 있다는 사실조차 깨닫지 못한다. 따라서 우리 중 누군가는 맥스(Max)처럼 의지를 갖고 있는 좋은 멘토들의 목록을 만들어야 한다는 생각하게 한다.

내가 이러한 멘토십(mentorship)을 학교의 교수들 중 한 명과 발전시킬 수도 있지만, 강사들에게 주어지는 요구, 특히 그들이 가르치고 조언을 해 주어야 하는 학생들의 숫자는 그들이 제공할 수 있는 집중과 주의력의 수준에서 큰 부분을 차지한다고 할 수 있다. 경험이 풍부한 미술치료사들과 교육자 중 과연 몇 명이 맥스가 내게 했던 것처럼 학생에게 많은 안내를 해 줄 의향이 있을 것인가 하는 의문을 갖게 된다. 결국, 관련된 두 인물로 요약된다.

나는 멘토십의 가치를 만들기 위해 해야 할 헌신의 수준을 깨닫지 못했었다. 대부분의 시간 동안 나는 내 작업들을 면밀히 조사하면서 거기에서 오는 취약함과 무능함에 대한 감정에서 벗어나고 싶었다. 나는 이 점을 수업 상황에서도 느꼈었지만 논점은 결국 나를 피해 갔다. 집중적인 일대일 개인 멘토십에서는 초점이 나에게 완전히 맞춰져 있을 뿐만 아니라 오래지 않아 내 멘토는 내게 금방 내면화가 되어 모든 내담자 회기에서 내 어깨 위에 앉아 있곤 했다. 특정 미술치료 회기에 대해 그녀에게 글과 그림을 보내기 시작했을 때, 나는 내가 그렇게도 깊은 수준에서 그녀에게 보이고 상담된다는 것을 알고는 두려움과 흥분을 동시에 느꼈다.

융에 마지막 부분은 내가 멘토링이라고 정의하고 싶은 것이 아니며 사례연구 과정에 비해 훨씬 덜 구체적이다. 어느 시점에서 뉴월과 나는 슈퍼비전과 유사한 관계뿐만 아니라 공식 멘토링 관계로 진화했다. 그녀가 여기서 말하고자 하는 것이 이와 같다고 생각한다.

뉴월 그러나 그 과정은 나에게 확대되었고, 점점 더 많은 교훈을 가질 수 있게 되었으므로 회기에서 나는 계속적으로 더 많은 용기, 기술과 지식을 도구로 미술치료를 할 수 있었다.

융에 대학교수에 대한 요구가 증가하고 학생에 대한 자원이 부족한 이 시기에 미술치료 대학원 과정이 프로그램 주변에서 기꺼이 멘토가 되고자 하는 경험 많은 임상가를 모아 볼 것을 제안한다. 그들의 이메일 주소를 목록의 이름 옆에 첨부하여 멘토를 원하는 학생들에게 줄 수 있을 것이다. 조언을 원하는 학생은 목록에 있는 멘토에게 연락할 것이다. 그리고 두 사람이 직접 필요한 세부사항을 생각해 낼 것이다. 나는 시간, 기간, 만남에 대한 **구체적인 요건에 대해서는 조언하지 않겠다.** 이 관계는 가능한 한 유동적이어야 하며 관련된 두 사람의 요구에 맞게 구조화되어야 한다.

뉴월 또한 미술치료 프로그램이 초보 미술치료사들의 졸업 이후 현장에서 자리를 잡을 수 있도록 도와주는 것도 필수적이라 생각한다. 여기에서 멘토가 도움이 될 수 있다. 정신건강 분야에서 미술치료를 정착시키는 것에 관한 많은 어려움이 있고, 미술치료는 심리학 관련 분야에서 상대적으로 초창기이기 때문에 대학원 과정을 통해 졸업생들이 전문가로 성공할 수 있을 때에 대학원 과정의 미래가 보장된다.

융에 나는 각 미술치료 교육과정에서 졸업생들을 위해 무료로 진행되는 석사 후 그룹(postgraduate group)을 제공할 것을 제안한다. 이 그룹은 1년 동안 정기적으로 만나면서 지원 및 육성뿐만 아니라 사례 자문도 받게 된다. 나는 이와 같은 집단이 특히 복수학위 과정의 경우 외로운 미술치료사들이 계속 미술치료를 해 나가는 데에 필요한 것을 제공해 줄 수 있다고 생각한다.

뉴월 졸업이 가까워짐에 따라 슈퍼비전의 선택지들을 찾고 있다. 나는 슈퍼비전 관련 이수 시간 서명을 해 줄 수 있는 정신건강 관련 자격증과 더불어 미술치료사 자격증도 소지한 슈퍼바이저를 필요로 한다. 그리고 만약 내가 이러한 조건을 동일한 사람에게서 찾을 수 없다면, 나는 두 명의 슈퍼바이저를 선정할 것이다. 나는 내 작업에 관한 임상감독을 위해 마련한 집단 슈퍼비전으로는 그리 많지 않은 적절한 수준에서만 월별 슈퍼비전을 받을 것으로 예상한다.

멘토십이 슈퍼비전의 관계와 어떻게 다른가를 생각해 볼 때 나는 집단 슈퍼비전과 개별 지도가 분명히 다르다는 것을 알 수 있다. 하나의 전문가로서의 우정으로 생각하는 융에와 일대일로 작업한 내 경험 역시 하나의 출발점으로 작용한다. 특히 이 분야에서 그녀의 지명도와 영향 때문에 내가 헬렌 랜드가튼(Helen Landgarten, 융에의 멘토)에서 맥신으로 내려오는 계보의 일부라고 느낀다. 이것은 미술치료를 내가 위임받은 하나의 살아 있는 에너지처럼 느끼게 만든다. 이는 일대일 멘토십에서 느낄 수 있는 가장 강력한 점일 것이다. 특히 미술치료 지식 기반을 중심으로 구축된다. 또한 이는 구체적이며 지속적이지만 만약 계속해서 보살피지 않는다면 아마 무너지기 쉬울 것이다. 이 관계성 자체는 슈퍼바이저와 갖는 관계와는 다른 것인데, 슈퍼바이저는 법률적으로 나의 내담자들에게 책임이 있기 때문이다. 어떤 점에서 멘토십은 좀 더 멘토와 관련이 있다고 볼 수 있다. 나는 릴케(Rilke)와 카푸스(Kappus) 그리고 파이퍼(Pipher)와 그녀 학생 사이의 관계 그리고 특히 맥니프(McNiff)가 쓴 허구의 슈퍼바이지(supervisee)와의 관계에서 알게 되었다. 즉, 멘토는 선물을 분명히 표현하고 학생은 그것을 받는다. 새로운 미술치료사는 경험이 풍부한 안내자의 지혜를 통해 더 빠르게 진화한다. 그리고 둘 모두 서로 다른 유리한 지점에서 성장한다.

융에 뉴월은 멘토십의 관계적 측면이 멘토와 더 관련이 있다고 하지만 나는 이에 동의하지 않는다. 모든 관계에서 선배는 후임자에게 줄 수 있는 것이 있다고 가정되지만 이 관계는 복잡하고 미묘하며 양방향으로 모두 움직이는 것이다. 무엇보다 멘토십 관계에는 서로에게 자신을 개방할 의향이 있는 두 사람이 필요하다. 이는 하나의 공동 작업이다.

뉴월 나는 멘토와 멘티가 서로 연결되고 협업하는 장소의 목록이라는 생각을 좋아한다. 이들이 사례에 대해 곰곰이 생각하는 동안 커피를 마시고 함께 그림을 그리고 회기에서 만든 이미지를 느껴 보고 새로운 현장전문가의 창조를 통해 미술치료의 존재를 세계에 널리 알리는 것을 상상해 볼 수 있다.

융에　뉴월은 안티오크 대학교 시애틀 캠퍼스(Antioch University-Seattle)에서 1년 차 미술치료 대학원생이었을 때 시애틀 북부의 워싱턴주 휘드베이 아일랜드(Whidbey Island)에 있는 우리 집에 왔었다. 그녀는 미술치료 역사 수업 수강생의 일원으로서 현장학습을 왔다. 그후에 그녀를 포함한 몇몇 학생은 돌아갈 준비를 했다. 이 학생들의 많은 정규 교수진은 새로운 미술치료 졸업생이었고 학생들은 꽤 긴 시간 동안 이 직업에 종사했던 누군가와 대화를 나누기를 갈망했다. 우리는 미술치료에 관해, 내가 가진 지식 그리고 미술치료사가 되는 것에 관한 현재 진행 중인 문제에 대해서 심도 있는 대화를 나눴다. 대개 그렇듯 우리는 광범위한 대화로 2시간 정도를 보낸 다음 점심식사를 하면서 좀 더 많은 이야기를 했다. 우리의 주제는 미술치료사가 된다는 것 그리고 미술치료사라는 것의 전반적 영역에 걸쳐 자유롭게 진행되었다. 교육과정 내에서 어떻게 필요를 충족시키고 앞으로 나아가게 하는가, 기대를 조절하고 계속 전진하는 방법, 현장실습과 관련하여 어떻게 이것을 얻고 그것을 당신과 당신의 내담자를 위해 일하게 할 것인가에 대한 방법, 기관과 연구소의 관료주의와 정치를 다루는 방법 그리고 미술치료가 무엇인지에 대해 다른 사람들을 교육하는 방법 등에 대해 의견을 나누었다. 또한 우리가 의도했던 지지적이고 정직한 미술치료 환경 내에서 내담자들을 만나는 것과 같은 일부 민감한 문제들, 학생들이 어떻게 전문적인 미술치료사가 될 것인지 그리고 직면하는 고통에 압도당하지 않는 방법에 대해서도 솔직하게 이야기 나눴다. 결국 뉴월은 나에게 자신의 멘토가 되어 달라고 요청했다. 가장 먼저 우리는 멘토가 무엇이며 무엇을 하는지 그리고 그녀가 무엇을 원하는지를 정의했다.

뉴월 우리의 관계는 엘리자베스 도노휴(Elisabeth Donohue) 교수가 준비한 현장학습에서 진전되었는데, 마침 인근 휘드베이 아일랜드에 살던 임상현장의 선구자인 맥스와 우리 학급이 만나 미술치료에 대해 논의하는 멋진 기회가 있었다. 그녀가 도노휴 교수의 학생들과 만나 보겠다는 의사가 있었던 덕분에 우리 분야의 '위대한 사람들 중 한 명'과 아이디어를 나누고 지도를 받을 수 있는 기회가 생겼다. 나는 다른 학생들에게 자신의 발전을 위해 도전하고 미술치료에 전념하기 위해서 이 분야에 경험이 많은 미술치료사와의 멘토링 관계를 적극적으로 구하기를 추천한다. 비록 미술치료 멘토를 갖는 것은 이미 산더미처럼 쌓인 정보에 스트레스 요인을 더할 수 있지만 많은 경쟁 요소 속에서 미술치료에 우선순위를 부여하게 한다.

융에 학생들이 머무는 곳에서 휘드베이 아일랜드로 가기 위해서는 장시간 운전을 하고 여객선도 타야만 했으며 학생들도 물론 무척 바빴다. 결국 그룹은 둘로 형성되었는데 뉴월의 그룹과 다른 대학원생 그룹으로 만들어졌다. 나중에는 뉴월 그룹 하나로 되었다. 우리는 몇 시간 동안 대화의 과정을 계속하다가 이어서 점심을 먹으러 나갔다. 이 과정은 현재까지 3년 동안 계속되었으며 뉴월은 이제 졸업이 가까워졌다.

내가 무엇을 청구했었는지 궁금한가? 그들이 내 점심식사 값을 지불한 것 이외에는 아무것도 지불한 것이 없었다(우리는 보통 햄버거와 감자튀김을 먹었다). 몇 년 전 나는 전문가 교육 서비스에 대해 비용을 청구하지 않기로 결정했다. 나는 학생들이 항상 가난하다는 것을 알고 있다. 그들이 교육 프로그램을 시작할 때가 아니라면 보통은 끝날 때여서 학생들이 돈이 많지 않을 때이므로 이 멘토링 관계에서는 학생들이 지불의 부담과 양가감정으로부터 자유로워지기를 원했다. 나는 멘토링을 이 학생들과 직업에 대한 선물로 보았다. 게다가 멘토링은 나에게 즐거움을 주었고 미술치료사로서의 사고와 느낌에 활력을 주었다.

역사를 구술하는 것 같은 과정을 통해 나는 내가 알고 있는 이 분야의 지식을 구석구석 전달할 수 있다는 것이 즐거웠고 이러한 지식이 나에게 있는 것처럼 이 학생들 속에서도 살아 있기를 바랐다. 더욱이 나는 맑은 눈, 신선한 아이디어, 열정을 갖고 있는, 때때로 갈팡질팡 행동하는 학생들과 작업하는 것을 좋아했다. 이들과 함께 작업하면서 오래된 문제를 신선한 방식으로 되돌아보고 다시 생각할 수 있었다. 나는 이들로부터 많은 것을 배웠다. 미술치료 학생들에게는 멘토가 필요하다. 그리고 미술치료사 멘토에게는 멘티가 필요하다.

오늘날 대부분의 미술치료 교육 프로그램은 '복수학위' 제도이다. 1980년에 처음으로 도입된 복수학위 프로그램은 원래 주(州) 자격증을 취득하기 위한 교과 과목으로 설립되었는데, 미술치료사 학생이 **졸업 후 일하는 데에 있어서의 권리를 보호**하는 데 필수적이고 실용적인 조치였으며 또한 확실히 가치 있는 목표였다. 그러나 안타깝게도 이러한 형태의 교육이 미술치료 학생의 정체성 혼란을 가중하고 아주 흔한 존재를 양성하는 교육으로 변질된 것처럼 보인다.[3] 이

---

3) Junge, M. (2014). *Identity and art therapy: personal and professional perspectives.* Springfield, IL: Charles C Thomas. 참조.

러한 형태의 교육은 단순해야 한다. 즉, "**미술치료사는 미술치료를 행하는 사람이다.**" 그러나 이렇지가 않다. 복수학위 교과과목은 기능적으로 두 유형의 치료사를 동시에 훈련시키려는 시도를 한다. 즉, 하나는 대화하는 치료사로서—오늘날 흔히 상담가라 지칭한다—반드시 미술을 사용할 필요가 없는 사람이다. 가설적으로 본다면 복수학위 프로그램은 통합된 교과과목이 될 수 있지만 대체로 그렇지 않다. 미술치료학과 학생 그리고 미술치료와 그 변천사들에 대한 이해가 거의 없을지도 모르는 실습현장의 직원들에게는 이것이 어떻게 혼동을 주지 않을 수 있을까? 학생이 실습을 시작할 때, 그전에는 미술치료사가 한번도 없었던 곳에서 실습훈련을 할 수도 있고 미술치료가 무엇인지에 대한 실제적 지식이 거의 없는 기관의 직원들과 대면할 수도 있다. 그러면 미술치료에 대한 지원은 보잘것없거나 때로는 경시되는 경우도 생길 것이다.

뉴윌 대학원 학위과정에서 나는 미술치료학과와 상담 프로그램 사이에서 우왕좌왕했다. 처음 몇 분기 동안 나는 주어진 상담 과제들을 따라갔다. 그 후 어느 날 나는 한 미술치료학과 학생이 상담 관련 수업에서 미술 재료를 늘어놓고 있는 것을 목격했으며 그것은 적극적으로 내 학업 생활의 양면적 특성을 하나로 모아야 할 필요가 있음을 일깨워 주었다! 이전에는 나에게 이러한 생각이 일어나지 않았으며 또한 그렇게 하라는 교육을 받지 못했다는 점에 나는 충격을 받았다. 어쨌든 미술을 도입하는 것에는 종종 위기감을 느꼈다. 그리고 다른 사람들은 이것을 격려했다. 상담 분야의 동료들은 궁금해했으며 그들이 우리 학과에서 받을 수 있는 수업에 관

한 이야기도 했다. 그러나 미술치료학과 학생들이 심리학과의 학
점을 따기 위해 이동하면서 이루어지는 지식의 교류는 오직 한 방
향으로만 진행되는 것처럼 보였지만, 상담 전공 학생들은 기본적
인 미술치료 기술을 배우는 것이 허용되지 않았다.

　나는 상담학과 학생들이 미술치료 지식을 습득하는 것이 전문가
로서 우리의 지위를 위태롭게 할 수 있는지가 의아했다. 결과적으
로 나는 미술치료를 모든 수업에 통합하게 되었고 대체로 미술을
통해 매우 신속하고 창조적으로 드러났던 과정에 대해 상담 전공
학생들은 놀라워했다. 나는 복수학위 프로그램이 학업 경험의 시
작부터 임상실습 및 그 이후까지 확장되는 중심적 관심사이기 때
문에 그 세계들의 교차점을 명시적으로 다루도록 제안한다. 나는
미술치료를 위한 침투 전략과 같은 교육을 받아들였고 기관에서
미술치료를 효과적으로 홍보하기 위해 승강기 안을 비롯하여 여
러 장소에서 할 말을 준비했다. 나는 아주 다행스럽게도 미술치료
부서가 있는 실습 장소에 배치되었고 아무것도 없는 밑바닥에서부
터 프로그램을 만들지는 않았다. 누군가가 나보다 먼저 이 길을 걸
어갔다. 그러나 나는 이것이 언제든 미끄러질 수 있다는 것을 알고
있으며 내가 이를 계속 진행하도록 위임을 받은 것이다. 나는 미술
치료사를 위해 지정된 미술치료실을 별도로 마련하기 위해 협상
을 해야 했다. 공간이라는 것은 특권이기 때문에 작은 부분이 아니
다. 나는 실습생임에도 불구하고 미술치료에 대한 인식 없이 내담
자에게 미술을 이용하는 상담가들을 대상으로 미술치료의 정의와
무의식적인 것을 끌어내기 위해 창의적인 과정을 사용하는 미술치
료의 힘에 지침을 제공해 달라는 요청도 받았다. 내가 초보자 발달

수준에서 미술치료가 무엇인지를 정의하고 있을 때조차도 나는 내 실습기관에서 땅속 깊게 뿌리내리고 있었던 것이다.

융에 이 실습기관에 미술치료실이 있다는 사실에도 불구하고 미술치료가 다른 형태의 치료가 아니라 **행동치료**의 한 부분으로 알려진 것이 일반적이다. 그리고 아마 이곳의 경우도 마찬가지일 것이다. 혼란스러운 복수학위 교육과정 때문에 기관의 직원들은 종종 상담과 미술치료가 완전히 별개의 두 가지 접근법이며 미술치료는 특정한 내담자를 위해 필요할 뿐이라고 간주한다. 이는 초심자인 학생들뿐만 아니라 실습 현장의 직원에게도 혼돈을 가져온다. 이 프로그램은 실습 현장의 조정자를 통해 현장에서 미술치료학과 학생이 미술치료를 효과적으로 실습하고 배울 수 있도록 중요한 교육 및 지원 기능을 갖추고 있다.

뉴월 나는 곧 졸업을 앞두고 있으며 자격증과 미술치료 인준을 취득하기 위한 두 가지 방면의 정해진 이수 시간을 채울 것이다. 나는 나 스스로를 전문가 동료들과 동등하게 생각하고 나를 고용하는 기관에서 '책상과 의자'를 제공하는 능력 있는 상담 자격증을 가진 미술치료사로 본다. 나는 미술심리치료의 효능을 지역사회의 정신건강 분야에 치유적 맥락으로 가져올 수 있다는 자신감으로 들떠 있다. 이것은 이미 일어나고 있는 일이다.

내가 일하는 기관에는 모든 사무실에서 미술 도구를 갖고 있다. 그러나 내 정신적 에너지의 상당 부분은 아직도 내담자의 요구를 해결할 수 있는 다양한 재료를 손 닿는 곳에 보유할 수 있는 휴대

가능하고 종합적인 미술 제작 체계를 만드는 데 들어간다. 나는 대개 이 방에서 저 방으로 이동하면서 내가 어떤 재료들을 챙겨 가야 할지 예상해 보아야 한다. 나는 재료들을 넣을 수 있는 바퀴 달린 수트케이스를 만들고 위에는 종이 묶음 위에 올려놓는 선반을 달았다. 그래서 여차하면 바로 마커와 종이를 집는다. 나는 이야기할 수 있는 공간, 작업대들, 집단으로 그림을 그리고 또 몸을 움직일 수 있는 공간이 있는 이상적인 치료실을 상상한다.

융에   임상실습은 미술치료를 행동으로 옮김으로써 실제 세계의 임상가가 될 것을 미술치료사에게 요구한다. 동시에 실습생들은 자신이 무엇을 행하는지에 대해 **생각하는 방법**을 배워야만 한다. 현재 『정신질환 진단 및 통계 편람(DSM)』의 진단에 의존하는 것은 일반적인 현상이며 종종 접수면담이나 첫 번째 인터뷰 회기 이후에 사용된다. 이는 진단 또는 접수면담을 통해 이미 제시되었을 수 있는 것과 별개로 기관에 방문한 내담자 및 관련 치료 계획에 대한 신중한 평가[4]를 해야 하는 학생의 의무를 (때로는 전적으로) 줄여 준다. 그러나 이로 인해 내담자를 평가하는 능력이 발전되지 않거나 자신의 내담자를 한 사람의 완전한 인간으로 보고 구체적으로 어떤 도움이 필요한지 세세하게 알아내는 시간을 갖는 훈련을 받지 못할 수 있다. 그들이 무엇을 하고 있는지에 대해 **숙고하는 방식의 학습**이 없다면 나중에 완전히 소진되거나 미술치료를 그만두는 일이 벌어질 수 있다.

---

4) 나는 '평가(evaluation)'와 '사정(assessment)'을 혼용해 사용한다.

뉴월   내가 평가에 대해 배운 내용 대부분은 실습일지 작성, 멘토와
의 대화 그리고 미술치료 사례연구 수업에서 보낸 시간 동안에 일
어났다. 나의 사례에 대해 성찰하려면 얼마나 많은 시간이 더 필요
한지 그리고 내담자와 실제로 만난 시간에 비해 내가 얼마나 슈퍼
비전을 적게 받는지도 알고 있다. 나는 아직 학교 교육에서 배웠던
미술치료 평가 도구를 잘 적용하지 못했고 이 도구들이 나의 임상
작업에 얼마나 적합한지 확신이 없다.

융에   오늘날 대부분의 미술치료 연구소가 운영 자금을 얻는 방식은
치료사와 내담자 사이의 직접적인 서비스의 숫자(질이 아닌)를 통해
서이다. 기관에서는 학생이 많은 수의 내담자에게 미술치료를 제공
하고 그것들을 모아 두기를 요구한다. 미술치료 실습생에게는 담당
건수에서 아마 압도적으로 많은 내담자가 주어질 것 같다. 그리고
이들은 종종 특별히 어렵고 복합적인 문제를 가진 내담자들이다.
봉사에 대한 요구 때문에 자신들이 하는 것으로부터 스스로 배우는
데에서 필요한 사고와 성찰의 시간이 거의 사라졌다. 표면적으로는
더 많은 성찰의 시간을 갖기 위해 자신의 담당 사례를 관리할 수 있
지만 이것은 거의 발생하지 않는 일인데, 그 이유는 적은 직원의 숫
자 그리고 막대한 담당 건수의 압박과 요청받은 것을 수행하고자 하
는 학생들의 자연스러운 성향 때문이다. 학생들은 **많은 사례**를 다루
면서 배우게 되고 종종 다양한 치료 협의 과정(예: 한 달에 한 번 등)
으로 이어지게 되는데 이것은 내담자의 필요와는 관련이 없을 수도
있다.

뉴월 나의 실습 현장에서 실습생은 접수면담을 수행하지 않는다. 나는 진단과 함께 (내가 함께 가지고 가야만 하는) 이미 이루어진 접수면담을 받아든다. 몇 번의 회기가 끝난 후 나는 치료 계획 핸드북에서 관련 중재 방법에 따른 장기 목표에 관한 내용을 바탕으로 치료계획을 작성한다. 나는 미술치료를 개입방법 중의 하나로 꼽는다.

융에 오 이런, '개입방법 중 하나로서의 미술치료.' 뉴월, 당신은 대학원 미술치료 과정의 학생으로서 미술치료가 **하나의 개입방식 이상의 것**임을 알고 있다. 그것은 인간과 창의성에 관한 깊고 포괄적인 철학으로 원래 정신역동적 심리치료와 정신분석에서 파생되었다. 이를 학습하는 데 상당한 시간, 수련, 지식(비용은 말할 것도 없고!)이 필요하다. 일반 대중과 정신건강 전문가들 세계에서 미술을 하나의 '부가적인 것', 즉 하나의 요법, 특정한 경우에 적용되는 기법으로 잘못 생각한다. 그러나 훈련된 미술치료사들은 자신의 직종이 가진 깊이와 힘을 이해한다. 반면에 미술을 **기법**(technique)으로 사용하는 사람들, 심지어 미술가조차도 이것을 알지 못하는 듯하며, 효과적이고 치료적인 이미지 제작이 기법에 비해서 훨씬 더 많은 것을 가지고 있으므로 이럴 경우 자신과 내담자들을 곤경에 빠뜨리기 쉽다. 미술치료가 광범위하게 오해될 수 있다는 것은 미술치료가 여전히 개척자들의 직종이라는 것을 의미한다.

　내가 '구시대'에 대해 쓰고 있는 것처럼 들리겠지만, 실제로 예전에는 실습 학생이 어려운 내담자와 작업하는 실제 세계의 경험을 담당 건수를 관리하며 할 수 있었다. 과할 정도로 내담자가 **많지도** 않았고 **성공적이라는 느낌**을 받을 수 없을 정도로 그렇게 어려운 내담자도 없었다. 오늘날 내담자들은 보통 한 치료실에 수년 동안 있으면서 한 실습생에게서 또 다른 실습생으로 넘겨지는데(이것 자체도 문제이다), 임상실습 교육에서 우선시되는 것 중 하나는 내담자의 변화에 대한 학생의 기대를 조절하고, 일반적으로 치료는 오랜 시간이 걸리며 변화가 전혀 일어나지 않을 수도 있다는 것을 가르치는 것이지만, 동시에 미술치료 실습생이 가진 기대가 완전히 없어져서는 안 된다! '성공'을 갈망하는 학생들은 때때로 내담자를 존재하지 않는 '돌파구'로 본다. 실습생이 학습할 수 있는 프로그램 모델에 대한 내 권고 사항은 다음과 같은데 실습 시간은 주당 약 20~25시간이라고 가정한 것이다.

- 담당 건수: 최대한 10시간의 내담자와 함께하는 시간
- 슈퍼비전: 1시간
- 기타 실습과 관련한 훈련: 1~2시간
- 내담자에 관한 성찰 및 관련 자료 작성: 8시간
- 내담자들을 위한 부수적인 업무(교사, 의사 등과의 전화 상담 등)

이전에 미술치료 실습은 학생이 스스로 성찰하고, 이에 대해 작성하고 읽고 경험으로부터 배울 수 있는 시간이 충분한 적은 숫자의 담당 건수로 이루어져 있었다. 그러나 요즘, 클리닉은 사례들로 넘쳐나는데 그들은 사례로 그들의 학생 인턴들을 압도한다. 그래서 오늘날의 인턴은 많은 내담자를 치료함으로써 경험을 얻는 경향이 있지만 그에 대해 생각하는 법을 반드시 배우지는 않는다.

뉴월 나는 인턴십 동안 내담자의 이미지를 예술가가 아닌 미술치료사로서 보는 능력을 개발했다. 나는 MARI[5] 체계를 사용하여 내담자가 사용한 상징과 색상의 의미를 숙고해 보며 이미지에 대해 내담자와 직접 이야기하고, 작업에서 그들 자신이 강조하는 것을 보고 듣는다. 나는 그들이 자신의 미술 작업을 돌봐 주며, 우리가 함께한 작업에 대한 나의 평가를 알리기 위해 내용뿐만 아니라 과정에도 주의를 집중하는 법을 배웠다. 내가 융에나 또는 나의 상담 그룹에 내 사례를 제시했을 때 내가 하고 있는 일에 대해 진정으로 생각하는 법을 배운 경험을 했다. 멘토십은 특히 졸업 이후에 내가 계속 배울 수 있는 조건을 만들 수 있는 하나의 방법이다.

융에 현장실습 기관이 내담자를 치료하기 위해 **실습생들을 활용하는** 동시에 학생들이 **기관과 내담자를 자신의 학습을 위해 활용하는** 전통은 오래되었다. 그러나 이 균형이 깨졌다. 종종 적절히 학습해야 할 실습생에게 다양한 문제를 가진 내담자가 너무 많이 쌓여 있다. 미술치료사가 되기를 배운다는 것은 시간, 공간, 사고, 감정, 심지어 별도의 독서까지 필요로 한다.

　복수학위 체계의 부가적인 문제는 "누가 미술치료에 적합하며 언제 사용해야 하는가?"라는 질문이 너무 중심이 되었다는 것이다. 미술치료에 대해 거의 모르는 직원들과 슈퍼바이저는 자연히 미술을 거의 사용하지 말아야 한다고 말하는 경향이 있다. 학생들은 자신의 '선배'들을 기쁘게 하기를 원하며 선배들이 최고의 방법을 알고

---

5) 'MARI'는 켈로그(Joan Kellogg)가 1980년에 만든 만다라 평가 연구 도구를 의미한다. Kellogg, J. (1984). *Mandala: Path of Beauty*. Belleair, FL: ATMA, Inc.

있다고 추측한다. 그러나 이러한 양가감정 그리고 적절한 '시기'와 '경우'에 대해 선택해야 한다는 필요로 인해 이미 취약한 미술치료 학생들은 더욱 혼란스러워진다.

뉴월 나는 회기에서 그림을 그리지 않는다는 것이 어렵고 혼란스럽다는 것을 알았다. 그리고 기관의 누구도 내가 무엇을 하는지 하지 않는지에 대해 주의를 기울이지 않을 것이라는 점을 알고 있었다. 멘토십과 미술치료 슈퍼비전에서는 창조적인 치유의 잠재력이 사라지지 않게 해야 한다고 나를 계속 압박했다.

나는 경험이 많아질수록 회기에서 내가 맡은 리더십과 같은 역할도 받아들인다. 또한 내 모든 내담자가 위험을 감수하는 법을 배우고 그들이 편안하게 느끼는 영역 바깥의 것도 기꺼이 할 수 있는 의지를 키워 나갈 것이라는 기대를 표현한다. 미술치료를 이러한 수준에서 바라보는 것은 무의식을 드러내는 이미지의 힘을 넘어서서 미술치료의 가치를 변화 과정의 일부로 이해하는 데에 도움이 되었다. 나는 부부간 불화가 있을 때나 모녀간의 분노에 찬 교착상태 속에서도 억지로 미술 작업을 고집하면서 이것을 확신하게 되었다. 그리고 창조 과정과 외면화 과정을 통해 관계를 치료실 안으로 들여오는 것이 상황을 밝혀 준다는 것을 배웠다. 즉, 사람들은 새로운 방식으로 서로를 바라봄으로써 더 많은 공감의 공간을 열 수 있고 더 큰 변화를 만들어 낼 수 있다.

융에 나의 견해로는, 미술치료사란 모든 회기에서 미술치료를 행하는 사람이다. 이것은 매우 단순한 원리이며 그래야만 한다. 미술치료를 사

용할지 말지에 대한 질문은 질문도 아니며 미술치료를 수련하는 학
생에게 부적절한 것이다. **미술치료 학생은 실제로 미술치료를 수행하
면서 이 직업의 깊이와 적용에 대해 배운다.** 이것은 모든 치료 회기에서
이루어져야 하며 이를 통해 적절한 시기와 가정에 대한 혼란을 제거
해 나간다. 종종 미술이 치료/행동치료로서의 미술이라는 틀 안에
서 사용된다고 예상되곤 한다. 하지만 이것은 외래환자들을 대상으
로 한 미술심리치료에서 더 문제가 될 수 있다. 학생은 자신의 **미술
치료사로서의** 임상실습을 되돌아보기 위해 학교 프로그램 및 교수
진이 필요하며 그들에게는 임상 작업을 배울 수 있도록 지원하는 훌
륭한 감독자가 필요하다.

제대로 잘 알지 못하는 사람들에게 미술치료란 행동치료(종종 '미
술치료 수업'으로 호칭됨.) 혹은 크레용 상자를 가진 사람이라면 누구
나 할 수 있는 기법과 지침의 집합체쯤으로 여겨진다. 미술치료 학
생이 이러한 수준에서만 작업하도록 하게 되면 그저 판에 박힌 것들
만 강화될 뿐이다. 유능한 미술치료사들은 미술치료에 그보다 훨씬
더 많은 것이 있다는 것을 알고 있다. 즉, **미술치료는 창조성, 예술, 인
간관계와 그 역동, 더 중요하게는 변화에 대한 심오하고 생산적인 통합과
정이다.** 미술치료 임상실습생들은 내담자, 치료사, 미술의 연관성에
대해 **생각하는 방법**을 배워야 한다. 미리 정해져 있는 회기에 단순하
게 미술을 접목한다고 해서 학생들이 이 삼자 관계에 대해 깊이 생
각하는 방법을 배울 수는 없다.

나는 때때로 "미술치료란 존재하는 최상의 것"이라는 말을 인용하
곤 한다. 내가 이를 얘기할 때는 단순히 격려의 말을 하는 것이 아
니다. 내 견해로는 미술치료는 현재 존재하는 방법 중 가장 도움이

되는 심리치료이다. 그 이유는 내담자가 만든 미술 이미지들은 현존하는 구체적 산물이면서 시간이 지나도 지속되는 구체적인 산물이기 때문이다. 나는 이런 장점을 갖고 있는 다른 어떤 치료법도 없다고 알고 있다(비록 신기술의 맹공격으로 비디오 녹화 혹은 기타 그림을 이용한 방법이 중요한 기능을 수행하게 된다 하더라도). 말은 떠다니는 것이며 기껏해야 2차원의 추상적인 것일 뿐 아니라 이미 즉각적인 경험과는 동떨어진 것이다. 그러나 내담자가 만들어 낸 이미지는 비록 미술가로서는 세련되지 못할 수도 있지만 마음과 영혼에 남아 있고 내담자가 언제든 다시 되돌아와 시금석으로 사용할 수 있는 종이 위에 표현된 시각물이다. 나는 몇 년이 지난 후에 치료를 받으러 다시 찾아온 내담자가 아직도 오래전의 이미지를 선명하고 생생하게 기억하는 것을 보고 놀란 적이 있다. 미술치료사는 여타의 치료사들이 갖지 못한 것을 갖고 있다고 나는 확신하지만 학생들이 치료에서 미술이 가지고 있는 마법을 효과적으로 사용하는 방법을 배우려면 신중한 수련이 필요하다.

뉴월 미술치료사가 된다는 것에는 미술치료가 가진 힘에 대해서 다른 사람들을 교육하는 책임이 따른다. 최근에 내가 속한 기관에서 주도했던 한 실험적인 워크숍에서 다른 인턴들과 직원들, 즉 내담자와 함께 창조적 과정을 사용하는 것이 익숙하지 않은 많은 사람은 이미지 창조 작업을 통해 자신의 내면에서 삶의 많은 부분이 명확해질 수 있는 것에 대해 상당히 놀라워했다. 한 사람은 자신의 창작물 주변에 특별한 직업적인 제단을 만들었고 그것이 그녀에게 계속 무언가를 알려 준다고 말했다. 미술치료를 사용하는 방법에

대해 상담가들에게 어느 정도 가르쳐야 할까? 아마도 다른 사람들
에게 **미술치료의 잠재력**에 대해 교육한 후에는 다른 전문가를 추천
해야만 할 것 같다!

융에 좋은 미술치료사가 된다는 것은 복잡한 과정이다. 이 과정은 학
생들에게 계속 열정을 갖게 하고 미술치료사들의 '성장'을 도모한다
는 것이다. 시련이 많을 수도 있지만 즐거움 역시 대단히 크다. 그
러나 학생 미술치료사에게는 교육 프로그램과 임상실습 간의 협력
을 통해 길을 쉽게 갈 수 있도록 하기 위한 **팀**(team)이 필요하다. 이
길을 혼자서 감당하기에는 너무나 힘이 든다. 그래서 나는 모든 학
생에게 팀의 일원으로서 멘토가 필요하다고 믿는다.

뉴월 멘토는 초보 미술치료사가 임상실습의 치유적 관계로서 미술
제작을 할 수 있도록 지속적인 지지의 자원을 제공할 수 있다. 지
금은 너무나 많은 요인이 이것에 대항할 수 있는 시기이다. 즉, 시
간, 공간, 기관 내 미술치료사의 부족 등이 어려움이다. 또한 미술
치료의 가치에 대한 무지로 인해 슈퍼바이저 혹은 기관 직원과 인
턴들에 의해 무관심하게 되거나 심지어 완전히 묵살될 수도 있다.
미술치료가 무엇인지에 대한 무지에 직면했을 때 실습이라는 압박
속에 미술을 잃어버리는 것은 너무나 쉬울 수 있다.

　내담자들은 대개 그림 그리기에 참여하기를 주저한다. 이는 아
마도 그들이 친숙하지 않은 것을 시도하기 두려워하거나 이전에
창조적 표현이 좌절된 경험이 있거나 의식 차원의 방어벽을 회피
할 때 내면의 어떤 것이 드러나는 게 두렵기 때문일 것이다. 이는

취약한 초보 미술치료사에게는 매우 어려운 상황일 수 있다. 이러한 형태의 저항을 다루는 방법을 배우는 것은 학생에게 가장 중요한 수업이 될 것이다.

나의 멘토링 관계는 이러한 상황에서 끈기의 원천을 제공했다. 때때로 이미 압력으로 가득 찬 실습과 대학원 생활에 스트레스를 가중하였고 이미 넘쳐나는 교육에다 뭔가를 더 추가한다는 것이 꺼려지기도 했다. 그러나 미술치료사로 성장하고자 하는 추진력이 줄어든다면 내게는 미술치료사보다는 상담가가 기본이 되면서 미술 작업은 사라져 버릴 수도 있는 상황에 직면한다. 나는 다른 미술치료 실습생들에게서도 비슷한 우려를 하는 것을 많이 들었다.

융에 나는 '미술이 사라지게 만들' 잠재력이 복수학위 체계의 중심적인 문제가 되는 것이 걱정되며, 흔히 학생 미술치료사들에게 안타까운 정체성 혼돈을 유발하게 된다.

뉴월 미술치료사로서의 나의 정체성이 성장하려면 대학원에서 제공하는 것을 넘어서는 멘토십 관계를 찾아야 한다는 것이 명백한 사실이다. 미술치료를 하기 위해서는 정말로 나 자신을 몰아붙여야 했고 나의 멘토가 책임감을 갖는 것 역시 매우 중요했다. 임상실습이 진행되면서 나는 이미지 제작에 대한 나의 의지가 점점 더 강해지고 있다는 것을 발견하고 있는데 왜냐하면 나는 현재 내 안에 살아 있는 내담자들의 이미지를 가지고 있기 때문이다. 그리고 종종 이미지는 그들이 말로 할 수 없는 방식으로 나의 상상 속에 남아 있다. 나는 이미지의 구체성과 안정성에 대해 배우고 있는데 이미지

는 우리 두 사람이 관찰하고 발전을 지켜볼 수 있는 중심적인 치료
인자로서 나의 내담자의 영혼에 완전히 특별한 것으로 존재한다.

이미지 순서의 전환은 내담자의 창조하고자 하는 용기와 변화하
고자 하는 참여의 증거를 제시한다. (매우 주저하면서, 그림을 그리는 시
간 내내 종이를 감추었던) 한 내담자는 최근에 참으로 아름다운 꽃을
그렸는데, 꽃잎이 네 개였고 가운데 중심 부분은 풍선처럼 터질 것
같았다. 이 이미지는 비록 완전히 꼼짝하지 못하고 있다고 했던 그
녀의 이야기와는 정반대였지만, 그녀의 삶에서 꽃피우기를 원하는
어떤 큰 것이 있다는 것을 모두가 기대하게 했다. 결과적으로는 치
료실에 갑자기 희망이 생겼던 것이다. 이제 내가 내담자에게 무언
가를 만들어 보도록 할 때면, 그녀의 둥글게 부풀어 오른 꽃이 내
마음에 들어와 종종 시야에는 보이지 않은, 아직 이루어지지 않은
그러나 놀랍고 강력한 것이 있다는 것을 상기시킨다. 나는 다른 것
으로는 표현되지 않았을 수 있는 미술치료사로 발전하도록 나를
압박할 멘토가 필요했다. 멘토들은 계속해서 발전이 이루어지게
한다.

융에 　좋은 멘토가 되려면 무엇이 필요한가? 선임 미술치료사/멘토는
당시 느꼈던 모든 흥분과 열정, 연약함, 양가감정, 자기 질문, 두려
움, 긴박함을 가지고 **학생이었을 때 어땠는지를** 적극적으로 기억해야
한다고 생각한다. 멘토의 경우 학생과 함께한다는 것은 계속해서
공감이 살아 있게 하는 것이다. 말할 필요 없이도 멘토는 미술치료
학생이 길을 찾아낼 수 있다는 메시지를 보여 준다. 또한 멘토는 말
할 필요 없이도 미술치료 전문가가 되는 과정에서 살아남을 수 있다

는 메시지도 보여 준다. 멘토는 학생들이 졸업한 이후 미술치료사로서의 경력을 쌓아 가는 여정에서 내면이 풍요로워지고 기쁨을 찾을 수 있다는 것을 드러내어 준다.

뉴월 멘토와 함께하면 내 미래가 분명하고 가능성이 있다고 느껴진다. 멘토와 함께한다는 것은 나의 미래가 확실하고 유망하다고 느끼게 해 주었다. 나는 내가 계속 이 일을 할 경우에 좀 더 숙련되고 효과적이고 덜 미숙한 상태가 되고 겁을 덜 내게 되리라는 것을 안다. 각 회기는 새로운 것을 시도하는 생생한 현장이며 결과 역시도 항상 새롭다. 나는 이 일을 잘하기 위해서는 오랜 시간이 걸린다고 하는 교수, 감독관 그리고 나의 멘토에 의해 계속 나아간다. 그리고 일이 순조롭게 진행되는 것 같은 순간 속에서 깊이 호흡한다. 나의 자신감이 늘어 가면 여유로운 호기심과 더 많은 위험을 감수하고자 하는 의지도 증가한다. 융에가 지도할 때 보여 주는 편안함과 확실함은 나 역시 언젠가는 이러한 자질을 갖추게 될 것임을 알게 한다.

07 젊은 미술치료사들에게 보내는 편지

이 장의 저자들

맥신 보로우스키 융에(Maxine Borowsky Junge)는 이 책의 저자로서, **박사학위, 임상사회복지사(LCSW), 미국 공인미술치료사 위원 자격(ATR[1]-BC[2]), 명예평생회원(HLM)[3]** 자격을 가지고 있다.

산드라 그레이브스 알콘(Sandra Graves-Alcorn)은 **박사학위, 교사용 언어능력평가(LPAT), ATR-BC**를 가지고 있다. 미국미술치료학회(American Art Therapy Association: AATA)의 창립자들 중에서 가장 젊은 동료였으며 교육과장으로서 첫 직무에 봉사하였다. 그녀는 AATA 기준위원회의 의장이 되었으며 미술치료 자격의 첫 번째 규정을 작성하였고 첫 번째로 등록된 미술치료사들 중 한 명이었다.

---

1) 'ATR'은 'Registered Art Therapist(공인된 미술치료사)'이다.
2) 'BC'는 'Board Certified(위원 자격)'이다.
3) 'HLM'은 'Honorary Life Member(명예평생회원)'이다. 이것은 미국미술치료학회가 수여하는 최고의 상이다.

후에 그녀는 AATA 회장으로 봉사했다. 루이빌 대학교(University of Louisville)에서 1969년에 표현치료연구소를 창립한 그녀는 AATA가 공인된 같은 날에 고용되었다. 루스브링크(Vija Lusebrink)와 더불어 그녀는 『표현치료의 연속체(The Expressive Therapies Continuum)』의 공동 저자였는데 그것은 이 분야의 기초를 놓았다. 그녀는 『치유의 표현, 고통의 과정을 껴안기(Expressions of Healing, Embracing the Process of Grief)』의 저자이며 이 책은 이제 전자책으로도 출간되었다. 교수로서 30년을 재직한 그레이브스 알콘 박사는 임상 현장을 개원했으며, 2개의 상담연구소뿐만 아니라 위탁보육기관도 개원했다. 은퇴 후 지금은 플로리다(Florida)에서 살고 있다.

클리프 요셉(Cliff Joseph)은 **순수미술학사**(B.F.A.) 및 **ATR-BC**를 갖고 있으며 AATA의 첫 번째 아프리카계 회원이다. 미술치료에 대한 그의 관심은 인권운동 중이던 50여 년 전에 시작되었다. 이때 그는 하네만 의과대학에서 1967년에 열렸던 AATA 설립총회에 그를 초대했던 크레이머를 만났으며, 크레이머는 당시 뉴욕시 에이브러햄 야코비 병원(Abraham Jacobi Hospital)에 근무 중이었다. 요셉은 사회정의, 다문화주의, 사회행동주의를 위한 투쟁 그리고 변화의 체제적 동인으로서 역할을 한 선구적인 미술치료사이다. 그의 업적은 필연적으로 인종적 · 경제적 압제에 대항하는 공동체에 속해 있었으며 미술치료 분야에서 정의를 위해 크고 확신에 찬 목소리를 낸 인물이다. 요셉은 예시바 대학교(Yeshiva University)와 앨버트 아인슈타인 의과대학(Albert Einstein College of Medical Hospital) 그리고 이후에는 링컨 커뮤니티 정신건강센터(Lincoln Community Mental

Health Center)에서 미술치료 학과장으로 일해 왔다. 그는 뉴욕시 (New York City)에서 뉴욕주립위원회(New York State Commission)가 예술에 대해 승인해 준 자금으로 '무덤(The Tombs)'이라는 교도소 프로그램을 창립하는 데 결정적인 역할을 했다. 또한 그는 미국에서 첫 번째 미술치료 학위과정의 하나를 설립하고 이끌어 나가기 위하여 프랫 대학(Pratt Institute)에서 조 가라이 박사(Dr. Joe Garai) 및 로빈스 박사(Dr. Art Robbins)와 합류했다. 그는 수년 동안 프랫 대학에서 미술치료 학생들을 가르치고 임상감독했다. 그는 소수집단의 미술치료사들에게서 매우 존경받고 친애하는 멘토이다. 1973년에 그는 AATA 분과인 '미술치료와 제3세계(Art Therapy and the Third World)'를 조직했으며 후에 논문으로 발표되었다. 1973년 출간된『마음의 벽화, 정신과 공동체의 이미지(Murals of the Mind, Images of a Psychiatric Community)』의 공동 저자이다. 요셉은 인종주의와 베트남 전쟁에 반대하는 일련의 그림들을 포함하는 저항운동 화가로 유명하며 많은 전시회도 열었다.

　프랜시스 카플란(Frances F. Kaplan)은 뉴욕대학에서 미술치료 박사학위를 받았으며 **미술학 박사**(D.A.)**학위**와 **ATR-BC**를 갖고 있다. 그녀는 이 분야에서 교육, 임상실습, 저술과 여러 강연 등의 폭넓은 경험을 갖고 있으며,『미술, 과학, 미술치료(Art, Science and Art Therapy)』와『미술치료와 사회활동(Art Therapy and Social Action)』의 저자이다. 그녀는 현재 미술치료 평가에 관한 저서를 집필하고 있다. 카플란 박사는 AATA의 저널인『미술치료(Art Therapy)』의 집행 편집장이다. 호프스트라 대학교(Hofstra University)에서 미

술치료의 석사과정 학과장을 역임했던 그녀는 1997년 이래 오리건
(Oregon)주에 있는 메릴허스트 대학교(Marylhurst University)에서
강의했다.

　마이라 레빅(Myra Levick)은 **박사학위, ATR–BC, HLM** 자격을 가지
고 있으며, 필라델피아에 있는 하네만 병원 · 의과대학[Hahnemann
Hospital and Medical College: 현재는 드렉셀 대학교(Drexel University)]
에서 창조적 미술치료 프로그램을 설립했다. 하네만 의과대학은 학
부 및 대학원 미술치료 학생들에게 제공된 첫 번째 대학원 과정이었
다. 그녀는 AATA의 창립자들 중 한 사람이며 초대 회장이다. 그녀
는 국제 저널인『심리치료에서의 예술(The Arts in Psychotherapy)』
의 편집위원장이었으며 많은 글과 서적을 출판했다. 아동의 미술과
발전과정에 초점을 맞추고 있는 그녀의 저서들은 다음과 같다.『그
들은 말할 수 없었으므로 그림을 그렸다: 아동의 사고와 해결방식
(They Could Not Talk and So They Drew: Children's Styles of Coping
and Thinking)』『내가 말하고 있는 것을 보라: 아동이 미술을 통하
여 우리에게 말하고 있는 것(See What I'm Saying: What Children
Tell Us Through Their Drawings)』이다. 2009년에 레빅은『레빅 정서
및 인지 미술치료 평가(Levick Emotional and Cognitive Art Therapy
Assessment: A Normative Study)』를 출판했다. 새로운 '전문적 미술치
료 마이라 레빅상(Myra Levick Award for Excellence in Art Therapy)'
은 그녀를 기념하여 미술치료사들의 공동체에서 제정되었다. 그녀
는 현재 플로리다에서 살고 있다.

캐시 말키오디(Cathy Malchiodi)는 **박사학위**, **임상심리전문가**(LPCC), **미술치료전문가자격**(LPAT), **ATR-BC**, **HLM** 자격을 가지고 있다. 그녀는 국경 없는 미술치료학회(Art of Therapy Without Borders) 회장 및 트라우마 현장과 표현미술치료 연구소(Trauma-Informed Practices and Expressive Art Therapy)의 대표이다. 그녀는『미술치료 자료집(The Art Therapy Sourcebook)』『미술치료 핸드북(Handbook of Art Therapy)』『미술치료와 건강(Art Therapy and Health Care)』『아동 미술의 이해(Understanding Children's Drawings)』를 포함하여 18권의 책을 저술 및 편집했다. 말키오디 박사는 미국 전역과 국제적으로 350여 차례의 대표 강연, 워크숍, 미술치료를 수행했다. 그녀는 AATA의 명예평생회원이며 미술치료의 국제 작업으로 케네디 센터 명예상(Kennedy Center Honors)을 수상했다. 그녀는 또한『심리학 투데이(Psychology Today)』의 작가이며, 2012년 TED에서 첫 번째로 미술치료에 대한 대담을 진행했다.

숀 맥니프(Shaun McNiff)는 **박사학위**를 가지고 있으며, 1974년 매사추세츠(Massachusetts)주 케임브리지 소재 레슬리 대학교(Lesley University)에서 통합미술치료 대학원 프로그램을 처음으로 설립했다. 그는 전문 화가이며『통합 미술치료: 역사, 이론과 실습(Integrating the Arts in Therapy: History, Theory, and Practice)』『연구로서의 미술(Art as Research)』『미술은 치유한다(Art Heals)』『의학으로서의 미술(Art as Medicine)』『과정의 신뢰: 한 미술가의 실행 가이드(Trust the Process: An Artist's Guide to Letting Go)』『미술 기반 연구(Art-based Research)』등의 저자이고 중국어, 일본어, 스페인어와

포르투갈어로 번역된 다른 저서들도 있다. AATA의 회장을 역임한 맥니프는 AATA의 명예 평생회원상을 포함한 다양한 수상 경력이 있다. 2002년 레슬리 대학교에서 그를 가장 처음으로 정교수로 임명하였다.

브루스 문(Bruce L. Moon)은 **박사학위, ATR−BC, HLM** 자격을 갖고 있으며, 밀워키 소재 마운트메리 대학교(Mount Mary University)의 미술치료 교수이자 미술치료 박사과정의 공동 설립자이다. 그는 벅키예 미술치료학회(Buckeye Art Therapy Association)에서 2009 명예평생회원상을 수상했으며 AATA에서 2007 명예평생회원상을 수상했다. 그는 유니언 대학(Union Institute)에서 박사학위를 받았으며『실존적 미술치료(Existential Art Therapy)』『미술치료에서 윤리적 문제(Ethical Issues in Art Therapy)』『미술치료에서 은유의 역할(The Role of Metaphor in Art Therapy)』을 포함한 7권 서적의 저자이다. 또한『이미지와 작업하기: 미술치료사들의 미술 그리고 언어적 그림들의 공동 편집자(Working with Images: The Art of Art Therapists, and coeditor of Word Pictures: The Poetry and Art of Art Therapists)』의 편집자이다. 그의 현장 경험은 정서장애 청소년의 치료에 초점을 맞추고 있으며 그는 현재 화가, 싱어송라이터 등으로 활동하고 있다.

캐서린 하일랜드 문(Catherine Hyland Moon)은 **석사학위**와 **ATR−BC**를 갖고 있으며 시카고 미술대학(the Art Institute of Chicago) 미술치료학과의 교수이다. 그녀는『스튜디오 미술치료: 미술치료사의 화가로서 정체성 성장(Studio Art Therapy: Cultivating the Artist Identity in the Art Therapist)』『미술치료에서의 자료와 매체: 다양한 미술적 어휘에 대한 비판적 이해(Materials and Media in Art Therapy: Critical Understandings of Diverse Artistic Vocabularies)』의 저자이다. 그녀의 현재 실습은 탄자니아(Tanzania)와 케냐(Kenya)에서 포용적 성장과 낙인 감소에 초점을 맞추고 공동체 기반 아동미술 프로그램을 실행하고 있다. 그녀는 30년 이상 현장에서 미술치료를 시행했다.

아서 로빈스(Arthur Robbins)는 **교육학박사, 미국 공인미술치료사** (ATR), **HLM** 자격이며 뉴욕시 프랫 대학의 미술치료 교수이자 창설자이다. 그는 또한 표현적 분석 치료연구소(Institute for Expressive Analysis)의 창립 이사이다. 그는 심리학자, 정신분석가 자격증을 갖고 있으며 조각가이기도 하다. 그의 저서들에는『창조적 미술치료(Creative Art Therapy)』『치료사로서의 예술가(The Artist as Therapist)』『심리미학적 경험(The Psychoaesthetic Experience)』등이 있다. 로빈슨 박사의 회고록은 융에와 웨드슨(Wadeson)의 저서인『미술치료의 설립가들, 그들의 회고록과 인생 이야기(Architects of Art Therapy, Memoirs and Life Stories)』에서 볼 수 있다.

주디스 루빈(Judith A. Rubin)은 **박사학위, ATR–BC, HLM 자격**을 갖고 있으며 미국 미술치료학회의 회장을 역임했다. 그녀는 피츠버그 정신분석 인스티튜트(Pittsburgh Psychoanalytic Institute)의 명예교수이며 피츠버그 대학교의 명예교수이다. 그녀는 6권의 저서와 미술치료에 관한 10개의 영화의 저자이며 익스프레시브 미디어(Expressive Media, Inc.)의 회장이다. 그녀의 저서는 『아동 미술치료(Child Art Therapy)』 『미술치료 입문(An Introduction of Art Therapy)』 『미술치료에의 접근(Approaches to Art Therapy)』 등이 있다. 그녀의 미디어 자료로는 『미술치료는 많은 얼굴을 갖고 있다(Art Therapy Has Many Faces)』 『정신적 건강에서의 창조적 치유(Creative Healing in Mental Health)』 등이 있다.

해리엇 웨드슨(Harriet Wadeson)은 **박사학위, 공인심리학자, ATR-BC, HLM 자격**을 가지고 있다. 휴스턴 대학교(University of Houston), 일리노이 대학교(University of Illinois) 및 노스웨스턴 대학교(Northwestern University)에서 지난 40여 년 동안 미술치료 과정에 재직했다. 그녀는 미술치료에 관한 8권의 저서, 약 70편 이상의 논문 그리고 심리학과 미술치료 관련 저서들의 수많은 장(章)을 기술하였다. 그녀는 미국 내에서 자주 초대되는 대표적인 강연자이자 14개 국가의 국제적인 초청 강사이며 많은 경우 대표자로서 그 행사들을 이끌었다. 웨드슨 박사는 제1회 스미소니언 미술상, 노스웨스턴 대학교의 우수 교수상, 미국정신의학회(American Psychiatric Association)의 벤야민 러시 어워드(Benjamin Rush Award) 그리고 일리노이 사법부의 수상경력 등 미술작품, 교육적 기여와 연구 등으로 다양한 수상경력이 있다.

후배들에게 전하는 편지

산드라 그레이브스 알콘

친애하는 새로운 동료 여러분

내 생에서 알고 지낸 기간이 더 긴 나의 친구 융에가 이 저작의 일부를 맡아 달라고 나에게 요청하였고 이 저작은 큰 영광입니다.

먼저, 나 자신의 이력에 대해 간단하게 말해 보겠습니다. 내가 대학의 미술 학부에서 공부할 때 수업 중 하나가 변증법적 유물론에 관한 것이었는데(아직도 그것이 무엇을 의미하는지는 확실하지 않지만) 당시 미술에 심리적 측면이 있을 수 있다는 생각을 촉발했습니다. 나는 내 세대의 많은 사람이 그러하듯 미술치료에 대해 들어 본 적이 없었습니다. 긴 이야기이지만 간단히 줄여 말하자면 나는 미술치료사를 알고 있는 한 사람을 만났고 그녀에게 연락해서 학생으로 받아 줄 수 있는지 물었습니다. 그녀는 받아들여 주었지요. 나는 그녀와 대학 4학년을 함께 공부했습니다. 졸업 시기가 되었을 때, 내가 학위 취득 후 뭔가를 할 수 있으려면 미술 학위과정과 함께 약간의 교육학 과정을 이수해야 한다고 조언을 받았습니다. 그들은 토론과 강의를 했었고 결국 나는 그것을 해냈습니다!

나는 후배 여러분이 이것들을 기억하기를 바라는 마음으로 당신에게 이야기합니다. 다른 사람들의 말과 상관없이 당신의 열정을 밀고 나가십시오. 누군가가 나에게 "안 된다."라고 말할 때 나는 '그것'을 행할 방법을 찾아낼 것이라고 말했었습니다. 미지의 여정을 개척해 나가는 흥분은 내 평생 지속되었습니다. 나는 신중해야 할

부분에서 오류를 범하지 않았으며 비록 그리 똑똑하지는 않지만 내 결정을 후회한 적은 없어요. 결국 나는 어떤 곳의 미술치료[4] 전공으로 첫 번째 석사학위 과정을 시작했으며 그곳 캠퍼스에 미국미술치료학회가 창립된 바로 그날 루이빌 대학에 채용되었습니다. 왜 하필 거기였을까요? 완전히 우연처럼 시작된 일이었습니다. (한 정신과에서 1950년대 후반 미술치료 프로그램을 주도했고 그것을 발전시키고자 했습니다.) 대학에서 미술치료 과정을 재개할 때가 된 것입니다.

이 이야기는 다음 주제를 가지고 있습니다. 즉, 이익이 되는 점과 알려지지 않은 점을 찾으라. '예스맨'이 아닌 문제 해결사가 돼라. 당신의 생각과 타인의 생각에 질문하라. 그리고 해답을 찾으라. 해답들은 더 많은 질문으로 이어지며 창조적인 아이디어로 이어진다!

한 예를 들어 보면, 나는 미술치료가 갖고 있는 공통점이나 차이점을 생각하고 있었습니다. 그때 나는 미술치료를 '표현적 치료'라고 다시 명명했으며 표현치료학회를 창립했습니다. 1970년대 초로 올라가면, 이 사건은 필연적으로 1978년 처음으로 출판되었던『표현적 치료의 지속』과『미디어 차원 변용의 발전』으로 영향을 주며 발전했으며, 오늘날 대학원 과정에서 가르치는 프로그램의 토대가 되

---

4) 산드라 그레이브스 알콘: "1957년부터 1959년까지 루이빌 대학교는 학위과정으로 미술치료 석사학위가 있었다. 이 프로그램은 의학대학 정신과와 미술대학과의 모험적인 협력 사업이었다. 유일한 문제는 아무도 그것에 협조하지 않았다는 것이다. 당시 로저 화이트 박사(Dr. Roger White)의 환아에게 미술치료가 환상적으로 적용되었다. 그 과정에서 두 사람의 졸업생이 배출되었다. 마가렛 나움버그(Margaret Naumburg)가 병례 검토회의에서 치료과정을 발표하였을 때 그 '피날레'가 일어났다. 그녀는 참석한 모든 사람을 격분시켰고 학위과정은 중단되었지만 그 대학교의 교과 기록에는 남았다. 1969년에 나는 과도한 제재를 받았던 이 학위과정을 재설치하기 위하여 고용되었다. 나는 교과과정을 완전히 다시 정리했다."(Graves Alcorn, 개인적 교신, 2013)

었습니다.

일찍부터 인지의 통합과 무의식적 행동에 관심이 있었습니다. 내가 연구할수록 정신의학, 생화학, 학습 그리고 사회적 행동과의 연관성을 발견하게 되었습니다. 이렇기 때문에 나는 여러분에게 동일한 현상을 묘사하는 데 사용되는 다양한 어휘의 이면에 있는 이론을 찾아보라고 말하는 것입니다. 예를 들어, 피아제(Piaget)는 '스키마(schema)'라는 용어를 사용했는데, 미술교육자 로웬펠드(Viktor Lowenfeld)는 그래픽적인 발전을 설명할 때에도 이 용어를 사용했습니다. 나는 대부분의 가치 있는 정보는 치료장면과 심지어는 법정에도 도움이 되는 하나의 발전적인 모델로 이어진다는 것을 알게 되었습니다. 법의학적 미술치료(Forensic Art Therapy)는 내가 열정을 갖고 있는 분야 중에 하나로서, 다양한 연령대의 아동이 가진 시각적 표현 규준과 비교하여 학대받은 아동들의 시각적 발달 정도가 어느 정도 차이를 보이는지 등을 비교하며 전문적 증언을 하게 됩니다.

신경과학과 미술의 많은 정보가 있는 현재, 당신은 행운아입니다. 이 분야에 관해 할 수 있는 모든 것을 읽으십시오. 시겔(Dan Siegel) 박사는 이 분야에서 이해하기 쉬운 저서들을 쓴 저자입니다. 정신과 신체적 증상을 멋지게 통합한 그의 저서들도 읽어 보십시오. 정신면역학(psycho immunology)과 노먼 커즌즈(Norman Cousins)의 사상에 관해 읽으십시오. 나는 마음챙김(mindfulness)에 관한 최신 서적을 읽을 때 미소 짓게 됩니다. 1950년대에 노먼 빈센트 필(Norman Vincent Peale)은 이것을 적극적 사고의 힘이라고 불렀습니다!

당신은 또한 치료를 위해 제3자를 통한 지불 기관과 보험 회사 등에 도전해야 하는 시대에 있습니다. 미술치료사 자격증을 인정하는 몇 개의 주(州)가 있긴 하지만 보험사들은 미술치료를 정신건강 제공 분야로 인정하지 않기로 했습니다. 당신이 속한 주에서부터 함께 뭉치고 싸워 나가기 시작하십시오! 나는 필연적으로 일어나게 될 집단적 행동을 상상해 봅니다. 젊고, 열정적이고 씩씩한 새로운 미술치료사들 중 한 명이 새로운 움직임의 원동력이 될 수 있습니다.

이는 미술치료가 상담 학위의 한 부분이 되는 것에 대한 내가 갖고 있는 의문 두 가지 중 하나로 나를 이끕니다. 이에 대한 내 생각은 끔찍하고 슬픈 것입니다. 새로운 대학원생들은 예전에 비해 미술치료에 대한 배움이 적습니다. 상담심리학이나 결혼 및 가족치료, 진로상담 등의 과정을 위해 너무 많은 미술치료의 훈련을 포기해야만 합니다. 이는 자격 및 제3자 지불 기관 등의 외부적 필요성 때문에 이뤄졌지만 미술치료 분야를 강화하지는 못하는 것입니다.

후배 여러분이 여러 경험과 박사학위 등을 취득하기 전까지는 많은 것을 행하기는 어려울 수 있습니다. 그렇지만 석사과정에서 놓친 교육을 받기를 권합니다. 평생교육 과정, 미국미술치료학회 학술대회, 표현치료연구소, 미국심리학회(American Psychological Association) 등에 참석할 수 있습니다. 온라인상의 세미나도 곳곳에 펼쳐지고 있습니다. 끊임없이 생각하고 계속 질문하며 늘 탐구해 나가십시오. 그리고 열정과 공감을 유지하십시오. 우리는 이전보다 더 많이 당신이 필요합니다. 또한 당신 자신을 잘 돌보시고 더 많은 유머 감각을 발전시키십시오!

행운을 빌며 신의 가호가 있기를.

산드라

맥신 보로우스키 융에

친애하는 나의 친구들에게

나는 당신에게 신나고 모험이 가득한 삶, 또 성취감을 갖고 충분한 보수를 받는 미술치료사라는 직업을 갖기를 바랍니다('충분한 보수'가 아니라면 적어도 생계 유지가 가능한). 또한 미술치료 경력을 통해 인간이 가진 놀라운 퍼즐에 대해 배우고 또 배우며, 당신의 내담자들이 만들어 내는 이미지와 그들 삶에서의 그 중요성에 대해 끊임없이 존경하고 감사하기를 바랍니다. 임상가로서 나는 당신이 스스로 잘 참아 내며 너무나 많은 것을 기대하지 않기를 바랍니다. 당신이 배우는 것을 멈추지 않고 그 배움을 실제 현장에 옮겨 가기를 바랍니다. 이로 인해 당신을 두고 "그녀는 심지어 바위에게서도 뭔가를 배울 수 있는 사람이다."라고 말해지기를 바랍니다.

당신은 훌륭하지만 이제 막 생겨난 직업의 선구자이기 때문에 미술치료가 무엇인지부터 가르쳐야 할 의무를 지니는데, 이것이 때로는 피곤하게 하고 바보처럼 보이게도 한다는 것을 알고 있습니다. 당신이 할 수 있는 최고의 미술치료 현장 종사자가 되는 것은 물론, 더 나은 그리고 더 실현 가능한 전문 분야로 만들기 위해 최선을 다해야 할 의무가 있다고 믿습니다. 이를 위해 나는 몇 가지 조언을 하려고 합니다.

- 더 나은 세상을 만들고자 노력하세요. 당신의 의도가 항상 이해 되는 것이 아니며 또 긍정적인 것으로 받아들여지는 것도 아니겠 지만 어쨌든 그것을 행하세요.

- 항상 최선을 다하려고 노력하세요. 그러나 타인이나 당신 자신에 게 너무 많은 것을 기대하지 마세요.

- 생각과 행동 사이에는 거대하고 불안정한 차이가 있습니다. 대부 분은 생각하는 것에 그저 만족합니다. 그렇지만 당신은 행동하는 사람이 되십시오. 이것이 당신의 미술치료라는 전문성 영역에서 특별히 중요합니다. 당신은 지옥 같은 환경과 차별 속에서 살고 있는 일부 내담자에게 중요한 본보기가 될 수 있습니다.

- 입을 열고 말할 필요가 있는 것을 이야기하세요. 불안정하고 예 민한 상황에서도 용감해지십시오. 사실과 열정을 담아 말하세요. 그러면 당신은 말할 용기가 없고 침묵하는 사람들로부터 받게 될 지지에 놀라게 될 것입니다.

- 기꺼이 리더가 되십시오.

- 기꺼이 틀리십시오.

- 표면에 드러나는 것의 바로 그 아래를 심도 있게 관찰하고 당신 내담자의 행동을 몰아가는 문화적 · 개인적 · 역사적 · 무의식적 패턴을 이해하려고 노력하세요.

- 당신의 전문 분야 기관을 이해하는 것은 자신에게 맡기세요. 당 신이 하려고만 한다면 그것은 '무의식적'으로 일어납니다. 표면 아래에서 일을 추진하는 전문성의 근본적인 역동을 탐구하고, 모 두를 위해 일을 더 공정하고 공평하게 만들려고 노력하세요.

- 설사 아무도 그것을 보지 못하거나 말하지 못한다고 할지라도 진

실을 말하는 데 두려워하지 마세요. 설사 두려워지더라도 어쨌거
나 그것을 행하세요. 나는 '진실'로 보이는 것에 대해 질문하기를
통해 역사적인 발전을 가능하게 만든다고 믿습니다.

- '진리'로 위장한 추정에 대한 질문 같은 것이 주위에 많이 있습니다.
- '대립'을 피하고 사람들을 행복하게 하고 '적절하게' 행동하고 '좋
  은 여성'이 되어야 할 필요가 있는지 살펴보세요. 기억하세요, 올
  바른 상대편을 만드는 것은 때때로 중요합니다.
- 유머를 소중히 생각하세요. 그것을 내담자와 당신 자신에게 사용
  하세요. 당신의 전문성 영역에서도 그것을 사용할 수 있습니다.
  이러한 삶은 매우 즐거워서 그 어떤 것도 할 수 없는 상황에서 견
  뎌 낼 수 있게 합니다.
- 현재의 삶에서 (그리고 당신의 전문 영역에서) 장벽이 있는 곳을 찾
  아서 그것들을 없애 버리려고 노력해 보세요.
- 미국의 일반적인 정신건강 체계의 대부분은 사회적 통제에 기반을
  두고 있지만 도움이 되는 것은 아닙니다. 이 부분에 대해 무엇을
  할 수 있는지 알아보고 기회가 있을 때마다 시도해 보세요.
- 미술과 이미지를 사랑하세요. 이것이야말로 당신의 내담자를 위
  해 어떻게 더 깊은 영역까지 뚫고 들어갈 수 있는지, 어떻게 치유
  할 수 있는지 그리고 그것이 당신에게 어떻게 작용하는지에 대한
  것입니다. 미술치료사가 반드시 자신만의 미술 작업을 해야 한다
  고 생각하지는 않지만, 나는 당신이 삶의 최전선에서 진정한 창
  의성을 유지할 수 있는 방법을 찾아야 함을 굳게 믿습니다.
- 만약 예술이 당신의 일과 삶에서 멀어지기 시작한다면 이것이 **무
  엇을 의미하는지 스스로에게 질문하세요.** 당신 자신에게 솔직하십

시오. 말은 이미지만큼 결정적이거나 지속적이지 않습니다. 당신이 걷고 있는 길 위에서 필요한 교정을 행하세요.

- 그리고 현자들이 일찍이 말했던 세 가지 규칙을 기억하세요.
  - 바위들을 언덕 위로 밀어 올리지 말라.
  - 친구를 찾으라.
  - 살아남으라.

당신에게 행운과 사랑이 있기를, 그리고 당신은 차이를 만들어 낼 힘을 갖고 있다는 것을 항상 기억하기를 바라며.

맥스

클리프 요셉

요셉은 현재 91세이다. 그는 내게 자신의 글을 보내오며 책에 실릴 부분을 발췌하여 주기를 제안했다. 그는 편지로 이처럼 말했다.

이 세상에 건강한 삶을 가져오는 임무로 뭉친 하나의 인간 가족의
구성원으로서 우리 모두가 이곳 지구 위에 함께 있다는 것을 학생들
이 알게 해 주십시오. 그리고 그들과 함께 나의 사랑을 나누십시오.

진심을 담아.

클리프

'창조적 동맹: 미술치료의 치유적 힘과 사회적 행동' 중에서

미술치료사로서의 나의 작업은 주로 인종적 · 경제적 압제가 있는 집단에서 이루어졌다……. 주류의 정신의학적 진단과 관련해 많은 심리사회적인 문제의 뿌리는…… 환자가 가진 중요한 필요와는 전혀 관계가 없다. '미술치료사'는 내담자의 스트레스 과정에 대해 잘 알고 있어야 하며, 그들 자신이 극복해 나가기 위해 창의적으로 일하면서 배운 교훈을 인정하고 잘 활용할 수 있어야 한다. 이런 특별한 위치에 있다는 것은 '미술'치료사들이 자신 안에서 어떤 공감을 끌어낼 수 있는지를 인식할 수 있게 한다. 미술치료에서 제작된 작품들은 치료적 동맹을 위한 필수적인 참고 사항이 된다. 그들 자신의 예술로부터 맺어진 치료사-내담자 동맹을 통해 내담자들은 개인으로서 또 집단으로서 때때로 사회적 활동주의로서 그들 문제의 본질을 보기 시작한다……. 공동체의 긍정적인 변화를 가져오려는 노력은 엄청난 치료상의 이득이 될 수 있다.

억압이라는 맥락에서 볼 때, 나의 개인적인 배경은 내담자와의 작업에 있어서 무한한 가치의 자원이라 할 수 있다. 파나마에서 태어난 나는 아프리카-카리브 사람이다. 아버지와 외할아버지는 파나마 운하를 건설하는 것을 도왔다. 나의 부모님은 형들, 누나들과 함께 18개월 된 나를 미국으로 데려왔다. 우리는 뉴욕시 할렘 가에서 살았는데 거기서 부모님은 더 나은 삶의 희망을 찾을 수 있기를 기대했지만 삶은 어려웠다……. 나에게는 미술이 내가 이해한 것과 감정을 표현하는 길이 되었다.

사람들은 역기능적인 가정, 학교, 직장, 종교적 장소 또는 사회적 관계에서 경험한 대인관계 및 환경적 갈등의 고통에서 벗어나기 위해 우리 '미술치료사'를 찾는다. 그들은 인종차별주의, 성차별주의, 계급주의, 동성애 혐오 그리고 소외된 사회가 차별의 근거로 삼기로 결정한 어떤 것들로 인해 고립감과 외로움을 경험할 수 있다. 인종주의에 숨겨진 의제는 계속되고 있으며 정신건강 체계 자체뿐만 아니라 개인, 조직, 제도적 환경에서도 나타난다. 대인관계에서의 갈등은 그들이 자란 더 큰 맥락에서 가장 잘 이해되고 있다고 '나는 믿는다.' 그리고…… 변화를 만들어 내기 위해서는 창조성이 필요하다.

수 세기의 가르침

수 세기의 가르침,
하지만 아직 배운 것이 거의 없나니.
수천 년간의 조상들의 투쟁이
아직도 승리를 얻지 못했네.
모든 세대가 발을 헛디뎠네,
그 불확실한 밤 동안.
어떻게 걸어가는지 알지 못하네,
계시의 불빛으로 나 있는 길을.
이제 그것은 우리를 가르치기 위하여 무엇을 택할 것인가,
너무나 늦어진 시간 앞에서.
메시아, 예언자여, 삶과 죽음 가운데
우리를 운명으로부터 인도하소서.
어두운 유혹이 우리를 데려가는 곳은
생명의 시냇물이 흐르지 않는 곳이라네.

어린이의 웃음이 들리지 않는 곳은

사랑의 등불이 반짝이지 않는 곳이라네.

수 세기의 가르침,

하지만 아직 배운 것이 거의 없나니.

수천 년간의 조상들의 투쟁이

아직도 승리를 얻지 못했네.

끝없는 전쟁이 끝나지 않으며,

불의도 끝나지 않으려니,

현명해진 영혼이 신의 부름에 복종할 때까지,

약속된 평화를 만들기 위하여.

프랜시스 카플란

친애하는 미래의 미술치료사 여러분

나는 1976년부터 미술치료사로 일해 오면서 미술치료가 무엇인지 그리고 무엇이 아닌지에 대한 몇 가지 견해를 얻게 되었고 이 견해를 여러분과 공유하고 싶습니다. 내 의견은 '엄청난' 것은 아닙니다(나의 교수님이 사실보다 더 직관적인 생각에 대해 말했지요). 나는 편견을 갖고 있을 수도 있습니다. 그럼에도 불구하고 내 의견이 경험, 관련 연구에 대한 검토 그리고 논리에 기초하고 있기 때문에 타당성을 갖고 있다고 생각합니다. 그래서 더 이상 중언부언하지 않고 바로 이야기해 보겠습니다.

미술치료는 하나의 이론을 추구하는 전문 영역이라고 일컬어져 왔습니다. 이것은 절대로 옳지 않습니다. 미술치료는 지난 20세기의 중반에 정신분석이론으로부터 성장했습니다. 처음에는 그것이 일관된 구조를 구축하는 길로 잘 가는 것처럼 보였습니다. 그러나 시간이 지남에 따라 그리고 정신분석의 타당성이 논쟁거리가 됨에 따라 미술치료의 정신분석적 토대는 허물어지기 시작했습니다. 그 결과, 이 구조적 흔들림 때문에 미술치료는 불안정하게 되었고 공통된 목적 없이 이쪽저쪽으로 왔다 갔다 하게 되었습니다.

그러면 이제 미술치료가 아닌 것이 무엇인가를 말하는 것이 중요해지고 우리 분야에 대한 몇 가지 매개변수를 설정하여 확고한 기반을 발전시킬 수 있습니다. 일단 이것이 완료된 후에는 과정을 잘 수행해 나가기 위해 탄탄하게 짜인 연구(현재까지는 별로 없는 상태인)가 필요합니다.

미술치료에서 배제될 수 있는 것은 무엇일까요? 첫째, 미술치료는 일부 사람이 믿는 것처럼 '마법적인' 것도 아니고 '신비적인' 것도 아닙니다. 미술치료는 자존감과 자신감을 고취하고 문제에 대한 통찰력을 제공하며, 강점과 약점을 드러내고 전반에 걸쳐 창의성을 촉진하는 이미지를 통해 도움을 제공하는 과정입니다. 또한 미술치료는 지금까지 쉽지 않았던 것을 구체적으로 만들어서 목표 설정에 도움을 줄 수 있습니다. 그리고 이 모든 것을 다른 것의 개입에 의존하지 않고 진행해 나갈 수 있습니다.

둘째, 미술치료는 만병통치약이 아닙니다. 미술치료는 일부 사람들, 특히 구술적인 언어가 제한적인 사람들을 위한 선택적 치료가 되기도 하지만 다른 사람들에게 반드시 이러한 것은 아닙니다. 어떤 사람들은 미술작업에 참여하는 것으로는 성취되지 못할 수도 있고 많은 다른 방식의 치료적 접근으로부터 비슷한 이점을 가질 수도 있습니다.

  셋째, 미술치료의 그림은 사람의 인지발달 수준을 판별하는 데는 제한을 가지고 있습니다. 그림의 정교함과 인지발달 수준 사이에는 상관관계가 있지만 이는 사춘기 이전 아동과 특정한 인지적 장애가 있는 아동의 작업에 주로 적용됩니다. 초기 단계의 미술 특성을 보이는 성인을 다른 검사 없이 발달이 지연된 성인으로 평준화하는 것은 비양심적이라 할 수 있습니다. 미술에 대한 훈련이나 경험을 거의 하지 않았지만 다른 모든 면에서 높은 기능을 하고 있는 사람들이 많이 있습니다.

  마지막으로, 일부 교집합적인 측면이 있기는 하지만 미술치료와 순수미술은 동일한 것이 아닙니다. 순수미술은 보편적인 목표를 가지고 있으며 개개인에 초점을 맞추는 것은 아닙니다. 그것은 심미적인 호소력과 뛰어난 기법을 우선시합니다. 미술치료를 행하는 사람들은 이러한 기술은 거의 가지고 있지 않으며, 화가로서의 정체성을 가지려는 욕망도 거의 없지만 치료 과정에서 가치를 이끌어 냅니다. 내 동료가 이 차이를 확인해 주었던 미술가인 내담자를 이야기해 주었습니다. 그 내담자는 자신이 미술치료에서 행하는 '미술'이란 그녀가 전문 화가로서 창작해 내는 **미술**과 동일하지 않다고 알려 주었습니다.

  미술치료 주위에 '진리'로 받아들여지며 떠다니는 많은 개념이 있습니다. 치료는 실재에 기반을 둔 탁월한 연구를 통하여 철저하게 조사할 필요가 있습니다. 이것은 심리학과 미술을 결합하는 미술치료에 적용되어야 합니다. 내가 아는 한 어떤 기법이 가장 잘 작용하는지(또는 온전히 작동하는지) 확실하게 알 수 있는 다른 방법은 없습니다. 사실, 신구(新舊)의 여러 절차가 시험을 거치고 다시 시험을 거쳐야 할 필요가 있는데 누적되고 있는 연구가 우리를 진실을 향해 인도할 수 있기 때문입니다.

미술치료 공동체 안에서 "미술은 어디에 있어?"라고 묻는 사람들이 있습니다(몇 년 전의 TV 광고에 한 중년 여성이 햄버거 가게에서 "쇠고기는 어디에 있어?"라고 크게 소리쳐 묻는 광고를 떠올리게 합니다). 그러나 나는 미술의 부족이 문제인 것이 아니라, "과학은 어디에 있는가?"라고 우리 미술치료사들이 물어야만 한다고 당신에게 제안하고 싶습니다.

그래서 내가 전하는 메시지는 다음과 같습니다. 미술치료에 더 많은 과학을 접근하세요. 연구를 격려하고 행하며 미술치료와 관련한 분야에서의 연구와 보조를 맞추십시오. 보잘것없는 연구와 좋은 연구 사이의 차이점을 알기 위하여 배우십시오. 만약 진정으로 미래의 미술치료사들이 진지하게 연구에 임하지 않는다면, 미술치료의 어떤 이론도 굳건하게 발전하지 않을 것이며 매력적인 우리의 분야가 하나의 독립적인 전문 영역으로 살아남을 수 없을 가능성이 있습니다.

나는 당신이 쌓아 갈 새로운 경력 안에서 최고가 되기를 기대하며 "과학은 어디에 있는가?"라는 질문에 대해 "여기, 바로 여기에 있다!"라는 말로 대답하기를 소망합니다.

카플란

미라 레빅

친애하는 미술치료 학생 여러분

이 서한을 작성하도록 초대받은 선배 미술치료사 그룹에 포함된 것은 영광스러운 일입니다. 나는 이미 당신을 내 동료라고 생각하며 미술치료사로서 우리의 미래를 튼튼하게 만드는 사람으로 당신을 바라봅니다. 당신이 그 미래를 확실하게 하는 데 도움이 될 지혜의 진주를 우리에게 기대할 것으로 생각합니다. 나는 의심할 여지 없이 이 그룹의 가장 연장자이며 대학원 미술치료 교육의 시작 및 미국미술치료학회(AATA) 설립 이래로 지속되어 온 경험은 당신이 바라는 점에 신중해야 한다고 내게 이야기합니다.

이 같은 경고에 나는 당신이 계속해서 배우도록 영감을 줄 수 있는 미술심리치료사로서의 내 경력 중 좋은 순간, 또한 당신이 넘어질 때 도움이 될 수 있는 나의 안 좋았던 순간을 나누고자 합니다. 그 과정에서 나는 학생들의 질문에 답하려고 노력할 것입니다.

이 독특한 정신건강 분야에서 미술치료 현장 종사자로서 40년 넘게 일하면서 나에게는 미술의 힘을 전형적으로 보여 주는 믿을 수 없는 놀라운 경험과 이미지가 많이 있었습니다. 이 중 일부는 출판물로 기록되었고 나머지 것은 폐기한 노트에 기록했으나 결코 잊지는 않았습니다. 격렬한 저항을 회복의 길로 바꾼 최고의 사례가 하나의 경험으로서 영원히 내게 남아 있습니다. 하네만 의과대학 병원에서 근무하는 동안 나는 입원 환자 병동 근무자들을 슈퍼바이징했습니다. 이 중 한 사람, 내가 C라고 지칭할 젊은 정신과 병동 보조자는 내가 하는 말에 동의하지 않는 경우가 많았습니다. 몇 달

후 C가 내게 전화를 걸어와 내게 치료를 받고 싶다고 말했을 때 놀
랐었습니다. 우리는 만남을 가졌고, 나의 초기 질문에 대한 응답 중
그는 자신이 대학으로 돌아가기 위해 현재의 자리를 떠난다고 하면
서 이와 같은 이동에 대해 많은 불안감을 느낀다고 말했습니다. 그
는 나를 치료사로 선택했다고 말하면서 그 이유는 내가 "형편없으
며, 만약 나와 함께하는 치료에서 살아남을 수 있다면 어디서든 살
아남을 수 있기 때문"이라고 했습니다. 이러한 부정적인 전이는 너
무나 노골적이었습니다. 나는 C를 일주일에 한 번 보는 것에 동의
했습니다. 6개월 동안 그는 약속을 지키기도 어기기도 하였으며, 전
화도 없이 내 사무실로 찾아오기도 하였습니다. 많은 작품을 그렸
지만, 이미지들에 대한 논의는 거부했습니다. 내가 한계와 경계를
정하면 정할수록 그는 더욱더 신경질적으로 변했습니다. 그러던 어
느 날 오후 그는 예고도 없이 내 사무실로 밀치고 들어와서 말하기
를, 치료를 계속하기에는 "너무 저항적"이라고 말했습니다. 나는 그
에게 떠나기 전에 저항이라고 마음속에 떠오른 것을 그림으로 그려
보도록 침착하게 제안했습니다. 그 이미지는 무지개색을 내는 동굴
처럼 보였습니다. 그는 동굴 입구에 작은 형상을 배치했는데 우리
는 그 형상이 동굴로 들어가는지 나오는 것인지를 말할 수 없었습니
다. C는 자신의 이미지에 놀라며 마침내 이야기를 하기 시작했습니
다. 동굴이 자궁 같으며 그가 입구에 달라붙어 있다고 했습니다. 자
신이 그린 것에 그는 눈에 띄게 흔들린 것처럼 보였으며 치료가 재
탄생으로 보인다고 말을 이어 나갔습니다. 그리고 그의 어머니가
그랬던 것처럼 내가 그를 포기할까 봐 두려워했습니다. C는 6년 동
안 치료 회기를 반복하면서 이어나갔으며, 대학을 마치고 순수미술 석

사학위를 취득하더니 전시하는 화가가 되었습니다. 그는 나와 10년 넘게 관계를 지속해 오고 있으며 내가 그의 사례를 포함한 논문을 작성하는 것을 승낙했습니다(Levick, 1975). 그는 자신의 이미지가 다른 어떤 환자보다도 더 많은 것을 나에게 가르친 것이라고 말했고 나는 여기에 때때로 동의했습니다. 그의 이미지는 C가 살아온 삶의 과정 및 경계선 성격장애 환자와의 작업에 대한 나의 이해와 접근방식을 변화시켰습니다.

　C의 진단명을 정의하는 것은 치료 목표를 설정하는 데 있어서 매우 중요했기에 나는 **당신에게도 교육철학과 무관하게 진단의 중요성을 강조합니다.** 이 진단을 '사정'이나 '평가' 또는 다른 무엇으로 칭하든 간에 이 과정 없이는 적절한 치료 계획이 있을 수 없습니다. 나는 일부 동료가 환자들을 진단하고 병명을 붙이는 것 자체를 받아들일 수 없을 정도로 강하게 느낀다는 점을 알고 있습니다. 사실상 '환자'라는 용어는 점점 더 자주 포기하게 되었으며 내담자라는 용어로 대체되었습니다. 그러나 나에게 이것은 받아들일 수 없는 것입니다.

　이러한 방침은 정신건강의 분야에서 환자들을 만났던 미술치료사들이 세운 것입니다. 만일 당신이 키아트코브스카(Kwiatkowska), 울만(Ulman), 나움버그(Naumburg), 존스(Jones), 엘리노 울만(Elinor Ulman)이 출판한 최초의 미술치료 저널에 실린 기고물들을 아직 읽지 않았다면 반드시 읽어야 합니다. 그들은 '내담자들과 작업'하지 않았고 '환자들을 치료'했습니다. 심리학자이자 미술치료 사용의 선구자인 고(故) 에른스트 함스(Ernst Harms) 박사가 1960년대에 창간한 또 다른 미술치료학 저널에 게재한 사람들도 마찬가지였습니다. 그의 저널 『미술심리치료(Art Psychotherapy)』는 후에 『심리치료에

서의 미술(The Arts in Psychotherapy)』이 되었으며 우리 분야의 주
요한 출판물로 남아 있습니다.

잘못된 진단이 어떻게 치료를 연장하는지를 보여 주는 흥미로운
예는 30대 젊은 남자가 "발기할 수 없고 여자친구가 자신에게 화가
났다(Fink & Levick, 1974)."는 이유로 낮 병동에 진료를 받기 위해
찾아온 사례에서 볼 수 있습니다.

당시 일반적인 의뢰 절차 없이 입원하려면 직원 회의에서 자신의
증상과 자발적 입원 이유를 설명해야 했습니다. 그는 자신의 문제
를 생생하고 자세하게 설명했으며 자신을 향한 여자친구의 분노로
인한 자신의 괴로움을 자세히 말했습니다. 전반적인 의견은 그가
상대적으로 양성 진단을 내릴 수 있는 '신경증'이라는 것으로 진단
되었고 단기 입원일 것으로 추정되었습니다. 그러나 회의 장면에서
낯선 사람들에게 하는 그의 은밀한 내용의 공개는 우리 중 일부에
게는 적절하게 느껴지지 않았습니다. 미술치료 중 그는 성기 아랫
부분 주변을 커다란 화살이 감싼 기괴한 이미지로 드로잉했습니다.
그의 행동이 더 심해지면서 더 완전한 평가가 이루어졌고 그는 결국
'편집적 조현병'으로 바르게 진단을 받았습니다. 그에 따른 치료 목
표가 수립되었고 그는 결국 퇴원했습니다. 이 사례에는 우스운 사
건이 하나 있습니다. 나는 폴 핀크 박사와 공동 저술한 논문(Fink &
Levick, 1974)에 처음으로 그 기괴한 이미지를 포함했었습니다. 이
후 핀크 박사와 나는 『심리치료에서의 미술(Arts in psychotherapy)』
의 공동 저자가 되었는데 후에 그 단서를 보고는 웃지 않을 수 없었
습니다. 우리의 인쇄인은 그 남성 환자가 아래쪽 위치에 커다란 활
이 있는 자신의 생식기를 그리고 그 그림을 뒤집어야 이미지가 똑바

로 위치한다는 것을 분명히 믿지 않았다는 것을 발견했습니다. 이렇기 때문에 나는 여기서 정확한 진단을 내리는 것의 중요성뿐만 아니라, 환자들이 만든 이미지를 바탕으로 우리의 결론을 문서화하는 데 있어서 분명하게 하는 **명료함의 중요성**을 강조하는 것입니다.

만약 내가 중도에 쓰디쓴 실패를 경험했다는 것을 당신에게 말하지 않는다면 나는 태만한 자가 될 것입니다. 나는 심한 우울증에서 회복되는 것으로 보였던 아름다운 10대 소녀를 떠올립니다. 그녀의 이미지가 이를 뒷받침해 주어 그녀는 퇴원했습니다. 그리고 몇 주 후 우리는 그녀가 스스로 목숨을 끊었다는 것을 알게 되었습니다. 우리는 실패했으며 직원 회의에서 모든 것을 점검해 보아도 어떻게 왜 그랬는지를 꼭 집어낼 수가 없었습니다. 또한 나는 거의 1년 동안이나 집으로 돌아갈 수 없을 정도로 상태가 좋지 않았던 막 성년이 되는 젊은 남성도 생각해 봅니다. 내가 가진 이러한 초기 몇 년간의 실패감은 두고두고 세 가지 질문을 야기했습니다. 즉, 내가 올바른 진단을 하고 적절한 치료 목표를 확정했었는가? 우리는 항상 환자들의 요구를 충족시키고 있는가? 그리고 미술이 언제나 치유할 수 있는가? 이 질문에 대한 대답은 '아니다'입니다.

나는 치료 과정에 내재된 근본적인 원리를 상징하는 사례를 하나 더 인용해 보겠습니다. 이 원리는 내 전문적 경력 전반에 걸쳐 미술 치료의 실행과 가르침에 영향을 준 원리입니다. 1960년대에는 정신 질환을 앓고 있는 노인들을 위한 노인 병동도 없었고 장애가 있는 아동·청소년들을 위한 병동도 없었습니다. 우리의 특별한 29개 병상의 개방 병동은 10대, 20대부터 60대 범주의 성인 그리고 추가로 80대와 90대 이상까지의 노인들을 위한 것이었습니다. 나는 우울증

진단으로 입원한 80세쯤으로 보이는 사랑스러운 여성을 결코 잊을 수 없습니다. 치매나 동맥경화라는 증거는 없었습니다. 알츠하이머 장애도 아직까지는 확진이 내려지지 않았었지요. 내가 애나라고 불렀던 이 숙녀는 항우울제 처방을 받았으며 나는 그녀를 집단 미술 활동에 관여시키라는 지시를 받았습니다. 그녀는 마지못해 몇 번 왔다가 분명하게 내게 말하기를 그림을 그릴 수 없고 미술을 좋아하지 않는다고 했으며 더 이상 미술치료 회기에 오지 않았습니다. 나는 시간을 내어 그녀와 함께 앉아 그녀 자신에 대해 말하는 시간을 갖기로 했습니다. 아직 누군가와 연결되기를 꺼려했던 애나는 결국 나에게 자신은 혼자 살고 있으며 좋은 가정을 꾸렸었고 가끔 만나는 손자 손녀도 있다고 말했습니다. "모든 사람이 너무 바빴지요." 그녀는 말했습니다. 그 누구도 그녀를 더 이상 필요로 하지 않았기에 그녀는 불평했으며 완전히 쓸모없다고 느꼈습니다. 나는 한 가지 아이디어를 생각해 냈습니다. 나는 그녀가 (나처럼) 유대인이며, 일주일 뒤에 유월절 휴가가 다가오고 있음을 알고 있었습니다. 나는 그녀가 유월절 무교병(손이 많이 가는 절기 음식)을 만들곤 했었는지를 물었습니다. 그녀는 그 질문에 분명하게 "당연하죠, 유월절에는 무교병을 만들었었죠."라고 대답했습니다. 나는 애나에게 다가오는 명절 주간 동안에 직원들과 환자들을 위해 무교병을 굽는 것이 어떨지 물었습니다. 그녀의 얼굴이 환해졌으며 처음으로 그녀의 미소를 보았습니다. 그녀는 "네."라고 말하며 고개를 끄덕였습니다. 그러고는 정작 나는 걱정이 마구 끓어올랐습니다. 애나에게 도움을 주기 위해 훌륭해 보이는 아이디어를 냈지만, 어떻게 부엌을 쓰도록 직원을 설득해 허가를 받아 내고 그녀가 옛날처럼 빵을 구울 수 있게 하며 그녀가 다시 자신을 쓸모 있다고 느낄 수 있도록 도울 수 있을까 걱정됐습니다. 나는 결국 그들 모두를 설득했지요. 나는 장을 봐 와서 솥과 빵 틀을 장만했고 애나는 빵을 굽고 또 구웠습니다. 우리는 아침, 점심과 간식용으로 베이글을 만들었습니다. 그녀가 일어나서부터 잠자리에 들 때까지 몇 분 동안이라도 앉았었다고는 생각되지 않을 정도였습니다. 그녀는 나에게 지시를 내리고 모든 사람에게 말을 건넸으며 온종일 미소를 지었습니다. 우리의 슈퍼바이저인 심리분석가 고 모리스 골드만(Morris J. Goldman)은 그녀의 변화에 대해 직원들과 논의했으며 그의 결론은 그녀가 정신병동에 있어서는 안 된다는 것이었습니다. 애나의 사례는 사회복지 부서에 보내졌고 그녀는 곧 퇴원해서 그녀가 '필요한' 장소에 있게 되었습니다.

이러한 즐거우면서도 가슴 아픈 작은 이야기 이후로 나는 환자에게 귀를 기울이는 것을 결코 잊지 않았습니다. 올바른 진단과 치료 때문에, 아니면 올바른 진단과 치료 계획은 이미 있지만 미술치료사로서 나의 필요를 해결하려고 무엇을 시작하는 것이 아니라 그들의 필요를 해결하고 있었다고 나는 믿습니다. 애나에게 있어서는 무교병을 굽는 것과 우리에게 빵을 먹인 것 모두가 치료였던 것입니다.

마지막으로, 나는 연구 및 복수학위 관련 학생들의 질문에 간략하게 대답하고 싶습니다. 나는 "미술치료의 강점은 그것의 모호함을 활용하고 수용할 수 있는 능력"이라는 점에 동의합니다. 그러나 나는 우리가 행하는 점을 정량화하거나 경험적으로 검증할 수 있다고는 믿지 않습니다. 수년간 내 연구에 몰두하면서 나는 미술치료사가 엄청난 이점을 가지고 있다는 것을 깨닫게 되었습니다. 우리는 행한 것을 문서화할 수 있는 이미지를 갖고 있으며 우리 환자들의 이미지의 중요성은 부정될 수 없는 것입니다.

그렇습니다. 우리는 우리 분야를 합법화하기 위한 새로운 방법을 찾아야만 합니다. 이것이 현실이고, 만약 우리가 이에 보조를 맞추지 않는다면 우리는 정말로 다른 분야 밑으로 포함되어 버릴 겁니다. 이 과정은 이미 진행되고 있으며 이에 대한 나의 견해는 지난 20여 년 동안 출판되어 왔습니다. 여기에 다시 기록하건대 나는 상담과 미술치료의 이중학위를 부여하는 과정에 대해 반대합니다. 진정한 미술치료사는 상담가와는 매우 다른 것입니다. 이것에 대한 현재의 논쟁과는 관계없이 우리는 둘 다일 수는 없습니다. 나는 지난 40년이 넘도록 미국미술치료학회(AATA)와 우리 지도부가 한 세기 동안 더 많은 주에서 면허를 확보하지 못했다는 사실에 고심하고 있습니다. 그것은 이제 당신, 즉 미래의 미술치료사들에게 달려 있습니다. 만약 당신이 내가 가지고 있는 열정, 다시 말해 이미지의 힘에 대한 결코 멈추지 않는 경외를 가지고 있다면 당신은 버텨 낼 것입니다.

당신이 선택한 직업에서 성공과 기쁨을 누리길 빕니다.

레빅

캐시 말키오디

친애하는 동료들에게

도움을 주는 전문가가 되는 것에는 많은 도전이 있지만 직업의 길로 미술치료를 선택하게 되면 특히 두 가지 문제에 직면합니다. 그

중 하나는 미술치료 분야와 상담이라는 직업을 융합하려는 미술치료교육 경향의 결과물이라 할 수 있습니다. 여러분은 교수들로부터 이 학위가 졸업과 동시에 정신건강 상담, 결혼 및 가족치료에서 전문 자격증을 취득할 수 있도록 해 준다는 것을 배웠을 것입니다. 이것은 전반적으로 '나쁜' 것이라 할 수는 없습니다. 즉, 정신건강 분야에서 자격증을 갖출 수 있는 능력이 있다는 것은 직업 시장에서 몇 가지 안전장치를 제공합니다. 그러나 이러한 자격증들의 결과로 얻게 되는 직업이 반드시 미술치료사라는 직업을 갖게 되는 것은 아니어서, 상담가, 사례관리자, 정신과 보조 또는 이와 비슷한 직책을 찾게 될 가능성이 더 높습니다. 만약 당신이 받을 수 있는 자격 요건 및 자격증이 상담 분야에 있다면 당신의 도전은 '미술치료사'에 대한 당신의 비전을 멈추게 할 것입니다. 바꿔 말하자면, 당신은 예술에 기반한 접근법을 당신의 일상 업무에 불어넣을 수도 있겠지만 그것이 불가능할 수도 있으며, 만약 당신이 할 수 있다면 그것은 아마 지속적인 투쟁이 될 것입니다.

또한 미술치료 상담 학위가 유행처럼 등장하면서 우리 분야의 환경이 잘 조성되고 인정받는 직업으로 발전하는 데에 엄청난 영향을 미쳤다는 사실도 유념해야 합니다. 본질적으로 이는 미술치료 분야 선구자들의 원래 비전에서 탈선시켰으며, 미국 미술치료 분야에서 실습 및 환급 보상체계의 발전 등을 보호할 법규의 확립을 위해 벌여 왔던 운동을 혼란스럽게 했습니다. 이것을 좀 더 논의해 봅시다. 영국에서 '미술심리치료사'는 국가건강관리 체계에서 규정되는 직업이며 실무자들은 명확하게 정의된 미술치료 학위를 이수합니다. 이와는 대조적으로, 미국의 대학원 과정은 상담, 미술치료 상담, 미술치료에서의 결혼 및 가족 상담 또는 이와 유사한 명칭으로 변형되었습니다. 이것은 미술치료에 혼란스러운 정체성을 만들고 여러 규정 및 환급 보상 분야에서 완전한 인정을 얻는 데 장벽을 만듭니다.

두 번째 도전은 여러분이 직장에 들어갈 때 훨씬 더 어려워질 수 있다는 것입니다. 당신이 미술치료사로서 당신의 교육에 많은 돈과 시간을 들였음에도 불구하고 정신건강 및 건강관리 분야에서 미술의 사용은 어디서나 흔히 볼 수 있습니다. 당신은 상담 분야에서 창의적인 미술을 제공하는 정신건강 관련 상담가들, 즉 예술가, 정신병동 간호사 및 병원의 아동 관련 전문가들이 침대 옆에서 환자와 그림을 그리는 모습을 볼 수 있습니다. 뿐만 아니라 아동 및 가족들과 함께 놀이치료의 일환으로 미술을 제공하는 놀이치료사들, 내담자들에게 미술기반 지침을 응용하는 행동치료, 레크리에이션 치료 및 작업치료사들, 시각영상과 여러 창조적 과정을 활용하는 전문코치들 그리고 치료에 대한 다면적 접근 방식 안에서 미술을 사용하는 표현미술 치료사들을 만나게 될 것입니다. 이 사람 중 극소수의 사람만이 당신이 가진 대학원 수준의 미술치료 교육을 받았을 것입니다. 그들은 개인적으로 예술의 회복력을 경험하거나 워크숍에 참석하거나 상담 또는 슈퍼비전을 받았을 수도 있지만, 대부분은 예술에 기반한 개입에 대한 전문지식을 심화하는 데 많은 시간과 에너지를 투입하지는 않을 것입니다.

많은 이가 연구를 통해 미술치료의 전문성과 실천 범위로서 우리의 지분을 보호해야 하는 과제를 극복할 수 있다고 제안합니다. 사실 여러분은 지금도 우리 분야가 더 널리 인정받을 수 있도록 돕기 위해 미술치료 연구를 수행해야 한다는 말을 듣고 있을 것입니다.

효과를 입증하는 미술치료 연구가 필요하지만 아이러니하게도 미술치료사가 반드시 미술치료를 제공하는 최고의 실무자라는 것을 증명하지는 않습니다. 바꿔 말하면, 연구에서 특정 미술치료 접근법이 웰빙과 회복을 지원한다는 사실을 뒷받침할 수 있지만 반드시 미술치료사가 미술치료를 제공해야 한다고 주장하는 것은 아닙니다.

나는 좀 더 양질의 미술치료 연구를 위해 활동하고 있는데 이 연구가 필요하고 가치가 있다는 점에서는 의심할 여지가 없습니다. 그러나 나는 미술치료사들의 노동력에 대한 인식과 가치를 증가하는 해결책을 조금 다르게 보고 있는데 이것은 꽤 간단합니다. 즉, 대규모의 대중을 대상으로 가능한 한 당신의 직업에 대해 명확하게 기술하라는 것입니다.

지난 25년 동안 나는 미술치료가 무엇인지 그리고 미술치료사들이 무엇을 행하는지에 대해 명확하게 하는 것을 기술해 오고 있습니다. 내가 뉴욕시 최고의 발행인들 중 일부의 멘토이자 동시에 그들에게 비판을 받아왔음도 행운입니다. 또한 내게 미술치료 저널과 출판사들 외에도 대중을 위해 글을 쓸 기회가 있었음도 행운입니다. 나는 2008년에 싸이콜로지 투데이(Psychology Today)의 온라인 방송을 위해 글을 써 달라는 요청을 받았던 최초의 10인 중 한 사람으로서 현재 250만 독자에 달하는 칼럼을 개발할 수 있도록 인정받는 것을 영예롭게 생각합니다. 이것은 강력한 플랫폼이지만, 미술치료사가 아닌 사람들을 대상으로 명확하고 권위 있는 글을 쓰는 법을 배우고, 미술치료사가 미술치료 출판물만을 위해 글을 쓴다는 개념을 벗어나기 위해 전념하지 않았다면 불가능했을 것입니다. 이 도전을 통해 나는 글로벌 소셜 미디어 플랫폼을 통해 일반 대중에게 미술치료에 대한 저의 열정을 표현하고, 상대적으로 덜 알려진 접근방식으로 한계지어진 제한된 위치를 넘어서서 이 분야를 끌어올릴 수 있었습니다. 사실상 현재, 결과적으로, 『싸이콜로지 투데이(Psychology Today)』는 심리학자, 상담가, 사회복지사, 결혼 및 가족치료사와 함께 전문직으로서 '미술치료사'를 치료사 목록에 올리는 것에 동의했습니다.

톰 울프(Tom Wolfe)의 소설 『필사의 도전(The Right Stuff)』에서 말했듯이, 이 글을 읽는 여러분 중 누군가가 나보다 더 빨리 그리고 더 높이 날 수 있기를 기대합니다. 미술치료라고 불리는 이 전문적 분야가 의미 있는 방법으로 자리를 잡으려면 여러분 중 누군가 또는 그 이상의 사람이 이 도전에 나서야 합니다. 기술된 말에는 힘이 있습니다. 그러나 만약 '합창단' 외부의 집단에 명료하게 말하려면, 자신의 목소리를 개발하기 위해 부지런히 일하며 광범위한 플랫폼을 통해 자신의 열정을 분명하고 권위 있게 표현해야만 합니다. 그리고 나는 여러분 중 미술치료의 분야를 한 단계 발전시킬 '쓰기'의 도구를 가지고 있는 누군가를 찾는 것에 흥분과 희망에 차 있습니다.

당신의 여정에 최고의 순간이 함께하기를.

캐시 말키오디

숀 맥니프

친애하는 미술치료학과 학생 여러분

나는 미술을 통해 다른 사람들에게 봉사하기 시작한 초심자들에게서 의지할 만한 영감을 받고 새로워지고 있으며 세계 각지에서 이렇게 많은 저자와 참여하게 되어 행운이라 생각합니다. 당신은 자신의 경험을 통해 고통과 고난을 삶의 긍정으로 바꾸고 우리의 신체, 사람, 공동체에 창조적 에너지를 순환시킴으로써 어떻게 '미술이 치유하는지'를 지속적으로 발견해 가고 있을 것입니다. 당신의 실습에 도움이 될 수 있는 제안에 관한 요청에 나에게 도움이 되었던 몇 가지 견해를 다음과 같이 소개하고자 합니다.

- 미술을 작업의 기반으로 유지하십시오. 다른 분야와의 협력을 통해 배우고 그들과 명확하고 정중하며 지능적으로 의사소통하되 자신의 우위를 잃지 마십시오.
- 무엇이 당신을 그 일로 이끌었는지 당신의 천직이 어떻게 생겨났는지 또는 어떻게 생겨나고 있는지 미술적 치유에 대한 당신의 개인적인 경험에 대해서도 잊지 마십시오. 당신의 경력을 통해 하고 있는 모든 일이 어떻게 이 근원으로 돌아가서 다시 진행되는지를 잊지 말고 당신이 세상에 제공하는 것에 대해 확신을 가지십시오.
- 미술과 삶을 통합하고 다른 요구 사항으로 인해 아무리 어려운 일이 있더라도 자신의 미술 작업을 계속해 나가십시오. 미술은 닻입니다. 삶 자체는 창조적 에너지와 도움을 다른 사람들에게

전하는 가장 신뢰할 수 있는 방법입니다. 다른 사람들에게 우리가 하지 않고 있는 일을 하라고 요청할 수 있습니까?

- 질적 표현은 중요하고 치유를 촉진합니다. 그러나 자신과 다른 사람에게 적합한 방식으로 이 질에 대해 정의할 수 있는 자유를 스스로에게 부여하십시오. 나는 사람에게서 자연스럽고 원초적이며 진정한 것을 찾습니다. 조절에 대한 통제를 완화하는 방법을 배우고 질을 위한 표현적 몸짓의 본질적인 충동을 계속하도록 허용하십시오. 생각을 응답 모드로 전환하십시오.
- 모든 창조적 표현 형식으로서 '미술'의 큰 시야를 유지하십시오.
- 당신을 지원하고 격려할 이 분야의 동료들을 찾으십시오. 한 사람이면 충분할 수 있습니다. 그는 당신을 바라보고 당신이 무언가 마음에 들지 않을 때 당신을 지지해 주며, 사람들이 듣고 싶지 않은 것을 말하거나 목적을 성취하지 못할 때에도 당신이 긴장을 풀도록 도와주는 사람입니다.
- 구조는 미술적인 표현을 자유롭게 하지만 한 개인의 타고난 창조 방식을 격려하는 방식으로 이것을 도입하려고 노력하십시오. 나는 항상 "움직이고 그것을 반복하라." "형태가 제스처에서 나오도록 하라." "더 단순해지고, 더 심오해져라. 깊이는 보이지 않는 면에 있다."와 같은 것을 이야기합니다.
- 그것이 무엇인지[불교신자들은 이를 '실제(如如, Suchness)'라고 칭함]에 대한 당신 자신의 표현을 입증하는 방법을 배우는 반면에, 이를 무시하는 판단자와 비관적인 완벽주의자를 안심시키십시오. 이것은 다른 사람들이 동일한 것을 행하도록 돕는 최상의 방법입니다.

- 창조적 표현에 대한 **저항**은 정상이라는 것을 기억하십시오. 우리는 미지의 것과 취약한 것에 저항하는 데에 강하게 결속되어 있는데 이것은 깊은 창조에 필요한 부분입니다. 저항을 용인하고 고치려 하기보다는 공감적으로 이해하십시오. 이것이 저항의 에너지를 사용하고 새롭고 의미 있는 것으로 통하는 관문이 되도록 하는 가장 신뢰할 수 있는 방법입니다.

- 미술치료사인 브루스 문(Bruce Moon)이 말하는 것처럼 불편한 것을 좀 더 편하게 할 방법을 배우십시오.

- 결코 미술작품을 정형화된 것으로 명명하지 마십시오. 한 가지로 표제화하는 것은 아직 알려지지 않은 것에 대한 방어로서 불안정한 사람들에 의해 만들어진 힘의 이동과 같습니다. 즉, 정형화된 개념에 의한 이미지의 대체와 같습니다. 미술치료사 팻 알렌(Pat Allen)이 "모르는 방법으로서의 예술"이라고 부르고 있는 것을 받아들이는 방법과 이것이 어떻게 더 완전한 이해를 위한 방법이 될 수 있는지를 배우십시오. 화가인 조지아 오키프(Georgia O'Keefe)가 말하기를 "내 그림에 대해 당신들이 그런 말을 하는 것은 곧 당신 자신에 대해 말하는 것"이라고 했습니다. 프루스트(Proust)는 자신의 미술에 대해 독자로 하여금 자기 자신을 읽게 만드는 "광학적인 도구"로 묘사했습니다. 그리고 나의 친애하는 미술치료사 친구이자 동료인 헬렌 랜드가튼(Helen Landgarten)은 내게 말하기를 사람들이 자신의 그림들에 대해 반응할 때 "그들은 자기 자신의 영혼 속을 들여다본다."라고 했습니다. 예술적 표현, 그들의 의사소통, 에너지에 대해 좀 더 창의적으로 반응하는 방법을 배우십시오. 그렇게 함으로써

여러분은 다른 사람들 역시 그렇게 해 보도록 가장 효과적으로 도울 수 있을 것입니다.

• 여러분이 계속해서 직면하게 될 어려움을 포용하십시오. 바로 이 어려움으로 인해 당신이 최상의 것을 배울 수 있으며 당신이 가장 창조적인 작업을 행하게 되는 것이라는 것을 깨달으십시오. 실수는 미술적 과정에서 필요한 부분이므로 당신이 정확히 적절한 시기라고 느낄 때 모험을 감행해 보고, 다른 사람들도 같은 시도를 해 볼 수 있는 안전한 장소들을 만들어 내십시오.

• 타인의 고통과 상처에 마음을 열고 목격자로 존재하고 가능한 한 완전히 느끼고 때가 되면 놓아주는 법을 배우십시오. 이것은 대부분의 사람들에게 가장 하기 어려운 일이라서 많은 사람이 이 일을 계속할 수 없는 주요한 이유입니다.

• 심오하고 복잡한 어려움과 관련된 치유는 좋은 해결책에서 나오는 것이 아니라 자신과 타인의 고통에 대한 수용과 연민 어린 마음에서 오는 것임을 이해하십시오.

• 그림자와 더불어 창조하십시오. 그림자는 가장 중요한 변화의 자원입니다. 미술치료에서 미술은 너무나도 자주 전문성의 그림자가 되기 때문에 문제를 이용하고 변화를 추구하십시오.

• 항상 예술적 표현으로 번역해야 한다는 느낌과 과학주의에 유의하며 세르반테스(Cervantes)가 말한 바와 같이 태피스트리의 뒷면을 보여 주는 것과 같은 또 다른 언어로 들어가는 과정에 유의해 보십시오.

• 치료와 연구에서 최근에 유행하는 술책을 경계하며 예술, 즉 다른 사람들과 작업하고 있는 당신의 가장 자연스럽고도 원

초적인 방법을 신뢰하십시오. 그리고 미술치료사들이 여기서 언급했고 다른 비슷한 분야의 사람들도 그렇게 했던 것처럼, 다른 종류의 영적 모델뿐만 아니라 시인인 시어도어 로스케 (Theodore Roethke)가 "영혼의 고귀함"이라고 일컬었던 느낌을 주는 언어를 사용하려고 노력해 보십시오.

- 모든 것의 기반에 예술, 사람, 작품에 대한 사랑을 유지하십시오. 1986년에 나는 "열어라, 열어라, 열어라. 그러나 나는 결코 충분히 열 수 없다."라고 쓴 적이 있습니다. 가장 실망스러울 때에 사랑과 관심으로 대응하십시오. 문제에 갇히게 하는 함정인 비난보다 훨씬 더 잘 작동한다는 것을 알게 될 것입니다. 나는 그것을 이른바 '미끼를 문다'고 칭합니다. 인내도 또한 도움이 됩니다……. 날씨는 바뀌기 마련이니까요.
- 만약 당신이 작업에서 연륜이 쌓이게 된다면 항상 초심자의 입장이 되어 모든 것이 출발점에서 어떻게 존재했었는지를 숙고해 보십시오. 성숙함은 그것을 더 잘 보도록 쉽게 도와줄 것입니다.

진심을 담아.

손 맥니프

브루스 문

아직 만나 보지 않은 친구들과 동료들에게

나는 융에로부터 나의 희망, 꿈 그리고 우리 전문 영역에 대한 두려움에 관하여 여러분에게 편지 한 통을 써 달라는 부탁을 받았습니다. 내 생각에 그녀는 내가 미술치료 분야에서 당신에게 할 말이 있을 만큼 충분히 오래 살았고 또 충분히 잘 살아남았다고 생각하는 것 같습니다. 자, 그럼 살펴봅시다.

첫째로 내가 여러분에게 말하고 싶은 것은 이것입니다. 나는 내가 하는 것을 사랑합니다. 나는 지금까지 지난 40여 년 동안 미술치료사로 존재한다는 것을 사랑해 왔습니다. 즉, 머리끝부터 발끝까지 그것을 사랑했습니다. 오늘날 하나의 직업에 대해 이렇게 대놓고 적극적인 감정을 갖는 것이 분명 최신의 경향은 아니지만, 나는 이렇게 느끼며 당신도 그러하기를 바랍니다. 당신이 이 믿을 수 없는 분야에 들어온 점에 대해 내가 얼마나 즐거운지 알았으면 좋겠습니다. 나는 이 세계가 당신과 같은 사람들 덕분에 더 좋은 곳이라는 것을 알고 있습니다.

우리 직업의 이론적 · 실습적 뿌리는 미술과 심리학에 있습니다. 심리학적 근본이 역사적으로 가장 많이 고려되었지만 최근에 보기에는 우리의 예술가적 계보에 더 많은 관심이 쏠린 것처럼 보입니다. 나는 이것이 가장 희망적인 발전이라고 봅니다. 지난 수년 동안, 내 미술치료 친구들 중 몇몇은 우리 분야가 다른 분야의 기술과 언어를 모방해야 하고 우리 직업의 자격 증명을 찾아야만 한다고 주장해 왔습니다. 나는 미술치료사들이 직업적인 안정을 찾기 위해서 무엇이라도 하는 것에 대해 반대하지는 않지만, 내가 보기에 **미술치료사로서의** 정체성을 약화시킬 수도 있는 경향에는 반대합니다.

내가 2013년 12월에 이 편지를 쓰고 있는 시점, 미술치료 교육자들

사이에서 우리의 교육 기준을 상담 전문가 전문 조직인 CACREP[5]의 기준과 일치시킬지 여부에 대한 논쟁이 증가하고 있습니다. 나는 우리가 이 길을 가게 되었을 때, 미래 세대의 미술치료사들이 상담가를 위한 교육의 요구사항을 충족시키기 위해 너무 많은 시간과 에너지를 투자해야 할지도 모른다는 것이 우려되는데 이것은 우리 공동의 직업적 정체성을 약화시킬 것입니다. **미술**은 미술치료의 심장이자 영혼입니다.

그럼에도 불구하고 나는 여전히 우리에 대해 너무 걱정하지 않는다는 것을 고백해야겠습니다. 내 생각에 그 주된 이유는 미술치료가 참으로 좋은 방식이라는 점에 있다고 생각됩니다. 나는 여러분이 이러한 도전에 직면하여 결국 이 도전을 해결하리라는 것에 확신을 갖고 있습니다. 미술작품을 만드는 것은 실제로 사람들에게 반드시 도움을 줍니다. 나는 이러한 치유 과정이 아동 · 청소년, 성인 그리고 노년층에서 일어나는 것을 보아 왔습니다. 나는 아동들이 아무도 다치지 않으면서 판지, 구조물을 만들 수 있는 용지들 그리고 마커 등으로 안전한 장소를 만드는 것을 지켜봐 왔습니다. 또한 나는 청소년들이 자신의 분노와 상처를 그림으로 그리며 그 캔버스를 자랑스럽게 이 세상 속으로 옮겨 가는 것을 보아 왔습니다. 그리고 성인 내담자들이 삶의 길 어디에선가 잃어버렸던 내적인 힘을 되찾도록 그들과 함께해 왔습니다. 뿐만 아니라 나는 연구 논문, 미술작업과 실습의 한가운데에서 **그들 자신의 목소리**를 발견했던 수많은 미술치료 학생과 함께 걸어왔습니다. 그렇습니다. 미술치료는 심오

---

5) 상담 및 교육 관련 과정 인준위원회(Council for the Accreditation of Counseling and Related Education Programs) — 역자 주

하고 자애로우며 강력한 좋은 방법인 것입니다.

내가 이 편지의 내용에서 요청을 받았던 질문 중 다음의 세 가지
는 나와 관련된 것처럼 보입니다.

• 미술치료 연구는 이 분야를 합법화하는 데에 필요한가?
• 전통적인 경험주의의 틀을 깨고 미술치료의 원리에 더 부합하
  는 연구를 수행할 방법이 있는가?
• 미술치료 학생들은 어떤 방법으로 미술치료 전문성에 대한 존
  중감을 강화할 수 있을까? (대학원 재학 중뿐만 아니라 대학원 졸
  업 후에도 역시)

첫 번째 질문은 미술치료가 이미 합법적인 직업으로 간주되지 않
는다는 무언의 추정을 드러냅니다. 두 번째 질문은 미술에 기반한
연구에 대해 너무 오랫동안 괴롭히고 경시해 온 양적 연구방법론의
횡포와 지배가 거짓임을 보여 줍니다. 그리고 세 번째 질문은 미술
치료가 갖고 있는 일부 외부의 권위 있는 실체의 승인에 대한 끝없
는 갈망과 함께 앞의 두 질문을 통합하고 있는 것 같습니다.

자, 여기에 내 답변이 있습니다. ① 아닙니다, 우리는 이 분야를
합법화하기 위해 미술치료 연구가 필요한 것은 아닙니다. 우리는 미
술과 미술치료사들이 사람들에게 도움될 수 있는 방법을 더 많이 알
수 있고 더 깊이 알 수 있으며 더 완벽하게 알 수 있도록 하기 위해
연구가 필요한 것입니다. ② 그렇습니다. 예술에 기반을 둔 연구에
서는 흥미롭고 자극적이고 흥미진진한 일이 일어나고 있습니다. 미
술치료 교육 프로그램은 미래의 미술치료사들이 미술에 기반한 연

구의 가능성을 탐구하는 데 도움이 될 것입니다(그런데 **경험주의**는 실제 예술 활동의 모든 특징인 관찰, 실용주의, 실험과 관련이 있습니다). ③ 존중감은 경쟁, 노력, 지속적인 수행을 통하여 얻어집니다. 이러한 것을 위해 일하지 않으면서 존중받을 것을 기대하지 마십시오.

어떤 이유에서든 나는 일부 미술치료사들이 필사적으로 다른 사람들, 즉 정신의학이나 상담, 주립 자격증 발급 기관 혹은 제삼자 지불과 관련된 기관 등 다른 분야들에게 우리의 작업을 정당화시켜 주기를 갈망해 왔다고 생각합니다. 내 견해로는 우리의 가치를 오랫동안 입증하게 될 특효약을 바라는 경향이 있어 왔다고 생각됩니다. 어디서부터 이러한 갈망과 바람이 오는지 확신하지는 못하지만, 그것들이 때로는 전문성을 약화시켰으며 다른 면에서는 열등감이라는 집단적 그림자를 띠게 했다고 생각합니다. 나는 당신이 편안하게 거울을 바라보고 당신이 보고 있는 것을 사랑할 수 있기를 바랍니다. 나는 분명히 내 직업적 경력의 후반기에 있으며, 돌이켜 보면 내가 출판한 거의 모든 것 그리고 내가 한 거의 모든 발표가 미술치료사들에게 우리의 직업적 정체성에서 미술적 차원을 포용하라는 요청이 되었음을 이제는 압니다.

내게 미국미술치료학회(AATA)를 생각하지 않고 미술치료에 관하여 생각한다는 것은 거의 불가능합니다. 미국미술치료학회는 나의 직업적 가족, 내 고향이 되어 왔습니다. 대부분의 가족이 그러하듯 우리 기관 역시 항상 완벽하지는 않습니다. 그러나 학회는 고집과 열정 그리고 깊이 간직된 신념으로 우리가 힘든 시기를 헤쳐 나가는 데 도움을 주었던 여성 및 남성 가장들로 인해 축복을 받아 왔습니다.

내가 1973년 이 분야에 들어왔을 때, 미국에는 불과 몇백 명 정도의 미술치료사가 있을 뿐이었습니다. 이제는 수천 명이 되었습니다. 우리는 우리 자신의 유아, 아동, 청소년 그리고 젊은 청년기를 살아왔습니다. 때때로 미술치료는 방향을 잘못 짚고 길이 없는 곳으로 가기도 했습니다. 우리는 교수법의 위기, 경영 위기와 재정 위기를 견뎌 왔으며 예방 및 관리 분야를 이끌고 존속하게 했습니다. 다시 반복하지만 미술치료는 참으로 좋은 방법인 것입니다.

말이 조금 길어지고 있군요. 이제 다음 말로 마무리를 하겠습니다. 미술치료는 내게 매우, 정말 좋은 것이 되어 왔습니다. 내가 사랑하는 캐시 문(Cathy Moon), 그녀는 미술치료사이며, 나의 많은 좋은 친구도 미술치료사들입니다. 만약 그들이 없다면 나는 어디에 있을 것이며 내가 누가 될 수 있을지 스스로에게 자문해 봅니다. 나는 당신이 미술치료사로 존재하고 일하며 삶이 더욱 풍요로워지길 바랍니다. 이곳에 온 당신을 환영합니다.

평화를 빌며.

브루스 문

캐서린 하일랜드 문

젊은 미술치료사 여러분

이 편지를 쓰고 있는 지금, 나는 일을 마치고 집으로 가는 메트라(Metra) 기차 안에 있습니다. 철로와 만나서 내는 열차 바퀴의 꾸준

한 울림은 나와 함께 있는 승객들에게 배경 음악처럼 울리고, 나는 우리의 하루 일을 뒤로 하고 떠나면서 이 울림을 나눕니다. 나는 열차의 다른 승객들이 지루함이나 불만을 남기며 떠나고 있는지 아니면 그들의 일에 대한 흥분감을 가졌는지 궁금합니다. 또한 그들이 자신의 일을 성취로 보는지 아니면 지치게 하는 것으로 보는지 자신을 직업에 갇혀 있다고 느끼는지 혹은 선택한 그 일에서 발전하고 있다고 보는지 궁금합니다. 그들이 일에 압도당하고 있는지 아니면 감사하고 있는지도 궁금합니다. 이들은 작은 만족을 가지고 있을까요? 아니면 해결되지 못한 열망을 가지고 있을까요? 그들은 단지 생활비를 벌고 있을까요? 아니면 어떻게 날아온 청구서들을 지급할 것인지 걱정하고 있을까요? 이들은 사랑하는 일을 하면서 하루를 보냈을까요? 아니면 그저 돈벌이로서 하루를 일했을까요?

　미술치료사가 된 우리 대부분은 직업을 선택하는 사치 그리고 대학에서 강의하는 특권도 누려 왔습니다. 나는 그저 직업을 갖는 것뿐만 아니라, 수년간 끊임없이 도전하고 영감을 주는 직업을 갖게 되었고 내가 사랑하는 일을 하면서 생계를 유지할 수 있게 된 것 역시도 행운이라고 생각합니다. 미국과 전 세계에는 이러한 것을 원할 수 없는 많고 많은 사람이 있습니다. 이러한 특권에는 큰 책임감이 따릅니다. 나의 특권이 존재하는 그 위치를 신중하게 이용하는 것 그리고 나에게 주어진 기회를 이용해서 무언가를 의미 있게 만드는 것이 그 책임입니다.

　그래서 그대, 젊은 미술치료사 여러분, 여러분에게 주어진 기회로 무엇을 행할 것입니까?

　당신에게 던진 이 질문에 내가 답할 수는 없습니다. 단지 당신이 생각할 수 있도록 나의 생각과 경험을 전해 줄 수 있을 뿐입니다. 많은 주제 중에서 나는 미술치료사로서 실습하는 것을 최상의 기회로 만드는 것과 관련해 기술하기로 했고 이를 'c'로 시작하는 네 가지 단어로 기술하기로 결심했습니다. 바로 불평(complaints), 비평(critique), 시민권(citizenship)과 소비주의(consumerism)입니다.

우선 '불평'에 관한 논의로 시작해 봅시다. 불평하는 것은 불만족과 항의의 표시입니다. 우리 분야에서 불평들은 종종 직업의 불만족, 직업의 불안정과 관련된 것처럼 보입니다. 즉, 일자리가 충분하지 않고, 이 직업들은 너무나 _____(빈칸을 채워 보세요. 예컨대, 어렵다, 스트레스다, 압도적이다 등) 보수가 충분하지 않고 충분한 신용을 가지지 못하며 이 분야에 대한 충분한 존경이 없다는 등등을 들 수 있을 겁니다. 물론, 이 모든 불평에는 근본적인 두려움이 있으며 기본적인 실존적 관심사, 즉 살아남아서 우리 삶에서 의미를 찾는 것에 뿌리를 두고 있습니다. 나는 이 두려움을 인정하고 계속 나아가는 것이 도움이 된다고 생각합니다.

사실 당신이 인간의 절망과 고통 그리고 다양한 개인적·사회적·문화적·정치적 도전을 다루는 분야의 일을 선택한 것입니다. 당신은 실제 이 직업이 편했다고 생각하십니까? 반면에 예술가, 치료사, 연구자, 창조적 사상가로서의 당신의 능력은 세상에 의미 있는 변화를 일으킬 수 있는 잠재력을 제공할 수 있습니다. 그러니 앞으로 나아가며 능력을 당신이 가진 구조에서 꺼내기 위해서만 불평하십시오. 그러고는 **다음으로 나아가십시오.**

모든 사람에게 미술치료에 관하여 말하고 그 업적을 칭송하며 그것이 무엇인지를 무수히 반복하여 기꺼이 설명하십시오. 우리 분야의 내부 또는 가장자리에서 당신의 열정을 찾으십시오. 그런 다음 무언가 일어나게 하십시오. 단꿈에 젖어 있는 직업이 당신의 무릎 위에 떨어지기를 기대하지 말고, 당신의 전문적인 꿈이 실현되도록 변호하고 투쟁하며, 창조하고 교육하며, 연구하고 작업하면서 실패와 재도전을 계속하십시오.

내가 의미를 갖고 이야기하려는 두 번째 'c'는 '비평'입니다. 우리처럼 좋은 미술치료사들도 가끔씩 비평과 불평을 동일시합니다. 그러나 이 둘은 동일하지 않습니다. 비평이란 어떤 것을 더 낫게 이해하기 위하여 분석하고 평가하거나 해체하는 것이며, 진실하고 좋은 것으로 가정되는 믿음에 문제를 제기하는 훈련입니다. 우리의 직업을 비평하는 과정의 일부로서 우리가 구조적인 결함에 대해 인정하고 규정할 때, 이것은 우리를 징징거리거나 감사할 줄 모르는 나쁜 존재로 만들지 않습니다. 반면에, 비평한다는 것은 우리의 전문성을 심도 있게 관리하고 높은 수준으로 유지하며 진화와 개선을 계속하도록 기대하는 것을 의미합니다. 우리는 우리 분야에서 더 많은 비평을 행할 필요가 있습니다. 우리는 서로의 작업에 대해 과감하게 질문하고 도전하며 서로에게 설명할 수 있게 하고, 우리 자신을 위하여 기준점을 높게 설정하고 그 기준에 도달할 수 있다고 믿게끔 할 필요가 있습니다. 그러니 부디 당신이 배운 것을 감사하되 질문도 기꺼이 행하십시오. 당신 동료들의 작업을 칭찬하되 기꺼이 비평하기도 하십시오. 우리 분야의 전문성 내에서 통일성이라는 그릇된 이상도 가져 보십시오. 왜냐하면 일반적으로 통일성이라는 것이 의미하는 것은 힘이 약한 사람들의 목소리가 침묵했다는 것이기 때문입니다. 당신이 얼마나 똑똑한지를 보여 주기 위한 비판에 참여하지 말고 오히려 미술치료의 엄청난 잠재력을 존중하는 데에 확고하게 뿌리를 둔 비평에 참여하십시오.

　내가 말하고자 하는 마지막 두 개의 'c'는 미술치료 직업에서 '시민권'과 '소비주의'이며, 나는 이들을 한 쌍으로 묶어서 말하고 싶습니다. 당신에게 내가 호소하는 점은 단순합니다. 가능한 한 미술치료사로서의 직업적 정체성 내에서 소비자라기보다는 한 시민이 되도록 노력하십시오. 내 말의 의미는 이 직업으로부터 얻을 수 있는 것에 대한 관계에서 자신을 향하게 하지 말고 오히려 이 직업에 사회적 책임을 지향하라는 것입니다. 예를 들어, 미국미술치료학회(AATA)의 회원이 되기 위해 회비를 지불할 것인지를 결정할 때, 당신은 당신의 투자로부터 무엇을 얻을 것인지 혹은 학회에 대한 당신의 투자가 왜 중요한지에 대해 생각해 보십니까? 미국미술치료학회는 입법 문제 및 대중의 인식과 관련된 우리의 집단적 목소리입니다. 이 학회는 우리가 서로를 조직하고, 우선순위를 정하고, 교육하는 수단입니다. 회원 조직으로서 미국미술치료학회는 단순히 어떤 추상적인 것이 아닙니다. 우리가 바로 이 학회인 것입니다. 우리는 이 분야를 앞으로 전진시키는 데 책임이 있는 사람들입니다. 당신의 미술치료 시민권은 직업적인 학회에 재정적ㆍ노동적 기여에 국한되는 것이 아닌 수많은 방식으로 표현될 수 있습니다. 당신은 또한 가르치고 임상감독하며, 정책 변화와 옹호에 관여하고, 새로운 프로그램들을 만들어 내고, 기술하며, 조직하고, 당신의 치료 사례에 대해 발표하며, 미술치료 전시를 기획하거나 참가할 수 있습니다. 그리고 대중을 교육시키며, 연구를 수행하고, 미술치료사들을 고용하는 것을 옹호하며, 조직에 미술치료 견해를 제공하고, 비평적인 싱크 탱크(think tank)에 참여하며, 학제 간 연구나 프로젝트 등에도 관여할 수 있습니다. 이들 분야를 발전시키기 위하여 당신은 무엇을 할 것입니까?

요약하면 불평하기보다는 비판하라는 것입니다. 소비자가 되기보다는 시민이 되라는 것입니다. 이와 더불어 나는 몇 가지 좀 더 감상적인 그러나 진심 어린 충고를 덧붙이지 않을 수 없습니다. 실수하는 것을 두려워하지 마세요. 그것은 당신이 최상의 것을 배우게 되는 방법입니다. 규칙적으로 미술과 미술작품 만들기에 당신의 열정을 쏟아 부으십시오. 당신의 신념에 강해지며 당신 자신에게 진실해지십시오. 그러나 또한 새로운 지식과 자각으로 향하는 길인 불확실성과 취약점도 배양하십시오. 관대해지십시오. 용기를 가지십시오. 당신 자신과 당신의 내담자들 그리고 당신의 동료들을 존중과 존엄으로 만나십시오. 또한 당신이 미술치료사가 될 수 있도록 해 준 특권에 감사하십시오.

그리고 하루의 끝에서 당신이 걷고 있거나 기차, 자동차, 버스를 타거나 자전거로 귀가하고 있을 때, 당신이 제공한 기회를 만들어 낸 점에 대해 적어도 작은 만족을 경험하기를 바랍니다.

사랑과 존경을 담아.

캐시

아서 로빈스

당신은 크나큰 기대감을 갖고 당신의 프로그램과 만납니다. 미술치료는 하나의 꿈을 성취하는 것처럼 보일 것입니다. 이 프로그램은 심리학과 미술의 결합입니다. 과정들은 흥미롭고 프로그램의 슈퍼바이저들은 도움이 되며, 당신은 학생들과의 우정을 쌓아 가고 있습니다. 그러나 슬그머니 스며드는 불쾌한 생각이 당신의 마음속에 계속 도사리고 있습니다. 졸업할 때 당신이 운이 좋다면 1년에 40,000에서 50,000달러 정도 벌게 될 것입니다.

당신은 부채가 목까지 차 버려서 늙을 때까지 상환할 방법이 없는 것처럼 보일 겁니다. '실습지/정신건강' 기관은 지옥처럼 보이기도 합니다. 슈퍼바이저들은 대부분 저임금에다가 지루하기까지 하고 과로에 시달립니다. 모든 현장실습이 그렇게 우울해 보이는 것은 아니지만 이런 인상을 뒷받침하는 많은 예가 있습니다. 이것이 당신이 얻고자 한 것입니까? 어째서 학교에서 배우고 있는 것과 미술치료사를 토템 폴(totem pole)⁶⁾ 맨 아래에 배치한 전문가로서의 세계 사이에는 이렇게 차이가 있는지 의아할 것입니다.

당신은 두려움을 제쳐 두고 당신의 경우에는 다를 것이라고 믿고 있습니다. 그리고는 스스로의 공간을 만들어 낼 것이며 미술치료의 도전적인 표현 방식을 발견하게 될 것입니다. 그러나 졸업생들은 다른 이야기를 들려줍니다. 그들 중 일부는 직업을 찾고 있습니다. 다른 사람들은 저임금이라고 말합니다. 그리고 대부분은 노동 조건

---

6) 북아메리카 인디언들이 자기들 집 앞에 세우는 것으로서 토템을 그리거나 조각한 기둥을 말하는데, 비유적으로 '계급조직(제도)'을 뜻함 — 역자 주

에 대해 불평합니다. 많은 담당 치료 회기와 엄청난 양의 기록해야 할 사항이 있다는 겁니다.

아마도 당신은 기관에서 일하는 것이 당신의 임무라고 진정으로 믿고 있는 학생일 것입니다. 이 모든 불편한 예측에도 불구하고 당신은 자신의 일에 있어 존경과 존엄을 가져올 수 있다고 믿습니다. 당신 주변의 상당한 비율에서 보이는 이런 어두운 영상이 사실일까 미심쩍어하며 작은 것에 안주하기를 거부합니다. 당신의 일부 동료들은 심리학 박사학위나 작업치료 석사학위를 취득하는 것이 성과적이라는 것을 발견합니다. 두 직업은 모두 수입이 좋으며 인정과 지위를 받습니다. 그러나 이러한 과정에서 애석한 부분은 미술치료사로서의 직업적 정체성을 상실하게 되는 결과를 초래할 수 있다는 것입니다. 심리학 분야에서 당신은 과학자가 되며 작업치료에서는 기술을 가진 전문가가 될 것입니다.

위험을 감수할 만한 사람들에게 나는 급진적이고 파격적인 행동 과정을 추천합니다. 미술치료사의 역할을 포기하고 자신을 **창조적·심미적 표현 전문가**로서 정의하십시오. 이러한 정의는 많은 전문 분야를 넘나들며 그 분야를 크게 개방시킵니다. 미술, 미술 재료나 표현양식에 의해 당신이 정의되는 것은 아닙니다. 당신은 예술가의 영혼을 갖는 것과 계속 변화하는 사회 속에서 발생하는 새로운 틈새로 당신의 미학적 비전을 적용하는 것에 의해 지배된다고 할 수 있습니다.

당신은 테두리 바깥에서 생각하며 비선형적인 의식 표현에 관여하고 있는 것입니다. 당신은 자신의 내담자와 당신의 양쪽 모두의 신체에 초점을 맞추고 있으며 감각적인 의사소통으로 조율되어 있습다. 얼굴 표현, 신체 자세, 보폭 그리고 언어의 리듬은 새롭고도 색다른 시각을 위한 생생한 재료를 만들어 냅니다. 이는 무의식과 새로운 결합을 발견하는 마술과 같은 것으로 향하는 관문입니다.

만약 당신이 더 이상 인위적인 형태와 제도적 역할에 얽매이지 않는다면 당신의 개인 역사, 배경 그리고 현재의 생활환경이 스스로를 전문적인 성취가 이루어질 수 있는 곳으로 인도할 것입니다. 일부 미술치료사들은 이미 스카이프(Skype)를 사용하고 있습니다. 또 다른 미술치료사들은 요가와 미술치료를 결합하고 있습니다. 어째서 실내 인테리어 분야, 창의적 상담 분야는 결합하지 않습니까? 결합은 무궁무진한데 당신이 가진 창조성의 한계에 따라 제한되는 것입니다. 당신의 경력이 자신을 올바른 관문으로 나아가도록 하십시오. 당신이 실제적으로 행하지 않는다면 결코 쉬운 것이 아닙니다.

당신은 끌어 모을 수 있는 모든 지원이 필요할 것입니다. 스승이나 코치도 도움이 될 것입니다. 리더가 있건 없건 상관없이 동료 집단은 무한한 가치가 있을 것입니다. 당신은 그것을 혼자 할 수도 있을 테지만 동료의 지원이라는 가치를 이해하는 것이 현명합니다.

당신이 스스로에 대해 또 다른 견해를 필요로 한다면 국가나 전 세계의 다른 곳에서 일하는 것을 시도해 보십시오. 실재에 대한 당신의 지각을 일깨우고 스스로의 열정에 귀를 기울이십시오.

나는 종종 미술치료 분야에는 왜 이렇게 많은 여성이 있을까 하고 자문해 봅니다. 충분한 돈을 제공하지 않기 때문일까요? 여성들은 태생적으로 더 협조적이고 공동체 의식을 갖고 있으며, 자신의 공격성이나 고집에 대해서 긍정적으로 느끼는 경우가 적기 때문일까요? 나는 그런 것이 아니길 바랍니다. 마음에 떠오르는 격언이 하나 있습니다. 당신은 좋은 삶을 살 자격이 있고 현실이 당신을 위해 움직이도록 만들 자격이 있다는 것입니다. 세상이 변하고 있는데 미술치료사는 20년 전의 고리타분한 사회에서 살 수는 없습니다. 새로운 일자리와 함께 새로운 요구가 끊임없이 발생합니다. 신념에 용기를 갖고 있는 여러분과 같은 사람들을 위해 세상에 자신을 정의할 방법을 찾아서 재정의하십시오. 이런 얘기들이 매우 어렵고 너무 이상적인가요? 아마 그럴 수도 있을 것입니다. 이러한 행동을 요하는 것은 모든 사람의 특성에 어울리지 않을 것입니다.

몇 가지 나중에 생각난 것이 있습니다. 워크숍과 프레젠테이션을 발전시키고 국가나 사회가 당신을 초청할 때까지 기다리고 있지 마십시오. 당신이 어디를 여행하든지 당신의 전문성에 기반을 두고 발전시키는 배움을 계속하십시오. 신경심리학이라는 주제와 인간의 뇌, 마음과 신체의 복잡함에 대해 친밀함을 갖는 것은 전문가로서의 정체성에 대한 탐구에서 무한한 가치를 입증해 줄 수 있습니다. 과정을 처리하는 새롭고 다양한 방법을 찾아내는 것은 당신이 어디에서 일하고 있는지와 관계없이 손쉽게 할 수 있는 것입니다. 컴퓨터로 처리되는 모든 방법을 아는 것은 특히 당신 자신을 알리는 데에 도움이 될 수 있습니다.

당신의 적은 고정되어 있는 부정적이고 수동적인 사고방식일 수 있습니다. 그리고 당신의 보물은 열정, 창조에 대한 사랑, 자신을 재창조하려는 탐구가 될 수 있을 것입니다.

따뜻한 마음을 담아.

로빈스

유디스 아론 루빈(이 분야의 경력 51년 이상)

친애하는 미술치료사 여러분

나는 당신이 미술치료학과의 학생인 걸 이미 알고 있기 때문에 아직 미술치료사가 되겠다고 결심하지 않은 사람들에게 할 만한 조언은 이 시점에서 당신의 경력과는 무관한 것처럼 보입니다. 그렇지만 곰곰이 생각해 본 결과, 나는 우리 분야로의 진출을 고려하는 사람들에 대한 나의 반응에서부터 출발하기로 결심했습니다.

미술치료를 생각하고 있는 분에게 내가 제안하는 것

지난 51년 동안 미술치료 분야로 진출하는 것과 관련해 내게 전화한 모든 사람에게 내가 했던 충고는 그것이 정말 자신에게 맞는 것인지 확인하라는 것이었습니다. 다음은 내가 그들에게 말하고자 하는 몇 가지 사항이 있습니다.

나는 그들의 경험과 예술 및 심리학에서 배운 것에 대해 질문하고 둘 중 하나 또는 둘 다에 비어 있는 틈새를 메울 것을 촉구했다. (이 '전제 조건'은 이제 대부분의 훈련 프로그램에서 요구되고 있습니다.)

나는 그들이 이 분야에서 종사할 수 있는지에 대한 감각을 얻기 위해 가능한 한 실습 중인 미술치료사를 만나 관찰하고 보조해 볼 것을 제안했습니다.

만약 그들이 살고 있는 지역에서 일하고 있는 미술치료사가 없을 경우, 나는 그들에게 비정형 인구를 대상으로 하는 모든 환경에서도 미술이라는 도구를 제공하는 자원봉사를 해 볼 것을 추천했습니다. 그러나 이것은 오직 그들을 기꺼이 컨설팅해 줄 수 있는 직원(특히 상당한 경험을 가진 사람)이 있을 경우에만 추천되었습니다.

나는 대학원 과정에 시간, 돈과 고뇌를 투자하기 이전에 그들이 이 분야가 어떻게 돌아가는지 감을 잡기 위해 가능하다면 입문과정 등을 수강해 볼 것을 권장했습니다.

미술치료에 대한 열정이 정말 중요한 이유

미술치료는 다음과 같은 이유로 쉽게 걸어갈 수 있는 길이 아니며 앞으로도 그러할 것입니다.

- 많은 돈을 버는 것은 사실상 불가능합니다. 이 분야에서 주어지는 보상은 심오한 자양분이 있고 의미 있는 것이지만 무형의 것입니다.
- 보험회사로부터 미술치료에 대한 보상을 받아 내는 것은 심리학이나 상담 분야처럼 그들이 인정하는 분야에서 자격증을 취득하지 않는 한 어렵습니다. 만약 다른 전공에서 자격증을 취득한 경우 미술치료사로서의 정체성을 유지하는 것이 중요합니다. 만약 당신 자신이 어떤 일을 하는 사람인지 명료하다면 이 방법은 용이할 수 있습니다.
- 유능한 미술치료사가 되는 것은 시간이 오래 걸리며 한 평생이 걸리는 과정입니다. 이것은 공식적인 훈련 과정 이후에도 결코 배움이 끝나지 않는다는 것을 의미합니다.
- 이 분야는 통합적이기 때문에 미술치료사, 다른 전문가, 예술가, 교사, 일반 대중이라는 사이에서 항상 정체성에 대한 혼란이 있을 것입니다.

- 당신은 훌륭한 현장 전문가뿐만 아니라 **훌륭한 세일즈맨**이 되는 것도 필요할 것입니다. 당신이 하고 있는 일의 가치를 다른 사람들에게 납득시키기 위해서는 그들이 이해할 수 있는 언어로 명확하게 설명할 수 있어야 합니다. 그러므로 당신은 다른 청중을 위해 다른 방식의 언어를 배울 필요가 있습니다.

- 대부분은 아니지만, 많은 여건에서 미술치료사는 좋은 대접을 받지 못하므로 자신이 하는 일의 가치에 대해서 당신 스스로 내적인 가치관을 확립해야 할 것입니다. 자신감은 오만이 아닙니다. 두 번째 이유에서 지적하였듯이 항상 더 많은 것을 배우고 이해해야 합니다.

당신이 사랑하기만 한다면 가장 멋진 일이 되는 이유

나는 미술가와 미술 교사(두 가지 모두를 매우 즐겼습니다.)를 하다가 27세에 우연히 미술치료에 빠져들게 되었습니다. 감사하게도 나는 여타의 연구 분야(심리학자 및 정신분석학자로서의) 덕분에 다른 전문적 정체성도 갖게 되었기 때문에 이 정체성의 문제에 대해 논의를 할 수 있는 합당한 위치에 있다고 믿습니다. 전일제 개인 임상에 들어간 후 심리학 자격증은 서비스에 대한 제3자 지불[7]을 받는 데 도움이 되었던 반면, 당시 여러 심리학 협회에 속해 있었음에도 불구하고 스스로를 결코 심리학자처럼 느껴 본 적이 없었습니다.

마찬가지로 정신분석 훈련은 나 자신에 대해 배울 수 있는 방법으로 훌륭했고 또한 성인과 아동들을 만나는 데에 있어 좀 더 나은 치

---

7) 예를 들어, 보험회사 같은 곳으로부터−역자 주

료사가 될 수 있는 방법으로 도움이 되었습니다. 반면에 전 연령의 환자들을 대상으로 정신분석을 하면서 나 자신을 분석가로 생각하기는 했었지만 이것이 결코 나의 기본적인 정체성은 아니었습니다. 사실 나는 이 훈련을 마치자마자 아동 분석뿐만 아니라 성인을 대상으로 진행하는 분석에서 미술작품을 접목할 수 있는 방법을 발견했었습니다.

더욱이 정신과와 정신분석연구소에서 수년 동안 가르쳤지만 나의 정체성은 미술치료사로서 남아 있습니다. 내가 이 분야를 발견했을 때 나는 한스 크리스티안 안데르센의 '백조 이야기'에서 나오는 못생긴 오리 새끼처럼 느꼈습니다. 그 이유는 주로 내가 이 분야의 작업을 사랑하기 때문이기도 하지만, 또한 내가 편안한 관계로서 만나온 대부분의 미술치료사들도 그러했기 때문입니다. 나는 아직도 이러한 것들을 느낍니다. 미술치료는 나에게 있어 전문 직업의 가족으로 존재하였고 여전히 내게 그렇게 남아 있습니다.

미술치료를 수행하고 가르치고 임상감독하는 것은 끊임없이 도전적이고 예측할 수 없습니다. 그렇기 때문에 흥미진진하고 성공적일 때에 깊은 보람을 느낍니다. 나는 내게 이렇게 잘 어울리는 일을 발견한 점에 대해 항상 행운이라고 느낍니다.

미술치료에서 만족스러운 경력을 쌓기 위한 작은 조언

미술치료사가 되는 것이 저에게 그토록 만족스러웠던 이유에 대해 돌아보면서 나는 젊은 미술치료사들을 도울 수 있을 것이라는 희망으로 몇 가지 작은 조언을 시험적으로 정리해 보았습니다.

- "자신에게 진실하라." 폴로니우스(Polonius)는 셰익스피어 (Shakespeare)의 『햄릿』에서 라에르테스(Laertes)에게 이렇게 말한 바 있는데 이것은 누구에게나 좋은 충고입니다. 여러분에게 가해지는 압박과 관계없이 스스로에게 진정성이 느껴지지 않는 어떤 행동이나 말을 하지 마십시오.

- 다른 사람에게 무엇을 배우든 상관없이 스스로 생각하는 것을 두려워하지 마십시오. 물론 이 중 상당 부분은 앞으로 적용이 가능한 것이겠지만, 사람마다 상황마다 다르기 마련이고, 미술치료에서 무엇을 해야 하는지 알려 주는 규칙서는 없습니다.

- 모르는 것을 두려워하지 마십시오. 비록 많은 책과 강사가 내담자의 미술작품에서의 형태, 색상, 내용과 같은 특정 요소의 중요성을 여러분에게 설명하고자 하지만 내 생각에는 의미에 대한 유효한 사전 같은 것은 없습니다.

- 좋은 소식은 당신 그리고 당신과 함께하는 사람들이 무엇을 만들어 나가고 어떻게 그것을 수행하는지에 대한 의미를 찾기 위한 노력이라는 면에서 서로 동맹자가 될 수 있다는 것입니다. 그들은 자신에 대한 전문가들입니다. 그리고 당신의 일은 표현과 이해를 촉진하는 것입니다.

- 시행착오는 미술치료를 하는 과정에서 필연적으로 발생하는 질문에 대한 답을 찾는 최선의 방법입니다. 레시피는 없으며 창의적이고 열려 있는 마음으로 선택지를 탐구하는 것이 곧 즐거움을 만들고 궁극적으로는 효과적인 것이 됩니다.

- 놀라운 순간들이 일어납니다. 하지만 미술치료에서 당신이 기적을 행할 수는 없습니다. 당신은 단지 각 사람이 그들의 잠재력을 최

대한 활용할 수 있도록 돕기 위해 최선을 다할 수 있을 뿐입니다.

• 각 내담자가 그들 자신의 창조적인 목소리 그리고 다른 예술 형식들 안에서 또는 그것들을 포함시킬 수 있는 가장 편안한 표현 방식을 찾을 수 있도록 도우십시오.

• 시각예술을 어린 시절의 창조적인 놀이부터 움직임, 음악, 드라마, 글쓰기 등을 포함하는 더 커다란 표현 활동 분야의 일부로 간주하십시오.

• 관련된 임상적 · 교육적 · 예술적 분야에서 다른 사람들과 협력하는 것에 개방적으로 되십시오. 그것은 재미있고 여러분이 성장하도록 돕고 다른 사람들에게 더 많은 것을 제공할 수 있는 방법입니다.

• 여러분의 동료든 학생이든 내담자든 간에 함께 일하는 모든 사람의 문화를 존중하십시오. 이것은 각 개인에 대해 다른 방식으로 조율하고 감수성을 갖는다는 것을 의미합니다. 이 역시 당신이 성장하는 데 도움을 줄 것입니다.

• 실수하는 것을 두려워하지 마십시오. 그것은 불가피한 것입니다. 당신이 지나치게 신중하다면 경계하고 의심을 갖는 사람들을 결코 성장시키거나 배울 수 있도록 도와줄 수 없을 것입니다. 실패는 더 많은 배움으로 나아가며 당신이 함께 일하는 사람들에게 좋은 모델을 제공할 것입니다.

• 당신이 알지 못하거나 도울 수 없는 것을 인정하십시오. 불완전하다는 것은 인간 조건의 일부이며 겸손은 비록 성취하기 어렵다 할지라도 좋은 목표인 미덕입니다.

• 사랑받고자 하는 것만큼 기꺼이 미움도 받고자 하고 추구하는 것

만큼 두려워도 하십시오. 만약 당신이 능력 있는 미술치료사가 되고자 한다면, 당신이 치료하는 환자들이 모든 감정을 표현하고 포용할 수 있는 방법을 찾아야만 합니다. 그리고 만약 그들이 당신과 함께 안전하게 작업할 수 있다면, 이는 그들의 삶에서 헤아릴 수 없는 크기로 당신의 내담자를 도울 것입니다.

- 모든 감정, 행동 및 창의적인 표현을 수용하십시오. 이 표현은 실제보다 쉽게 들립니다. 당신과 함께하는 사람이 좋아하지도 않고 수용하기 어려울 수 있고 그들의 작품이 추악하거나 호소력이 없는 것처럼 보일 수 있기 때문입니다. 모든 사람과 모든 시각적인 산물을 좋아하고 사랑하는 것은 불가능하지만 수용할 수는 있습니다. 환자들에게는 그들이 누구인지에 대해 인정받는 것이 존경받는 것보다 더 가치가 있습니다.

- 당신이 스스로의 작업에 묶여 있거나 파국에 다다랐다고 느낄 때는 슈퍼비전이나 더 많은 개인 치료를 찾으십시오(당신은 절대 스스로를 아주 잘, 충분하게 알 수 없습니다).

- 자신의 예술을 자신의 일을 성찰하는 도구로 사용하십시오. 그것은 자신 또는 타인과의 의사소통에서 잘 접근할 수 있는 훌륭한 도구입니다. 슈퍼바이저 또는 동료 슈퍼비전 그룹들은 가능한 접근 방식이 될 수 있고 또 다른 방법도 분명히 있을 것입니다.

- 만약 여러분이 피곤함을 느끼거나 '소진'된 상태라면 놀 수 있는 방법과 자신을 회복하는 방법을 반드시 찾도록 하십시오. 나 자신이 고갈된다면 다른 사람을 도울 수 없습니다.

- 당신이 당신의 일을 매우 사랑한다고 할지라도(그리고 분명 이렇기를 바랍니다만) 친구나 가족을 포함한 개인적인 삶을 갖는 것은 중

요합니다. 인간은 다른 인간을 필요로 합니다. 당신이 내담자들을 사랑할 수도 있습니다만 당신의 개인적인 욕구를 충족시키기 위해 이를 사용하지 않는 것이 중요합니다(이것은 뜻밖에도 쉽게 일어날 수 있습니다).

- 어떤 형태(들)의 예술이든 자신에게 맞는 창의적인 출구를 갖는 것은 필수적입니다. 이것들은 시간이 지남에 따라 변하겠지만 어쨌거나 좋은 것입니다. 당신은 좋은 미술치료사가 되기 위하여 전업 화가가 될 필요는 없지만 어떤 방법으로든지 반드시 창조적이어야 할 필요는 있습니다.

- 지역 및 국가 차원에서 하나 이상의 지역사회를 찾아 자신의 창의력을 배양하고 고취하십시오. 이것은 시간이 지남에 따라 발전하고 변화하는 공식적인 집단이나 협회 또는 비공식적인 네트워크일 수 있습니다.

- 동료들과 의견을 나누는 것은 특히 자신의 일하는 방식을 발전시키거나 어려운 임상 관련 문제에 있어 자극을 주고 그 문제를 해결하는 데에 도움이 됩니다.

- 모든 곳에 있는 미술관(그리고 유적지나 교회)을 방문함으로써 당신의 예술적 욕구를 키워 나가십시오. 이것이 당신의 내면적인 자아와 당신의 일에 얼마나 유익할 수 있는지를 안다면 매우 놀랄 것입니다. 내가 좋아하는 대표적 예술가(엄청나게 많습니다만)는 대자연입니다.

- 당신이 하고 있는 작업을 다른 사람들에게 보여 주십시오. 왜냐하면 당신이 동료 및 교사들과 슈퍼비전을 하거나 논문이나 서적을 집필하거나 아니면 학술대회를 준비하든 간에 그것은 계속 성

장해 가는 방법이기 때문입니다. 당신이 행하는 것에 관하여 다른 사람들에게 이야기하는 것은 단순히 자기 혼자 속으로 되새김하고 있을 때보다는 색다른 방식으로 생각하기를 요청하는 방법이 됩니다.

- 만약 당신이 다른 사람들보다 어떤 연령대나 여건 또는 형식을 선호한다면 꼭 그것을 찾으십시오. 당신이 가장 편안하게 일할 때 최선을 다할 것이기 때문입니다. 이것은 그게 쉽다는 것을 의미하는 것이 아니라 오히려 당신이 누구인가에 대한 것을 뜻합니다.
- 만약 과제를 제시하는 어떤 자료나 방식을 선호하는 스스로를 발견한다면 이러한 선입견을 확실하게 인식하십시오. 그리고 이것들이 당신이 도움을 주고자 하는 각 사람에게 그들이 최상의 표현 형식을 찾도록 하고 지원하는 데에 가능한 한 방해가 되지 않도록 하십시오.
- 당신이 할 수 있는 최선을 다해 충분히 삶을 향유하십시오. 왜냐하면 당신이 일할 때 피할 수 없는 스트레스를 인내하고 고통받는 사람들과 일할 때에 도움이 될 것이기 때문입니다.

나는 이 조언을 알파벳 모두를 활용할 정도로 제시하려고 의도하지는 않았습니다. 사실상 내용이 약간 반복적이기는 하지만, 그래도 아마 내가 처음 출발했던 1963년 3월 이래로 나에게 그래 왔던 것처럼 내가 소망하는 것에 대한 보답으로 미술치료사로서의 당신의 삶에 도움이 될 것입니다. 내가 비록 최근에 '재은퇴'를 다짐했고 책 개정이나 영상 작업에 많은 시간을 들이지 않을 생각입니다만, 예술의 치유력에 대한 이야기를 퍼트리는 데에는 덜 관여하고 싶은 생각이 없습니다. 1996년 전일제 임상현장에서 은퇴한 이후, 나는 세계 각지를 돌아다니며 여러 나라에서 미술치료사들의 훈련과 실습에 있어 더 높은 수준의 성취를 달성할 수 있도록 돕고 전문적 영역에 대한 홍보를 해 왔습니다.

당신에게 행운이 있기를 빕니다!

주디 루빈

해리엇 웨드슨

친애하는 미술치료 학생 여러분

당신의 훈련을 모험이라고 생각하십시오. 회의와 학술대회를 제외하면 당신은 아마도 다시는 그렇게 많은 미술치료사와 함께하지 못할 것입니다. 그러니 동료애와 서로에게서 배우는 것은 물론 (바라건대) 스승과 임상감독자로부터 배우는 것을 즐기십시오.

당신의 스승과 임상감독자들에게 도전하는 것을 두려워하지 마십시오. 우리 대부분은 학생들로부터 받는 도전에 의하여 자극을 받습니다. 당신이 실습생으로 있을 때, 그 시설에 당신을 임상감독할 전문적인 미술치료사가 없다면 많은 경우에는 바로 당신이 미술치료 전문가임을 기억하십시오. 예를 들어, 만약 당신이 20명의 청소년 집단을 운영하도록 요청받는다면, 너무나 많은 인원으로 잘 작동하지 않기 때문에 작은 집단으로 나누는 것이 필요할 것이라고 임상감독자에게 말하십시오. 만약 당신의 감독자들이 환자나 내담자의 작품을 매우 추측해 가는 방식으로 해석하는 경우 그를 뒷받침하는 증거를 요청하십시오. 그들은 아마도 자신의 찌꺼기를 작품 속에 투사하고 있을 수 있습니다. 그리고 당신도 당연히 그렇게 되어서는 안 됩니다.

대부분의 미술치료학과 학생들은 먹고 자는 시간조차도 어렵사리 갖게 되지만 당신이 할 수 있는 한 자신만의 미술 작업 시간을 찾으십시오. 작업을 진행하는 데 특히 도움이 될 것입니다. 일기를 쓰는 것 또한 좋은 생각입니다. 만약 당신이 일기를 통해 돌아보면서 배운 것을 스스로에게 보여 주기 위해서라면 말입니다.

내담자들, 환자들과 작업하는 것은 어렵지 않다는 점을 기억하십시오. 쉽지 않은 것은 바로 직원들과 일하는 것입니다. 다양한 기관, 즉 당신의 대학교, 실습지, 당신의 직업적 장소에서 일할 때에는 일종의 정치적인 요령이 있어야 합니다. 드러나 있는 계층 구조뿐만 아니라 은밀한 계층 구조에 대해서도 알아야 합니다. 예를 들어, 내가 일했던 프로젝트의 감독관은 자신보다 낮은 위치에 있는 연구보조원과 비밀스러운 연인관계였습니다. 그녀는 자신의 전문적 상태는 거의 밑바닥에 있었지만 계층 구조에서는 영향력 있는 위치에 있었습니다.

아마도 당신의 일에서 가장 중요한 부분이자 가장 쉬운 부분은 내담자와 환자가 여러분 자신과 크게 다르지 않은 인간과 씨름하고 있다는 것을 당신이 인식하는 것입니다. 이러한 방식으로 당신은 그들을 이해할 수 있으며 그들이 필요로 하는 지원을 진지하게 전해 줄 수 있는 것입니다. 이것이 바로 종종 초심자들이 그들의 슈퍼바이저들보다도 더 나은 치료사인 이유입니다. 즉, 이런 치료사는 함께 작업하는 사람들에게 마음을 씁니다. 또한 그들은 아직 소진되지 않았습니다. 그러니 여러분 모든 순간을 향유하십시오. 만약 당신이 눈과 귀를 항상 열어 둔다면 당신의 배움은 결코 멈추지 않을 것입니다.

　행운이 있기를.

　　　　　　　　　　　　　　　　　　　해리엇 웨드슨

08

선별된 미술치료 문헌[1]

산드라 그레이브스 알콘

Graves-Alcorn, S. (1994). *Expressions of Healing: Embracing the Process of Grief.* Hollywood, CA: Newcastle.

Graves-Alcorn, S. (2012). *Expressions of Healing: Embracing the Process of Grief.* Kindle edition: Amazon.com.

Graves-Alcorn, S., & Green, E. (2013). The expressive arts continuum: History and theory. In E. Green & A. Drewes (Eds.), *Expressive Arts and Play Therapy with Children and Adolescents.* New York: John Wiley.

---

[1] 이 장의 선별된 문헌에는 '젊은 미술치료사에게 보내는 편지(제7장)'의 저자들이 출판한 저서, 미술치료 분야의 기초 서적, 학술지 문헌들이 정리되어 있다. 더 많은 정보와 '풍부함'을 위해 독자들은 이 저자들의 학술지 문헌들과 책장으로 한발 더 나아가게 된다.

클리프 요셉

Harris, J., & Joseph, C. (1973). *Murals of The Mind: Images of A Psychiatric Community*. New York: International Universities Press.

Joseph, C. (Ed.). (1973). *Art Therapy and the Third World*, a monograph. Panel discussion presented at the fifth annual convention of the American Art Therapy Association, October, New York City.

Joseph, C. (Spring/summer 1989). Art, politics and the life force. *Forward, vol. 9*, no. 1.

Joseph, C. (1997). Reflections on the inescapable political dimensions of art and life. In Phoebe Farris-Dufrene (Ed.), *Voices of Color*. New Jersey: Humanities Press.

맥신 보로우스키 융에

Junge, M. (1994). *A History of Art Therapy in the United States*. Mundelein, IL: American Art Therapy Association.

Junge, M. (1998). *Creative Realities, the Search for Meanings*. Landham, MD & Oxford, England: University Press of America.

Junge, M. (2006). The unsolved heart. In M. Junge & H. Wadeson (Eds.), *Architects of Art Therapy, Memoirs and Life Stories*. Springfield, IL: Charles C Thomas.

Junge, M., & Wadeson, H. (Eds.). (2006). *Architects of art therapy, memoirs and life stories*. Springfield, IL: Charles C Thomas.

Junge, M. (2008). Mourning, *Memory and Life Itself, Essays by an Art Therapist*. Springfield, IL: Charles C Thomas.

Junge, M. (2010). *The Modern History of Art Therapy in the United States*. Springfield, IL: Charles C Thomas.

Junge, M. (2014). *Identity and Art Therapy, Personal and Professional Perspectives*. Springfield, IL: Charles C Thomas.

Winkel, M., & Junge, M. (2012). *Graphic Facilitation and Art Therapy, Imagery and Metaphor in Organizational Development*. Springfield, IL: Charles C Thomas.

프랜시스 카플란

Kaplan, F. (2003a). *Art, Science and Art Therapy: Repainting the Picture*. London & Philadelphia: Jessica Kingsley.

Kaplan, F. (2003b). Art-based assessments. In C. Malchiodi (Ed.), *Handbook of Art Therapy*. New York: Guildford Press.

Kaplan, F. (2007). *Art Therapy and Social Action*. London & Philadelphia: Jessica Kingsley.

마이라 레빅

Levick, M. (1983). *They Could Not Talk and So They Drew: Children's Styles of Coping and Thinking*. Springfield, IL: Charles C Thomas.

Levick, M. (2003). *See What I'm Saying: What Children Tell us Through Their Art* (2nd ed.). Dubuque, IA: Islewest.

Levick, M. (2006). Serendipity and synchronicity. In M. Junge & H. Wadeson(Eds.), *Architects of Art Therapy, Memoirs and Life Stories*. Springfield, IL: Charles C Thomas.

Levick, M. (2009). *Levick Emotional and Cognitive Art Therapy Assessment: A Normative Study.* Bloomington, IN: AuthorHouse.

캐시 말키오디

Malchiodi, C. (1990; 1997). *Breaking the Silence: Art Therapy with Children from Violent Homes.* New York: Brunner/Mazel.

Malchiodi, C., & Riley, S. (1996). *Supervision and Related Issues.* Chicago: Magnolia Street.

Malchiodi, C. (1998). *Understanding children's drawings.* New York: Guilford Press.

Malchiodi, C. (1998; 2006). *The Art Therapy Sourcebook.* New York: MacMillan.

Malchiodi, C. (Ed.). (1999a). *Medical Art Therapy with Adults.* London & Philadelphia: Jessica Kingsley.

Malchiodi, C. (Ed.). (1999b). *Medical Art Therapy with Children.* London & Philadelphia: Jessica Kingsley.

Malchiodi, C. (2000). *Art Therapy and Computer Technology: A Virtual Studio of Possibilities.* London & Philadelphia: Jessica Kingsley.

Malchiodi, C. (2002). *The Soul's Palette: Drawing on Art's Transformative Powers for Health and Well-being.* Boston: Shambhala/Random House.

Malchiodi, C. (Ed.). (2005). *Expressive Therapies.* New York: Guilford Press.

Malchiodi, C. (Ed.). (2008). *Creative Interventions with Traumatized*

Children. New York: Guilford Press.

Malchiodi, C. (Ed.). (2012a). *Art Therapy and Health Care.* New York: Guilford Press.

Malchiodi, C. (Ed.). (2012b). *Handbook of Art Therapy* (2nd ed., 1st ed. published 2003). New York: Guilford Press.

Malchiodi, C. (Ed.). (2014). *Creative Interventions with Traumatized Children* (2nd ed.). New York: Guilford Press.

Malchiodi, C., & Crenshaw, D. (Eds.). (2014). *Creative Arts and Play Therapy with Attachment Problems.* New York: Guilford Press.

Steele, W., & Malchiodi, C. (2012). *Trauma-Informed Practices with Children and Adolescents.* New York: Taylor & Francis.

브루스 문

Moon, B. (2006). *Ethical Issues in Art Therapy.* Springfield, IL: Charles C Thomas.

Moon, B. (2008). *Introduction to Art Therapy: Faith in the Product.* Springfield, IL: Charles C Thomas.

Moon, B. (2009). *Existential Art Therapy* (3rd ed.). Springfield, IL: Charles C Thomas.

Moon, B. (2010a). *Art-based Group Therapy: Theory and Practice.* Springfield, IL: Charles C Thomas.

Moon, B. (2010b). *Essentials of Art Therapy Education and Practice.* Springfield, IL: Charles C Thomas.

Moon, B. (2012). *The Dynamics of Art as Therapy with Adolescents* (2nd ed.). Springfield, IL: Charles C Thomas.

캐서린 하일랜드 문

Moon, C. (2001). *Studio Art Therapy: Cultivating the Artist Identity in the Art Therapist.* London & Philadelphia: Jessica Kingsley.

Moon, C. (2010). *Materials and Media in Art Therapy: Critical Understandings of Diverse Artistic Vocabularies.* New York: Routledge.

숀 맥니프

McNiff, S. (1974). *Art Therapy at Danvers.* Andover, MA: Addison Gallery of American Art.

McNiff, S. (1981). *The Arts and Psychotherapy.* Springfield, IL: Charles C Thomas.

McNiff, S. (1986). *Educating the Creative Arts Therapist: A Profile of the Profession.* Springfield, IL: Charles C Thomas.

McNiff, S. (1988). *Fundamentals of Art Therapy.* Springfield, IL: Charles C Thomas.

McNiff, S. (1989). *Depth Psychology of Art.* Springfield, IL: Charles C Thomas.

McNiff, S. (1992). *Art as Medicine.* Boston, MA: Shambhala.

McNiff, S. (1995). *Earth Angels.* Boston, MA: Shambhala.

McNiff, S. (1998a). *Art-based Research.* London & Philadelphia: Jessica Kingsley.

McNiff, S. (1998b). *Trust the Process: An Artist's Guide to Letting Go.*

Boston, MA: Shambhala.

McNiff, S. (2003). *Creating with Others, the Practice of Imagination in Life, Art and the Work Place.* Boston, MA: Shambhala.

McNiff, S. (2004). *Art Heals: How Creativity Cures the Soul.* Boston, MA: Shambhala.

McNiff, S. (2006). Creating a life with art therapy, a different way of practice. In M. Junge & H. Wadeson (Eds.), *Architects of Art Therapy, Memoirs and Life Stories.* Springfield, IL: Charles C Thomas.

McNiff, S. (2009). *Integrating the Arts in Therapy: History, Theory and Practice.* Springfield, IL: Charles C Thomas.

McNiff, S. (Ed.). (2013). *Art as Research: Opportunities and Challenges.* Bristol, UK: Intellect Books and Chicago: University of Chicago Press.

McNiff, S. (2015). *Imagination in Action: Secrets for Unleashing Creative Expression.* Boston, MA: Shambhala.

아서 로빈슨

Robbins, A., & Sibley, L. (1976). *Creative Art Therapy.* New York: Brunner Mazel.

Robbins, A. (1980). *Expressive Therapy: A Creative Arts Approach to Depth-Oriented Treatment.* New York: Human Sciences Press.

Robbins, A. (1987). *The artist as therapist.* New York: Human Sciences Press.

Robbins, A. (1989). *The psychoaesthetic experience.* New York: Human Sciences Press.

Robbins, A. (1994). *A Multi-modal Approach to Art Therapy.* London & Philadelphia: Jessica Kingsley.

Robbins, A. (Ed.). (1998). *Therapeutic Presence: Bridging Expression and Form.* London & Philadelphia: Jessica Kingsley.

Robbins, A. (2000). *Between Therapists: The Process of Transference/ Countertransference.* London & Philadelphia: Jessica Kingsley.

Robbins, A. (2006). Moving in and out of the sandbox. In M. Junge & H. Wadeson (Eds.), *Architects of Art Therapy, Memoirs and Life Stories.* Springfield, IL: Charles C Thomas.

주디스 루빈

Rubin, J. (2001). *Approaches to Art Therapy, Theory and Technique* (2nd ed.). New York: Brunner/Routledge.

Rubin, J. (2005a). *Artful Therapy.* New York: John Wiley.

Rubin, J. (2005b). *Child Art Therapy: Third Anniversary Edition.* New York: John Wiley.

Rubin, J. (2006). An ugly duckling finds the swans or how I fell in love with art therapy. In M. Junge & H. Wadeson (Eds.), *Architects of Art Therapy, Memoirs and Life Stories.* Springfield, IL: Charles C Thomas.

Rubin, J. (2008a). *Art Therapy has Many Faces* [DVD]. Pittsburgh, PA: Expressive Media, Inc.

Rubin, J. (2008b). *Art Therapy with Older Adults* [DVD]. Pittsburgh, PA: Expressive Media, Inc.

Rubin, J. (2008c). *The Arts as Therapy with Children* [DVD]. Pittsburgh, PA: Expressive Media, Inc.

Rubin, J. (2010a). *Introduction to Art Therapy* (2nd ed.). New York: Routledge.

Rubin, J. A. (2010b). *Breakthrough: Art, Analysis & the Liberation of the Creative Spirit* [DVD]. Pittsburgh, PA: Expressive Media, Inc.

Rubin, J. A., & Irwin, E. C. (2010). *Creative Healing in Mental Health: Art & Drama in Assessment & Therapy* [Film and Study Guide]. Pittsburgh, PA: Expressive Media, Inc.

Rubin, J. A. (2011a). *Art Therapy: A Universal Language for Healing* [DVD]. Pittsburgh, PA: Expressive Media, Inc.

Rubin, J. A. (2011b). *The Art of Art Therapy* (2nd ed.). New York: Routledge.

해리엇 웨드슨

Wadeson, H. (1980). *Art Psychotherapy* (2nd ed.). New York: John Wiley, 2010.

Wadeson, H. (1987). *The Dynamics of Art Psychotherapy*. New York: John Wiley.

Wadeson, H. (1992). *A Guide to Art Therapy Research*. Mundelein, IL: American Art Therapy Association.

Wadeson, H. (2000). *Art Therapy Practices: Innovative Approaches with*

Diverse Populations. New York: John Wiley.

Wadeson, H. (2006). A multi-colored life. In M. Junge & H. Wadeson (Eds.), *Architects of Art Therapy, Memoirs and Life Stories.* Springfield, IL: Charles C Thomas.

Wadeson, H. (2011). *Journaling Cancer in Words and Images, Caught in the Clutch of the Crab.* Springfield, IL: Charles C Thomas.

Wadeson, H., Durkin, J., & Perach, D. (Eds.). (1989). Advances in Art Therapy (2nd ed.). New York: John Wiley.

기타 기본 미술치료 문헌

Ault, R. (1977). Are you an artist or a therapist?—A professional dilemma of art therapists. In R. Shoemaker & Gonick-Barris, J. (Eds.), *Creativity and the Art Therapists' Identity.* Proceedings of the seventh annual conference of the American Art Therapy Association. Baltimore, MD.

Ault, R. (1986). Draw on new lines of communication. Costa Mesa, CA: *Personnel Journal*, September.

Ault, R. (1989). Art therapy with the unidentified patient. In H. Wadeson, J. Durkin, & D. Perach (Eds.), *Advances in Art Therapy* (2nd ed.). New York: John Wiley.

Ault, R. (2006). The art therapy lifeline or how was your practice? "It had its ups and downs," said the elevator man. In M. Junge & H. Wadeson (Eds.), *Architects of Art Therapy, Memoirs and Life Stories.* Springfield, IL: Charles C Thomas.

Betensky, M. (1973). *Self Discovery Through Self Expression.* Springfield, IL: Charles C Thomas.

Hinz, L. (2009). *Expressive Therapies Continuum, A Framework for Using Art in Therapy.* New York: Routledge, Taylor & Francis Group.

Jones, D. (1946). *PRN in a Mental Hospital.* Washington, DC.: Civilian Public Service Unit.

Jones, D. (1962). Art and the troubled mind. *Menninger Quarterly, 16,* 12-19.

Jones, D. (1983). An art therapist's personal record. *Art therapy: Journal of the American Art Therapy Association, 1,* 22-25.

Jones, D., & Jones, K. (2014). Why art therapists must make art, selections and adaptations from the unpublished papers of Don Jones. In M. Junge (Ed.), *Identity and Art Therapy, Personal and Professional Perspectives.* Springfield, IL: Charles C Thomas.

Kramer, E. (1971). *Art as Therapy with Children.* New York: Schocken Books; reprinted in 1993, Chicago, IL by Magnolia Street Press.

Kramer, E. (1979). *Childhood and Art Therapy.* New York: Schocken Books; reprinted in 1998, Chicago, IL by Magnolia Street Press.

Kramer, E. (2000). *Art as Therapy: Collected Papers.* (Ed. by L.A. Gerity.) London & Philadelphia: Jessica Kingsley.

Kwiatkowska, H. (1978). Family Therapy and Evaluation Through Art. Springfield, IL: Charles C Thomas.

Landgarten, H. (1981). *Clinical Art Therapy: A Comprehensive Guide.* New York: Brunner Mazel.

Landgarten, H. (1987). *Family Art Therapy, A Clinical Guide and Casebook*. New York: Routledge.

Landgarten, H. (1993). *Magazine Photo Collage, A Multicultural Assessment and Treatment Technique*. New York: Brunner Mazel.

Naumburg, M. (1947). *An Introduction to Art Therapy: Studies of the "Free" Art Expression of Behavior Problem Children as a Means of Diagnosis and Therapy*. [Reprinted and renamed in 1973 by Teachers' College Press-New York.]

Naumburg, M. (1966). *Dynamically Oriented Art Therapy: Its Principles and Practice*. New York: Grune & Stratton. [Reprinted in 1987, Chicago, IL: Magnolia Street Press.]

Rhyne, J. (1973). *The Gestalt Art Experience*. Monterey, CA: Brooks/Cole. [Reprinted in 1984, Chicago, IL: Magnolia Street Press.]

참고문헌

Allen, P. (1995). *Art is a Way of Knowing*. Boston: Shambhala.

Fink, P., & Levick, M. (1974). Sexual problems revealed through art therapy. *Art Psychotherapy, An International Journal*. New York: Pergamon Press, 3 & 4, 277-292.

Junge, M. (2014). *Identity and Art Therapy*. Springfield, IL: Charles C Thomas.

Levick, M. (1975). Transference and counter-transference as manifested in graphic productions. *Art Psychotherapy, An International Journal*. New York: Pergamon Press, 2, 203-215.

Malchiodi, C. (1998; 2006). *The Art Therapy Sourcebook*. New York: MacMillan.

McNiff, S. (1986). *Educating the Creative Arts Therapist: A Profile of the Profession*. Springfield, IL: Charles C Thomas.

McNiff, S. (1988). Fundamentals of Art Therapy. Springfield, IL: Charles C Thomas.

McNiff, S. (2004). *Art Heals: How Creativity Cures the Soul*. Boston: Shambhala.

Moon, B. (2004). *Art and Soul: Reflections on an Artistic Psychology* (2nd ed.). Springfield, IL: Charles C Thomas.

Pipher, M. (1994; 2005). *Reviving Ophelia: Saving the Selves of Adolescent Girls*. New York: Penquin Group (Riverhead).

Pipher, M. (2003). *Letters to a Young Therapist*. New York: Basic Books.

Rogers, A. (1995). *A Shining Affliction*. New York: Penquin Group.

Rogers, A. (2007). *The Unsayable: The Hidden Language of Trauma*. New York: Ballentine.

Schroder, D. (2005). *Little Windows into Art Therapy*. London & Philadelphia: Jessica Kingsley.

Yalom, I. (2002). *The Gift of Therapy*. New York: HarperCollins.

Yalom, I. (2012). *Love's Executioner* (2nd ed.). New York: Basic Books.

Yalom, I., & Leszcz, M. (1986). *The Theory and Practice of Group Psychotherapy* (3rd ed.). New York: Basic Books.

저자 소개

맥신 보로우스키 융에(Maxine Borowsky Junge)

박사학위, 임상사회복지사(LCSW), 미국 공인미술치료사 위원 자격(ATR-BC), 명예평생 회원(HLM) 자격을 소지한 융에는 로스앤젤레스 소재 오버랜드 애브뉴 초등학교(Overland Avenue Elementary School), 팜스 중학교(Palms Junior High School), 해밀턴 고등학교 (Hamilton High School)를 졸업했다. 스크립스 대학(Scripps College)에서 미술과 인문학 전공으로 포상과 함께 학사학위, 서던 캘리포니아 대학교(Southern California University) 에서 사회복지학 전공 석사학위 그리고 필딩 대학원(Fielding Graduate University)에서 인 간과 조직체계 전공(Human and Organizational Systems)으로 박사학위를 취득했다. 12세 부터 로스앤젤레스, 필라델피아, 런던과 멕시코의 미술학교에 다녔으며, 로스앤젤레스 소재 캘리포니아 대학교(UCLA) 대학원에서 회화를 전공했다. 랜드가튼(Landgarten)에게서 임 상 미술치료사를 사사했으며, 1974년 임머큘레이트 하트 대학(Immaculate Heart College) 에서 미술치료를 강의하기 시작했다. 그 후 2001년까지 로욜라 메리마운트 대학교(Loyola Marymount University)에서 미술치료학과 교수 및 학과장으로 일했다. 또한 고다드 대학 (Goddard College)과 안티오크 대학교(Antioch University) 시애틀 캠퍼스에서도 강의 했다.

화가로서 적극적으로 활동하고 있으며, 가장 최근에는 집단 살해범들에 관한 일련의 드로 잉을 제작했는데 그로 인해 지역 전시회에서 '최고 전시상'을 수상했다. 이 저서 이전에 7권 의 서적을 출판했으며, 현재 워싱턴주 휘드베이 아일랜드(Whidbey Island)에 살고 있 다. (mbjunge@whidbey.net)

킴 뉴월(Kim Newall)

석사학위를 소지한 뉴월은 이 저서에서 미술치료 학생으로서의 목소리를 들려준 다. 안티오크 대학교 시애틀 캠퍼스에서 미술치료 및 정신건강 상담(Art Therapy and Mental Health Counseling)을 전공한 석사학위 졸업생이다. 워싱턴 대학교(University of Washington)에서 순수미술 학사학위를 취득했으며 워싱턴주의 여러 공립학교에서 입주 작 가로서도 강의를 계속해 오고 있다. 직접 작업한 회화, 조각과 판화는 미국 북서부 지역에서 전시되었다. (kim@kimnewall.com)

역자 소개

임하연(Hayeon Lim)

이화여자대학교 조형예술대학 학사

이화여자대학교 일반대학원 석사

서울여자대학교 특수치료전문대학원 미술심리치료전공 박사

독일 Freie Hochschule Stuttgart (Eurythmeum Stuttgart) Diplom 학위

미술심리치료사 자격 (한국심리치료학회)

한국현대정신분석학회 정회원

한국심리치료학회 정회원

중부대학교, 용인대학교, 서울여자대학교, 이화여자대학교 등 미술치료 강의

이화여자대학교 교육대학원 미술치료교육 전공 겸임교수 역임

국립서울병원 폐쇄병동 미술치료사

근로복지공단 협력기관 전임 미술치료사

발도르프 유치원 특수아동 책임미술치료사

KIAP 예술심리아카데미 대표

현 한국예술치료상담연구소 소장

　　독일 Alanus Hochschule für Kunst und Gesellschaft: Eurythmietherapie

　　(치료 오이리트미) Master 과정

주요 저서 및 논문

『체험 미술심리치료』(공저, 학지사, 2018)

『체험 미술심리치료의 확장』(공저, 학지사, 2018)

「주의력 결핍 과잉행동 장애 초등학생을 대상으로 집단미술치료를 수행한 미술치료사의
　　체험연구」(박사논문; 제15회 우수학위논문상 수상)

「미술치료사의 임상현장 경험을 통한 자기이해 체험연구」(다학제적 접근 심리치료 제13권
　　01호)

「미술치료사가 경험한 ADHD 초등학생의 공격성과 미술작업의 특수성에 관한 현상학적
　　연구」(한국심리치료학회지 제6권 제1호)

미술치료사가 되어 가는 길
미술치료에 입문한 이들이 이루어 가는
성장과 변화 그리고 활동

Becoming an Art Therapist
Enabling Growth, Change, and Action for Emerging Students in the Field

2021년 8월 10일 1판 1쇄 인쇄
2021년 8월 20일 1판 1쇄 발행

지은이 • Maxine Borowsky Junge · Kim Newall
옮긴이 • 임하연
펴낸이 • 김진환
펴낸곳 • (주)**학지사**
　　　　04031 서울특별시 마포구 양화로 15길 20 마인드월드빌딩
대표전화 • 02)330-5114　　　　팩스 • 02)324-2345
등록번호 • 제313-2006-000265호

홈페이지 • http://www.hakjisa.co.kr
페이스북 • https://www.facebook.com/hakjisa

ISBN 978-89-997-2444-2　93180

정가 14,000원

출판 · 교육 · 미디어기업 학지사

간호보건의학출판 **학지사메디컬** www.hakjisamd.co.kr
심리검사연구소 **인싸이트** www.inpsyt.co.kr
학술논문서비스 **뉴논문** www.newnonmun.com
교육연수원 **카운피아** www.counpia.com